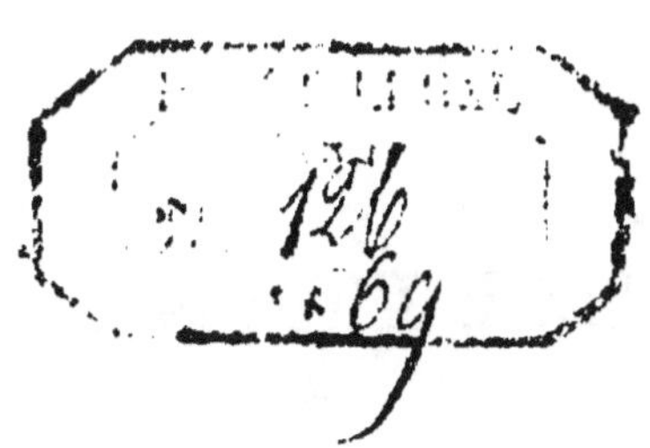

DE PARIS

A... QUELQUE PART

OSCAR COMETTANT

DE PARIS

A... QUELQUE PART

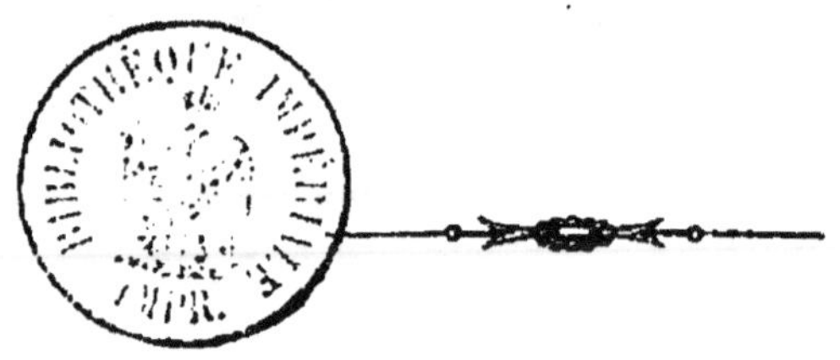

PARIS

DEGORCE-CADOT, ÉDITEUR

70 BIS, RUE BONAPARTE.

1869

DE PARIS A... QUELQUE PART.

—

LETTRES A LA VAPEUR.

—

« Le vagabondage est un délit. Il eut été plus rationnel
de dire, si le style légal le permettait, le vagabondage est
une présomption de délit. » (TEULET.)

I.

A TONY REVILLON.

Le printemps. — L'amour des voyages. — En wagon pour Bordeaux. — Ce qu'on
doit entendre par ces mots : « Etre à son aise, » suivant une vieille sybarite. —
M. Joseph Prudhomme et son neveu d'Angoulême. — Le crime de la charmante
Mme X — Les cèpes, la lamproie et la noblesse des sardines. — Bordeaux vu
de Lormont. — Arrivée.

Le printemps est venu. Ma voisine ouvre ses fenêtres
et met au grand air ses cactus, que le régime cellulaire
commandé par la froide saison avait étiolés et jaunis,
comme il étiole et jaunit les hommes qui y sont soumis.

1

Elle me paraissait déjà fort agréable cet hiver, ma voisine, quand, écartant les petits rideaux blancs de sa fenêtre, elle collait curieusement sa tête au carreau de vitre.

Aujourd'hui elle me semble beaucoup plus agréable encore. Mon admiration pour elle a monté avec le thermomètre.

N'est-ce pas que les femmes sont plus jolies l'été que l'hiver? Et c'est bien naturel : les femmes sont les fleurs du règne animal, et il faut à toutes les fleurs un air tiède et les rayons du grand astre.

J'ai bien un peu l'apparence, il me semble, de chasser sur les terres semées d'églogues du dragon Florian et de sa pastorale devancière Mme Deshoulières; je me hâte d'en sortir.

Si je m'en rapporte à ma laitière, une brave fille des champs dont le seul défaut est de laisser pleuvoir dans ses boîtes à lait, la campagne est verte comme une émeraude, et les arbres, habillés de fleurs blanches, ressemblent à des troupeaux de premières communiantes. Et ne communient-ils pas, en effet, avec tout ce qui vit, sent et se développe, ces arbres en fête dans ce joli mois de mai, qui a des sourires pour tous, et qui fournit par fois dans sa plantureuse expansion, jusqu'à des rimes aux notaires et des pensers galants aux huissiers?

O prodigue et inépuisable nature, c'est bien là certainement le comble de ta munificence !

Et l'on resterait enfermé dans les quatre murs de sa

chambre lorsque les oiseaux chantent *hosannah,* que les abeilles bourdonnent, que tous les petits cris du monde des insectes donnent le signal du départ aux touristes dans la plus joyeuse des symphonies ! Non certes, et le seul moyen de rencontrer les gens, c'est d'aller les chercher partout ailleurs que chez eux.

Encore quelques jours de chaleur et les Parisiens n'auront plus d'autres logements que les wagons de chemin de fer.

Malgré tout, il restera peut-être bien encore dans la capitale de la France de quinze à seize cent mille personnes collées, par les bottes ou les bottines, à la glu de l'asphalte en fusion ; mais il est convenu que ces quinze à seize cent mille habitants de Paris ne comptent pas dans Paris, et que tout Paris sera hors de Paris dès que quelques centaines de *cocodès* et autant de *pintades* (style du monde élégant au moment où nous écrivons ces lignes,) ne promèneront plus sur le boulevard et sur les turfs leurs faux-cols rabattus et leurs jupes carguées.

Le moment est donc venu de vous parler de promenades à la vapeur, puisque les sacs de nuit secouent leur noble poussière et que les élégantes commandent chez leurs couturières aux abois les trente ou quarante robes nouvelles indispensables à la campagne, où la vie est si simple, comme chacun sait.

De Paris à Bordeaux, quand on dort en voiture, c'est l'espace d'un rêve. On part de la gare d'Orléans à 8 heures 15 minutes, et on arrive à la gare Saint Jean, à

Bordeaux, le lendemain matin, à 7 heures douze minutes. Il n'y a de retard que lorsque la locomotive éclate, que des wagons se renversent par suite de la rupture d'un essieu, ou que deux trains courent l'un sur l'autre tête baissée, comme les nègres quand ils se battent entre eux. Heureusement ces causes de retard sont extrêmement rares, et l'exactitude, qui est la politesse des rois, est aussi celle des locomotives.

La cloche sonne, la vapeur siffle, le train se déplace, nous volons comme l'hirondelle vole, comme le mineur descend dans la houillère, comme la flèche des sauvages (il n'en reste plus guère) court sur le cerf ou sur le *visage pâle.*

D'abord personne n'a sommeil, et je me trouve en face d'une vieille dame dont la langue paraît défier la paralysie. Elle continue en wagon une conversation commencée dans la salle d'attente.

— Je ne comprends pas, dit-elle, les gens qui vous chargent de toutes sortes de commissions. J'ai trois paquets à remettre, à Bordeaux, à trois personnes différentes. Comme c'est agréable !

— Que voulez-vous, madame! il faut bien s'entr'aider.

— C'est un tort; car, en s'entr'aidant, comme vous le dites, on se dérange réciproquement. A porter ces trois paquets, je vais dépenser cinq ou six francs de voiture. Je ne suis pas riche, moi, mon mari non plus.

— Vous n'êtes qu'à votre aise, madame ?

— Vous dites tout cela, mais vous allez voir que non. Il est bien vrai que nous aimons la bonne chère ; il nous faut, à mon mari et à moi, les premiers morceaux ; nous mourrions de faim, comme des naufragés, devant les bas morceaux. Je ne le cache pas non plus, nous ne savons pas résister aux primeurs, et nous mangerions des asperges toute la journée, ne fût-ce que pour passer le temps, tant nous les aimons. Dans l'hiver c'est le gibier et le beau poisson. D'un autre côté nous avons pris l'habitude de ne boire que des bons crûs du Médoc. En outre, nous aimons à être bien vêtus, à nous tenir au courant des pièces nouvelles, à faire aux environs de Paris des promenades de santé en calèche découverte. Chez nous, Dieu merci ! règne un confortable honnête, avec un peu de luxe, parce qu'il en faut aujourd'hui. Eh bien ! vous me croirez si vous le voulez, quand nous avons ajouté à ces dépenses indispensables les frais de voyage, de séjour aux bains de mer et aux stations thermales des Pyrénées, il est difficile, impossible même, avec des revenus bornés tels que les nôtres, d'être, comme vous le dites, à son aise.

— Mais, madame, il me semble que, si vous vivez comme vous le faites, c'est précisément parce que vous êtes à votre aise.

— C'est une erreur, et nous serions beaucoup plus à notre aise si nous pouvions vivre différemment.

— Je vous avouerai que je ne saisis pas bien...

— Comment ! vous ne comprenez pas ? C'est pourtant

fort simple. On est à son aise quand on a de l'argent à
dépenser, n'est-il-pas vrai? Mais pour avoir de l'argent
à dépenser il ne faut pas le dépenser; car, si vous le
dépensez, il est bien évident que vous n'en avez plus à
dépenser. Dès lors vous n'êtes plus à votre aise, et c'est
ce qui nous arrive.

Dans l'autre compartiment, c'est un oncle qui voyage
avec son neveu, jeune stagiaire né à Angoulême, vivant
à Angoulême et se rendant à Angoulême. Je ne sais pas
le nom de cet oncle, mais, depuis longtemps déjà, Henri
Monnier l'a nommé de son autorité privée M. Joseph
Prudhomme.

— Je n'aurais jamais cru, dit-il d'un air important et
d'une voix sententieuse et creuse, que la jolie Mme. N...
fût capable de manquer ainsi à tous ses devoirs d'é-
pouse.

— Elle y a manqué, mon oncle, et joûment bien
manqué même.

— Le doute, en effet, ne paraît plus permis, puisque
tout Angoulême ne parle depuis deux mois que de ce
crime matrimonial. Et cela après dix-huit mois de mariage à peine!... C'est trop tôt, c'est trop tôt!

— Mais, mon oncle, Mme Y... en a fait autant après
quatorze mois de mariage seulement, et on dit que Mme
Z... a été plus impatiente encore. C'est seulement après
cinq mois d'union éternelle qu'elle a quitté son mari
par un beau soir d'automne, pour suivre un employé
aux assurances contre l'incendie.

— Tout cela n'est que trop vrai!... Où allons-nous à Angoulême, où allons-nous?... Ce qu'il y a de plus inconcevable, c'est que toutes ces malheureuses adoraient celui qui devait être leur mari avant qu'elles fussent mariées. O ténèbres des sentiments! ô gouffres du cœur humain! Le mariage serait-il par hasard le tombeau de l'amour? Je le crains. Malheureusement nos mœurs réprouvent les liaisons illicites. Tant il est vrai que le bonheur n'est pas de ce monde!...

— Comment, mon oncle, vous vous feriez l'avocat des liaisons illicites!

— Que le ciel m'en préserve. Je le prends à témoin de la pureté de mes intentions à cet égard. Mais si le mariage est en effet, comme je tremble de le deviner, le tombeau de l'amour, et que la morale s'offense avec raison des unions illégitimes, on tombe dans cette désolante réalité, à savoir que le bonheur n'est pas de ce monde... Et dis moi, mon neveu?

— Quoi? mon oncle.

— A-t on pu recueillir à Angoulême des détails sur le crime de cette charmante Mme N...?

— Mon oncle, à Angoulême, ce ne sont jamais les détails qui manquent lorsqu'il se découvre un crime de cette nature. Voici comment les choses se sont passées.

— Je frémis d'entendre. Parle, mon neveu.

— M. X... devait s'absenter pour trois jours. Son sac de nuit préparé, son aumônière au côté, il embrassa tendrement sa moitié, — ou, pour parler plus exactement, sa légère fraction — et se rendit à la gare. Il y arriva une minute trop tard, comme dans les *Deux Sœurs* de M. Emile de Girardin. C'est désolant de manquer le train pour si peu. Mais M. X... est philosophe, il a cela de bon, et, sans s'impatienter, sans maudire son sort, sans accuser le chemin de fer d'être trop exact quand lui ne l'était pas assez, il ajourna tout simplement son départ au lendemain.

— Puisque ma femme, se dit-il, me croit en route, je souperai à l'hôtel et j'irai ensuite au café faire avec les amis la partie de dominos. A minuit, je rentrerai chez moi, ce qui surprendra ma femme agréablement. M. X... vous le voyez, mon oncle, était la confiance même.

— La confiance, dit sentencieusement l'oncle du stagiaire, est la source de toutes nos déconvenues, car on n'est jamais trompé que parce qu'on a eu confiance.

— Mme X..., continua le stagiaire, croyait son mari sur le rail depuis une heure, lorsqu'elle ouvrit mystérieusement sa porte à un jeune officier récemment sorti de l'école de Saint-Cyr. Ce galant militaire avait été prévenu, par un billet de la perfide épouse, que l'heure du berger avait sonné pour lui, et que cette heure durerait rois jours.

La soubrette de Mme X..., une vraie soubrette de comédie, secondait cette intrigue.

Tout à coup le mari frappe à la porte.

— Oh ! les passions humaines ! s'écrie l'oncle Prudhomme ; ce sont elles qui perdent l'humanité.

— La soubrette, reprit le narrateur, demande qui frappe ainsi à cette heure.

— Monsieur n'y est pas, dit-elle.

— Monsieur c'est moi-même, répond le mari. J'ai manqué le train. Ouvrez, Mariette.

— Comment! c'est vous, monsieur! Ce n'est pas possible; vous vous trompez, ce n'est pas vous.

— Vous dites que je me trompe, que je ne suis pas moi? Ah çà! êtes-vous folle, Mariette? Voyons, reconnaissez ma voix.

— Je ne la reconnais pas.

Et Mariette de ne pas ouvrir et de prévenir madame du danger qui la menace.

— Mon mari! dit la femme coupable, d'une voix où la frayeur se mêlait à la colère. Lui, à cette heure!

— Il a manqué le train, madame.

— Mon Dieu! quel être maladroit et insupportable! Que faire?

— Si monsieur l'officier sautait par la fenêtre? proposa la soubrette.

— Oui, c'est une idée, fit Mme X.... Sautez par la fenêtre; mais ne faites pas de bruit en tombant, de peur d'éveiller des soupçons.... Sautez, sautez!

— Diable! hasarde l'officier; nous sommes ici au troisième étage.

— C'est vrai, vous vous tueriez, et cela me compromettrait, reprit Mme X.... Ne sautez pas, restez et ne bougez pas, quoi qu'il arrive. Vite, Mariette, faites disparaître toutes les allumettes.

— C'est fait, madame, j'ai les trois boîtes dans ma poche, et monsieur n'en porte jamais sur lui, ne fumant pas.

— Très-bien. Maintenant courez ouvrir à monsieur, et expliquez le retard que vous avez mis à le faire en disant que vous cherchiez les allumettes.

Mariette part comme un trait et ouvre la porte à M. X....

— Chère Suzanne, dit l'officier à sa complice, vous nous sauvez tous les deux par votre admirable présence d'esprit. Avoir caché les allumettes est une inspiration de l'amour.

— Eh! mon ami, que deviendrions-nous, nous autres faibles femmes exposées à de semblables dangers vis-à-vis de nos tyrans, si la nature, toujours prévoyante et généreuse, ne nous avait pas donné la présence d'esprit.... Voilà mon mari. Je l'entends qui se cogne dans le corridor. Il est si maladroit! Encore une fois, ne bougez pas et laissez-moi faire.

Le mari entre à tâtons et renverse un guéridon.

— C'est toi, mon pauvre Auguste? dit Mme X... d'une voix caressante et comme affaiblie par le ravissement.

— Oui, chérie, c'est moi-même. J'ai manqué le train, mais tu n'en es pas fachée, n'est-ce pas?

— Que je suis donc heureuse, au contraire, de cette circonstance.

— J'étais sûr de te surprendre agréablement.

— Ah certes! d'autant plus que je suis malade, bien malade.

— Qu'as-tu donc, chère amie?

— Je n'en sais rien... un malaise général.

— Mon Dieu, tu m'épouvantes... Et pas de lumière !...
Où sont donc les allumettes?

— Je ne sais, mon ami, où Mariette les a mises.

— Mariette, donnez-moi donc les allumettes?

Mariette fait semblant de dormir dans sa chambre,
pour ne pas répondre.

— Quel drame horrible ! dit l'oncle en interrompant
son neveu.

— Affreux, mon oncle, affreux ! A ce moment, Mme X...
pousse un cri aigu, suffoque, ferme les poings et les
agite à la façon d'une femme en attaque de nerfs. L'infortuné mari, qui n'a pour se guider que les yeux de la foi,
reçoit un coup de poing sur le nez.

— Et pas d'allumettes ! repète-t-il avec rage.

— Je t'en prie, mon ami, un peu d'éther ! reprend madame d'une voix mourante.

— De l'éther? mais il n'y en a pas ici que je sache.

— Eh bien ! va en chercher, je t'en conjure !

— Soit! Je cours chez le pharmacien, et dans un instant je reviens... Du calme, Suzanne, du calme.

Le mari, en proie à de cruelles angoisses, descend
l'escalier et va se pendre à la sonnette de nuit du pharmacien voisin.

— Quel admirable sang-froid de la part de cette crimi-
nelle épouse, et comme elle se possédait ! fit l'oncle
Prudhomme.

— Son complice aussi se possédait, fit observer le jeune stagiaire.

— Ils se possédaient tous les deux, ajouta l'oncle. Continue, mon neveu, cette étrange et émouvante histoire.

— Donc, mon oncle, le pharmacien descend dans sa boutique en robe de chambre et en bonnet de coton, une bougie à la main.

Stupéfaction des stupéfactions, tout n'est que stupéfaction !

— Qu'y a-t-il donc encore? fait l'oncle avec intérêt.

— Il y a, mon oncle, qu'en regardant M. X..., le pharmacien ne put retenir une exclamation de surprise :

— Ah bah ! voisin, fit l'honorable ministre d'Esculape, comme vous voilà coiffé? vous vous êtes donc engagé dans les zouaves depuis ce matin ?

M. X... porta la main à sa tête et en retira un képi tout neuf. On a beau être mari, on finit toujours par comprendre, et M. X... avait compris enfin.

— Ah ! dit-il au pharmacien d'une voix rendue gutturale par la fureur, ne vous dérangez pas davantage; il n'y a dans toute cette affaire qu'un seul malade, et c'est moi.

Et, s'emparant d'une boîte d'allumettes qui se trouvait sur le comptoir, il remonta chez son infidèle épouse. Le pharmacien le prit pour un fou. M. X... espérait arriver à temps pour étrangler l'officier et lui rendre ensuite son képi. Mais ce dernier avait mis les instants à profit, et s'était esquivé.

Quand la coupable vit apparaître son mari le képi en main, elle comprit, elle aussi, qu'elle était perdue, et fut prise, cette fois, d'une véritable attaque de nerfs. M. X... eut la pensée de tuer sa femme, et délibéra rapidement avec lui-même sur le genre de mort qu'il convenait de lui infliger. Mais il réfléchit aux inconvénients de la prison préventive, et se borna à renvoyer son indigne compagne au sein de sa famille.

Aujourd'hui, M. X... se considère comme le plus heureux de tous les hommes. Ce bonheur est-il bien réel? Je ne saurais le dire. Ce qu'il y a de certain, c'est qu'on l'entend parfois murmurer les mots suivants avec un accent de sincérité : « C'est étonnant comme on s'habitue facilement à n'être plus marié... Vive l'armée !... »

Après ce récit, dont je ne perdis pas un mot, le neveu étendit sur son oncle et sur lui une large couverture de voyage; l'oncle se coiffa d'un foulard pour la nuit, et le wagon tout entier, sans en excepter votre serviteur, adressa mentalement une invocation au doux Morphée, ce baron Dupotet de la mythologie ancienne, comme le baron Dupotet est le Morphée de la mythologie contemporaine. La vieille dame elle-même ne résista pas longtemps aux passes savantes de la divinité magnétisante, et notre compartiment ne fut plus qu'un dortoir plus ou moins incommode.

Quelques heures ensuite, nous étions réveillés par les sifflets de la locomotive, qui s'en donnait à cœur joie. On eût dit qu'elle assistait, à l'Opéra, à la première représentation du *Tannhauser*. Le train ralentit sa marche, pénétra dans une gare spacieuse, s'arrêta enfin, et une voix du dehors se fit entendre :

— Angoulême ! dix minutes d'arrêt !

— Angoulême ! répéta le neveu à son oncle en le secouant par l'épaule ; nous sommes arrivés ; dénouez votre foulard, mon oncle.

— Angoulême ! répète à son tour l'important personnage. Déjà dans ses murs ? L'honorable M. Thiers a beau dire, les chemins de fer sont une belle invention.

— Oui, mon oncle, très-belle. N'oubliez pas votre parapluie.

Il n'y a pas de minutes mieux employées que les minutes d'arrêt accordées aux voyageurs en chemin de fer. Les uns avalent un potage, les autres de la bière ou du café ; ceux-ci brûlent une cigarette, tout le monde se dégourdit un peu les jambes pendant que le mécanicien alimente d'eau la chaudière de sa locomotive, et que le graisseur remplit d'huile de poisson les petits réservoirs fixés à l'extrémité de chaque essieu. Mais dix minutes sont bientôt passées, et nous entendons le commandement de l'employé :

— En voiture ! messieurs, en voiture !

La cloche tinte, le sifflet déchire l'air, les vagons s'ébranlentde nouveau, le train reprend sa course.

En chemin de fer, chacun salue en bâillant le lever de l'aurore.

A Libourne, — une jolie et pittoresque cité, — on

jouit encore de quelques minutes d'arrêt, et les voyageurs de Paris à Bordeaux bâillent leurs derniers bâillements pour solde de compte.

Ma voisine de face, la vieille dame, lisse coquettement ses cheveux gris sur son front plissé, frotte ses yeux rouges et nous regarde d'un air maussade et quelque peu hautain. On dirait que certaines vieilles femmes considèrent comme ennemis tous les hommes qui les entourent. De là peut-être la préférence accordée instinctivement par ces derniers aux femmes que leur jeune âge a rendues moins défiantes. Y aurait-il encore d'autres raisons à cette préférence à peu près générale? Quoi qu'il en soit, ma voisine devint parleuse, sans cesser d'avoir l'air maussade.

— On mange bien à Bordeaux, me dit-elle. La viande de boucherie y est bonne, sans avoir la grande supériorité de celle de Paris, et les quartiers d'agneau y sont exquis. Puis viennent certains mets qu'on ne sert guère qu'à Bordeaux, et qui sont vraiment délicieux; par exemple, les cèpes et les lamproies. Ah! c'est là qu'il ferait bon d'être à son aise!

— J'apprécie, madame, les cèpes comme un plat excellent, quand ils n'empoisonnent pas. Quant aux lamproies, je n'ai jamais voulu en goûter, l'histoire romaine m'ayant appris qu'on nourrissait ces espèces d'anguilles avec la chair des esclaves.

— Comment! on nourrissait les lamproies avec la chair des esclaves dans l'ancienne Rome?

— Mais oui, madame, et il paraît qu'ainsi engraissées elles étaient parfaites.

— Ah! je reconnais bien là ce grand peuple romain! Rien ne coûtait à ces maîtres du monde, nos aînés en civilisation, quand il s'agissait de satisfaire un caprice. Voilà comment on s'immortalise. A Bordeaux, malheureusement, il n'y a pas d'esclaves, et la nourriture des lamproies est modeste; mais elles n'en sont pas moins recherchées par les gens, hélas! qui ont l'avantage d'être réellement à leur aise. Leur chair a le goût de l'anguille, et elle se digère plus facilement. Et les royans, les aimez-vous?

— Les royans sont des sardines, n'est-ce pas, madame?

— Oui, mais ennoblies par la gastronomie bordelaise. Il y a, s'il est permis de comparer les poissons aux hommes, la même différence, à Bordeaux, entre un royan et une sardine, qu'il y en avait, partout en France, avant la révolution de 1789, entre un noble et un vilain. C'était la même chose, mais quelle différence!

— Je comprends, madame; toutefois je n'aurais jamais cru que le grand peuple des sardines fût constitué en société aristocratique... du moins à Bordeaux.

— C'est comme j'ai l'honneur de vous le dire.

Le train marche plus vite encore que la langue de ma voisine, et nous traversons Lormont, d'où nous voyons se dérouler le superbe panorama de l'ancienne capitale de la Guienne, avec ses maisons propres, hautes et blanches, — son port toujours si animé, en forme d'arc, et qu'on croirait dessiné pour le plaisir des yeux ; — devant nous le fameux pont de pierre aux dix-sept arches, la plus belle des constructions de ce genre en France, — et plus loin le pont en fer non moins admirable sur lequel nous allons traverser la Garonne, et qu'on doit à l'ingénieur Regnault, l'inventeur d'Arcachon en collaboration avec l'ingénieux M. Emile Pereire.

Nous avons traversé le pont, qui supporte le poids du train avec la facilité d'un éléphant portant une mouche, et nous quittons nos wagons pour monter en fiacre. Chacun part au trot des chevaux pour son hôtel ou sa maison particulière. Moi, je descends chez Grimailly, à l'hôtel de la Paix. Une demi-heure après je cours par la ville, sous la conduite mal réglée du cicerone hasard, avant de reprendre le train qui me mènera d'abord à Toulouse, puis à Albi, où certainement j'irai admirer son incomparable cathédrale.

II.

A ERNEST LACAN.

Ce qui frappe tout d'abord en arrivant à Bordeaux,
c'est le grand air de propreté et de distinction de la ville.
Là, le luxe des gens pauvres consiste à avoir des ar-
moires bien fournies de linge, et les misérables eux-
mêmes, s'il en existe dans ce pays favorisé entre tous,
n'apparaissent que propres et relativement bien vêtus.
Le type charmant des femmes bordelaises, si accortes,
si séduisantes, mélange heureux et original de grâce
espagnole et de beauté anglaise, ne contribue pas peu,
on l'imagine aisément, à l'agrément de l'ensemble.

On chercherait vainement à Bordeaux des représentants de cet être dégradé, sale, laid, vicieux, à la voix
rauque, aux gestes horriblement communs, intelligent
mais cynique, qu'on a si pittoresquement appelé le *voyou*

parisien. Personne, Dieu merci, n'a de ces façons-là dans l'ancienne résidence des ducs d'Aquitaine, et ce n'est point Bordeaux qui, la première, eut pu comprendre et faire la réputation d'une Thérésa. La décence qui n'exclut pas la gaieté règne partout dans les bals publics de cette aristocratique cité où les danseurs ne se croient pas obligés, pour se divertir, de se désarticuler les membres, et les grisettes, pour plaire, d'éborgner leur cavalier de la pointe de leur bottine russe.

Ces excentricités pitoyables ne s'observent guère qu'à Paris, où l'abus de tous les plaisirs finit bientôt, en corrompant le goût, par détruire jusqu'au sentiment même du sens moral.

Paris est, je crois, la seule ville du monde où on pût imaginer, comme cadeau de jour de l'an, une imitation en carton imprimé de peigne crasseux sur lequel on voyait de la vermine écrasée. Rien assurément d'ingénieux ni de spirituel dans une semblable invention qui n'était que dégoûtante et dépravée. On a vendu sur les boulevards, en moins de huit jours, deux cent mille de ces imitations de peignes nauséabonds. On cite une certaine grande dame, bien connue par ses folles toilettes et ses excentricités de tous genres, qui trouva fort plaisant de glisser un de ces délicats bijoux dans une salade offerte à ses convives.

Je ne sais si cette plaisanterie a été considérée comme de bon goût chez cette grande dame; à Bordeaux, où sans doute on est plus arriéré qu'à Paris, dans un certain monde, on l'eut tout simplement trouvée dégoûtante.

C'est toujours avec plaisir que je revois à Bordeaux le beau cours de l'intendance, le cours de Tourny, les quinconces sur lesquels il est en ce moment question de bâtir deux monuments, le port si riant d'aspect et mouvementé sans bruit, la rue Sainte-Catherine, où règne le commerce de détail, le jardin des plantes, une merveille de fraîcheur, un enchantement pour ceux que les fleurs ne trouvent pas indifférents; l'église Saint-André, bâtie, je cois, par les Anglais (j'écris sans guide) qui devinrent les maîtres de Bordeaux par le mariage d'Elénore de Guyenne avec Henri, roi d'Angleterre, jusqu'au moment où Charles VII, l'imbécile et méchant jaloux de Jeanne d'Arc, reprit définitivement cette ville ; enfin le grand théâtre, bâti sur les plans de l'architecte Victor-Louis, et qui passe, à juste raison, pour un chef-d'œuvre.

Un seul théâtre, celui de la Scala, construit en 1774, à Milan, pourrait être comparé au grand théâtre de Bordeaux. Son constructeur, Joseph Piermarini, fut pour l'Italie ce que Victor-Louis a été pour la France. Il est incontestable que le grand théâtre de Bordeaux a eu beaucoup d'influence sur la construction des théâtres qu'on a bâtis depuis en France ; mais il est incontestable aussi que pas un de ces théâtres jusqu'à présent n'a réuni l'élégance de l'extérieur au confortable de l'intérieur exigé de nos jours par les habitudes de luxe et de bien-être.

Il ne manque à Bordeaux qu'une seule chose, des habitants en plus grand nombre; ce qui n'empêche pas les Bordelais de se trouver à l'étroit chez eux, et d'aller à la Bastide, de l'autre côté de l'eau, se récréer à l'Alcazar. Il est vrai que cet établissement est peut-être le plus séduisant de ce genre qui existe en France. C'est une salle de spectacle véritable, avec une scène assez vaste, où les acteurs, en costume, exécutent des pantomimes, et où l'on voit de très-jolis ballets parfaitement dansés au son d'un orchestre nombreux. Tout cela, bien entendu, sans préjudice des chanteurs et des chanteuses, comme il en existe dans tous les alcazars de tous les pays à notre époque de bière instrumentale et de grogs chantants.

J'ai fait aux environs de Bordeaux une promenade qui m'a bien intéressé. Je suis allé, en compagnie du docteur Sarramea, visiter la maison centrale des jeunes détenus, dont il est le médcin. Ces malheureux enfants, généralement plus à plaindre qu'à blâmer, sont divisés en deux grandes catégories: ceux qui travaillent dans les ateliers, et ceux qui cultivent les champs. Le pénitencier industriel renferme un atelier de cordonnerie, un atelier de menuiserie, des forges et un atelier pour la confection des tapis. Le pénitencier agricole est une admirable propriété cultivée uniquement par des enfants de dix à seize ans, sous la direction de quelques agriculteurs.

J'ai vu là de très-beaux plans de vignes, à l'instar de ceux du Médoc, des blés de la plus vigoureuse venue, des champs de pois d'une végétation affollée, comme on dit dans le pays, des foins admirables, des jardins potagers comme on n'en voit guère qu'aux environs de Paris, des serres, des jardins d'agrément en plein air, une vacherie où l'on fait du beurre, en un mot une école d'agriculture complète où les détenus apprennent comme des hommes libres, sous la voûte du ciel, l'art fortifiant et moral de la culture du sol. Ici tout parle à l'esprit et au cœur de l'enfant. Il reçoit les leçons de la nature et celles-là ne trompent jamais.

Le ciel ouvert et insondable, le soleil éclairant et réchauffant le monde, le murmure poétique des insectes au milieu du silence des hommes, le vol de l'oiseau, les arbres en fleurs promettant une riche récolte, la vie mystérieuse des plantes qui, subissant la loi commune, naissent, se développent et meurent, le travail humain partout récompensé par cette terre généreuse, tout ce grand spectacle de la création ne vaut-il pas bien une leçon de catéchisme donnée tristement dans une chapelle de prison ?

J'ai frémi, voyant les petits agriculteurs de la maison centrale de Bordeaux, gais, alertes, bien portants, courageux au travail, en songeant qu'il existe à Paris une prison cellulaire, mot horrible, supplice intolérable, cause inévitable d'hébêtement et de folie, pour de pauvres enfants dont le seul crime, le plus souvent, est l'extrême misère ou les vices de leurs parents.

Le savant et honnête docteur qui m'accompagna dans ma visite à la maison centrale des jeunes détenus de

Bordeaux voudrait pour les enfants recueillis par ordre de la justice, — je'ne dis pas condamnés, ils ne le sont pas, — outre les colonies existantes industrielles et agricoles, des colonies maritimes destinées plus particulièrement aux lymphatiques, si nombreux partout dans les prisons, et pour lesquels l'air salin et balsamique serait comme l'inoculation d'un nouveau principe de vie. On est effrayé quand on pense que la tuberculisation, qui naît du trop grand développement de la lymphe, conduit à la mort un cinquième de l'espèce humaine.

Ces maux si difficiles à guérir seraient faciles à prévenir par l'hygiène qui est la véritable science de la santé. Mais, comme le dit fort bien le docteur Sarramea: Armés d'une puissance souveraine et scrupuleusement obéis lorsqu'il s'agit du traitement des maladies, notre voix est à peine entendue quand nous parlons de les prévenir. Et pourtant nos moyens de préservation sont plus sûrs et plus puissants que ceux de curation. Sans doute les hospices, les hôpitaux, les institutions de bienfaisance sont nombreux et largement ouverts aux pauvres malades; mais les asiles d'hygiène manquent complètement. De toutes parts s'élèvent des bâtiments modèles destinés à l'acclimatation, au perfectionnement d'animaux ou de plantes agréables et utiles à l'homme; mais pour ces pauvres rejetons de notre espèce, enfants débiles et chétifs, nulle part ne s'ouvrent des établissements d'éducation hygiénique où ils seraient élevés dans un milieu apte à régénérer leurs mauvaises constitutions.

Il est bien certain que le traitement des affections pulmonaires dans les prisons, les hospices et les asiles, n'est le plus souvent qu'une douloureuse et stérile méditation sur la mort. Mais si l'inefficacité de la thérapeutique est, en pareil cas, malheureusement trop certaine, est-il permis d'assurer que des moyens existent, capables de prévenir ces maladies qui déciment surtout la jeunesse? A ces questions qui touchent à l'un des plus intéressants problèmes de l'hygiène publique, le médecin des jeunes détenus de Bordeaux répond sans crainte par l'affirmative. Pour lui, les moyens préventifs sont trouvés, ils reposent sur la méthodique application d'une éducation physique bien entendue dont le résultat serait de réformer les mauvaises constitutions, de détruire les germes de la maladie. Appuyé sur une expérience raisonnée, sur l'étude des causes et de la nature des maladies mentionnées plus haut, l'opinion de M. Sarramea est, du reste, partagée par un grand nombre de savants pour lesquels le séjour sur les bords de la mer, l'usage de ses eaux en bains et quelquefois en boisson, la navigation, l'air salé mêlé aux émanations aromatiques des bois résineux, sont, de toutes les conditions hygiéniques les plus favorables contre les dégénérescences lymphatiques et tuberculeuses.

Fort de cette conviction, et dès le commencement de 1850, M. Sarramea s'adressait au gouvernement pour lui demander la réalisation de ses idées. Il manifestait le généreux désir que ces grands moyens prophylactiques et curatifs fussent au plus tôt mis en œuvre en faveur d'une catégorie très-nombreuse d'enfants élevés sous l'autorité et aux frais de l'Etat. « La Gironde, disait-il, offre, avec son doux climat une de ces localités où se trouvent providentiellement réunies toutes les conditions hygiéniques. J'ai nommé Arcachon. Là, me parait devoir être fondé un établissement destiné à recevoir, des divers points de la France, les jeunes prisonniers marqués au cachet des vices organiques résumés par ces trois mots : lymphatisme, scrofules, tubercules. Pauvres êtres voués presque tous à une mort prématurée, oucondamnés à languir toujours souffreteux, inutiles à le société et à eux-mêmes! Au nom de la science et de l'humanité, je sollicite pour eux l'inappréciable faveur d'être éloignés des lieux insalubres, où ils s'étiolent chaque jour, pour être transportés sur les bords de ce magnifique bassin baigné par les flots de l'Océan; au milieu de ces superbes forêts de pins, forêts embaumées et toujours vertes, dont le parfum résineux mélangé à la brise salée de la mer, forme une véritable atmosphère de santé. Les républiques de la Grèce, celles de Sparte surtout, puisèrent un de leurs principaux éléments de puissance et de splendeur dans les soins donnés aux enfants pour en faire des hommes robustes. Nous avons mieux à faire encore que l'antiquité, car, au lieu de ne choisir comme elle que des sujets bien constitués, nous receuillerons, pour les rendre forts, les êtres débiles si nombreux dans nos grandes villes, dans nos hospices et dans nos prisons. »

A ces considérations d'un ordre si élevé, se joignait dans la pétition du philantropique docteur, tout un plan d'instruction professionnelle, d'éducation morale et de moyens hygiéniques à suivre.

Nous croyons intéresser nos lecteurs, en leur donnant un aperçu de ces moyens. Les voici : «Respiration continuelle d'un air pur et balsamique, exposition à la lumière et aux rayons du soleil, aliments abondants et appropriés aux constitutions, vêtements en harmonie avec les saisons, habitation dans de vastes bâtiments parfaitement ventilés, coucher sur des lits formés de plantes aromatiques et d'*algue marine* (zostère), bains fréquents et à des températures convenables dans l'eau de mer soit pure, soit chargée, au besoin, de principes résineux ou autres principes médicamenteux, travaux dans les jardins et les forêts, exercice tantôt sur la plage, tantôt sur l'eau, en occupant en temps opportun, les jeunes colons à la pêche à l'aide d'appareils adaptés à leurs forces, balancement du corps par les flots dans les moments de houle, gymnastique nécessitée par les manœuvres de marine et la natation, voyages quelquefois sur l'Océan ; voilà les principales forces préventives et médicatrices dont sera dotée la colonie d'Arcachon.»

Cet établissement dans la pensée du docteur, devait être pour la science une vaste clinique d'hygiène, et pour l'Etat un sujet de gloire et de prospérité. Arrachant à la souffrance et à la mort de nombreuses victimes, la colonie maritime devait faire des hommes vigoureux, vaillants à la mer, vaillants à la charrue, les uns marins, les autres colons, ceux-là aptes à défendre sur toutes les mers le pavillon de la patrie, ceux-ci destinés à être échelonnés sur la vaste étendue de nos landes, qui n'attendent que des semences et des cultivateurs.

Voilà de généreuses pensées, docteur, et vos projets se réaliseront un jour (1). Seulement soyez patient en songeant qu'il faut aux bonnes choses la collaboration du temps, et qu'il n'y a que les œuvres sans valeur et les idées éphémères qui réussissent promptement.

En revenant de visiter la maison centrale des jeunes détenus, je vis à la porte de l'église Saint-André des voitures qui y conduisaient une noce. J'entrai dans l'église à la suite de la mariée, et je m'aperçus que celle-ci, son mari et tous les invités tenaient à la main un bouquet de roses jaunes. Singulier choix de couleur pour une cérémonie de ce genre, n'est-ce pas ?

(1) La pensée de M. Sarramea ne devait pas être complètement stérile, car, en 1861, une maison pour les enfants strunieux de la capitale a été, par les soins de l'assistance publique, ouverte sur la plage de Berg, aux bords de l'Océan, dans le Pas-de-Calais.

Je quittai le pays natal de Montesquieu pour aller saluer celui de Clémence Isaure, en passant par celui du poëte Jasmin.

(Ici une parenthèse en l'honneur de Monselet.)

On déjeune bien au buffet de la gare d'Agen, et ce détail ne paraîtra pas superflu aux voyageurs qui visitent le midi de la France.

III.

A JULES CLARETIE.

A Toulouse, quand on a contemplé le Capitole, qu'on s'est rafraîchi au café de la belle et tout aimable Mme Lapierre, — une réputation de beauté, même à Toulouse, où il y tant de beautés ; — qu'on a parcouru le vieux quartier de la ville, à la découverte d'anciennes maisons aux façades artistement sculptées ; qu'on a vu jouer l'opéra au théâtre du Capitole, à côté duquel s'est trouvée la roche Tarpéïenne pour un grand nombre d'artistes ; qu'on a applaudi les chœurs si bien fournis en basses-tailles de la Société chorale *Clémence-Isaure* ; qu'on a visité le Musée dans lequel, dit-on, se trouve le seul portrait authentique de Descartes qui soit nulle part ; qu'on s'est porté sur l'emplacement où se livra la dernière bataille de la campagne de France, gagnée par le maréchal Soult, le 10 avril 1814, sur l'armée anglaise commandée par le duc de Wellington, qu'on est entré dans l'église

Saint-Séverin, qui, en fait de précieuses reliques, ne connaît pas sa fortune, — il ne reste plus guère à voir, pour le voyageur de passage dans l'ancienne capitale des Tolosates, que le Pré-Catelan, sorte de jardin Mabille enrichi d'un Alcazar où — plaisir enivrant — l'on boit et l'on fume en musique.

L'Alcazar de Toulouse, comme tous les alcazars qui ont la conscience de leur mission sociale, possède sa Thérésa, répondant au joli nom de Malvina, — si j'ai bonne mémoire.

Mlle Malvina est une assez jolie fille, un peu fatiguée par l'étude de son art, tout d'expansion, à la voix rauque, comme il convient pour son emploi, sans aucun talent de cantatrice, cela va sans dire, mais ayant le geste poissard et exécutant des points d'orgue avec le bout de sa bottine, qu'elle promène au-dessus de la tête des spectateurs du parterre comme si elle les bénissait du pied. En voilà plus qu'il ne faut pour exciter, à Toulouse comme partout ailleurs, l'enthousiasme des thérésistes, aussi nombreux dans les quatre-vingt-neuf départements de la France que les buveurs de grogs et les culotteurs de pipes.

Thérésa, première du nom, la grande, l'immortelle Thérésa de l'Alcazar de Paris, aura donc eu la gloire d'avoir fait école partout dans notre belle patrie, et ce n'est pas, comme on sait, un mince mérite que d'être chef d'école. Le trivial sans esprit, le grossier sans originalité, le démoralisateur sans même la volupté, font partout fortune en ce moment. C'est à merveille dans les cafés chantants publics et les petits alcazars privés d'une certaine fraction de ce qu'on appelle le grand monde...

Pour s'abrutir, les Chinois ont l'opium des Anglais, qui, eux, ont leur propre gin ; les Turcs ont le haschich ; certains peuples du Nord ont la bière ; les colons de l'Algérie, l'absinthe ; les nègres du Brésil, la cachasse ; les Indiens, descendants des Incas, la coca, petit arbuste dont ils mâchent les feuilles ; la France, toujours bien partagée, arrive au même but par des chansons ineptes, dissolvantes et sans orthographe, dites au milieu de la fumée de tabac par des femmes dont l'unique souci paraît être de renoncer à tout ce qui plaît chez la femme, pour prendre les allures d'une écaillère grisée d'alcool. Quelques écrivains, véritables trouble-fêtes, n'ont pas craint, en voyant une semblable dépravation du goût, d'appeler notre siècle le *siècle de Thérésa.* C'est aller un peu loin, il faut en convenir.

Non, cette apparence de dédain pour le distingué, l'harmonieux, le poli, la finesse du langage, les convenances de l'esprit, et, au contraire, cet amour maladif de l'argot, des toilettes à grelots, du grossier, de l'immonde même, représenté par les peignes crasseux dont nous parlions, il y a un moment, ne saurait avoir qu'un temps très-court dans un pays comme le nôtre, qui a été et qui reste au fond celui de la politesse, de l'esprit, de la galanterie ingénieuse et de la fine critique.

Rendons toutefois cette justice aux cafés-concerts qu'ils

ont mis en relief quelques bonnes voix dont l'art dramatique s'est plus tard enrichi. Peut-être sans les cafés-chantants ces voix n'eussent jamais pu être appréciées.

C'est dans un estaminet de ce genre que Gueymard, de l'Opéra, s'est fait entendre pour la première fois.

Un autre ténor du grand Opéra, Michot, a aussi débuté dans un café-concert de la rue Montmartre.

Mlle Sax , de l'Académie impériale également (ne dirait-on pas que les estaminets sont la pépinière de notre première scène lyrique et que le Conservatoire ne vient qu'en second lieu?) Mlle Sax a tonné de sa voix Armstrong , ses premières cavatines au *Café du Géant*, boulevard du Temple, d'où Mme Ugalde la fit sortir pour entreprendre son éducation musicale.

Enfin c'est en plein air , au bruit du choc des verres de bière, aux cris des garçons , répondant aux demandes des consommateurs , qu'on a vu d'abord apparaître le ténor Renard (toujours de l'Opéra) et les chanteurs comiques Pradeau et Berthelier.

Cela dit en faveur des cafés-chantants , et comme on plaide les circonstances atténuantes , je me sens un peu soulagé ; et afin de passer du sévère au plaisant, je cherche, au retour de ma visite au Pré-Catelan, l'occasion de faire la connaissance du spirituel avocat toulonsain, M. Cazeneuve (prononcez Cazenuve), dont notre excellent confrère Frédéric Thomas a si joliment raconté les originales boutades dans ses *Petites Causes célèbres.*

Je n'ai pu voir M. Cazeneuve, et je le regrette infiniment, car c'est un type que ce charmant esprit où la science n'a point altéré la gaîté ; or, il faut bien en convenir, les types deviennent de plus en plus rares sous le niveau de notre civilisation.

Avec maître Cazeneuve, il faut surtout s'attendre aux choses les plus inattendues, et son accent gascon ajoute une piquante saveur à son langage, aussi abondant que verveux.

Un jour, cet avocat se rendait d'assez mauvaise grâce au tribunal. Azor, son chien, avait eu la curiosité de le suivre au palais. M. Cazeneuve, qui ne sait rien refuser à son caniche, ne s'y était point opposé.

— Et où allez-vous donc comme ça, maître Cazeneuve? lui dit un confrère, en l'accostant sur la place du Capitole.

— Et où voulez-vous que j'aille? Pardi ! toujours au même endroit; je vais à la première instance.

— Et Azor?

— Lui aussi, il y va.

— Bonne chance à tous les deux.

— Je vous remercie pour lui.

Arrivés au tribunal, Azor alla s'asseoir à l'extrémité du banc de la défense, et son maître se mit à plaider. Malheureusement, il advint que, entraîné par son éloquence, l'avocat éleva la voix. Azor, qui sans doute n'aimait pas le bruit, se mit à aboyer pour manifester son mécontentement.

Maître Cazeneuve suspendit son plaidoyer, et, s'adressant au chien :

— Azor, lui dit-il, fais-moi le plaisir de te taire.

Azor se tut. Mais il ne se tut pas longtemps. En effet, bientôt après, l'avocat s'étant livré à des considérations trop *élevées* pour les nerfs délicats d'Azor, l'animal aboya derechef, et cette fois avec un tel entrain, que la défense ne fut plus libre. Alors l'avocat, impatienté, se tourna vers l'interrupteur, et, avec des gestes d'ancien télégraphe :

— Enfin, Azor, lui dit-il, ça ne peut pas durer comme ça ; si tu veux plaider, plaide, ou laisse-moi plaider !

On m'a conté à Toulouse que, pour un motif d'ailleurs assez insignifiant, maître Cazeneuve s'était battu en duel, il y a de cela quelques années, avec un honorable et très-pacifique propriétaire des environs. Le maître d'Azor n'a point un naturel farouche ; mais il s'était cru offensé, et, comme ce n'est point un poltron, tant s'en faut, il avait exigé une réparation par les armes.

N'ayant jamais manié une épée, et ne voulant pas être mis à la broche par son adversaire, qu'il croyait de première force à l'escrime, il alla demander les conseils d'un prévôt d'armes.

— J'ai, dit l'avocat au professeur d'escrime, une affaire pour demain, qui ne peut être lavée que dans le sang. Seulement, autant que possible, je désirerais que ce fût dans le sang de mon adversaire et non dans le mien qu'eût lieu ce blanchissage d'honneur. Pour cela, je viens vous demander une consultation. Je n'ai jamais tenu une épée, et mon adversaire, m'a-t-on dit, est passé maître dans le bel art d'embrocher ses semblables.

— Etes-vous fort des reins et des bras? demanda le prévôt.

— Mais vous êtes bien aimable, répondit l'avocat; je me sens assez solide, Dieu merci.

— Très bien ! Comme je suppose que vous avez du sang-froid, je vous engage à tenir ferme votre épée, la pointe à la hauteur de l'œil de votre adversaire, et à ne jamais attaquer. Evitez tout croisement de fer et attendez que, impatienté de votre immobilité, votre homme se précipite de lui-même sur votre épée.

— Vous croyez qu'il le fera? demanda l'avocat.

— C'est probable, dit le prévôt. Dans tous les cas, vous ne risquez pas grand'chose dans cette position expectante.

— Mais si mon adversaire, qui est un véritable lion, avance prudemment?

— S'il avance ainsi, reculez.

— Fort bien. Mais s'il recule?

— S'il recule, n'avancez pas.

L'avocat sortit et alla mettre ordre à ses affaires en vue d'un dénouement fatal, toujours à craindre en pareil cas.

Il n'y avait pas une heure que maître Cazeneuve avait demandé les conseils du prévôt, que ce prévôt recevait la visite de l'adversaire de l'avocat.

— Mon Dieu, monsieur, lui dit celui-ci, moi qui suis l'homme du monde le plus pacifique, moi qui ai horreur du sang comme un quaker, et qui ne tuerais certainement pas un poulet, je me bats demain avec un des duellistes les plus redoutables, m'a-t-on dit, du département de la Haute-Garonne, l'avocat Cazeneuve.

Le prévôt fit un tour sur lui-même pour dissimuler un éclat de rire, puis s'arrêtant devant son visiteur :

— Je vous en fais mon compliment, monsieur; et qu'y a-t-il pour votre service?

— Je venais, monsieur le prévôt, vous prier de m'indiquer une botte secrète. Je n'ai jamais eu l'occasion de mettre l'épée à la main. Sans vouloir devenir un assassin, il est juste que j'égalise autant que possible les chances d'un combat inégal avec cet habile buveur de sang.

— Les bottes secrètes, dit le maître d'armes, ne sont pas sans danger quand elles sont mises en pratique par un homme qui, comme vous, ne connaît pas même les premiers éléments du noble art de l'escrime. Je ne vous apprendrai donc aucun coup de ce genre. Mais suivez mon conseil, et vous ne vous en trouverez pas mal.

— Je le suivrai, monsieur le prévôt.

— Mettez-vous en garde fièrement, à une certaine distance de votre adversaire, de manière à ce que le bout de votre épée soit éloigné du bout de la sienne d'une dizaine de pouces environ, et restez immobile. Il est probable que, impatienté de votre immobilité, il se précipitera de lui-même sur votre fer. Surtout n'attaquez pas.

— Mais s'il avance discrètement?

— S'il avance ainsi, reculez.

— Et s'il recule?

— S'il recule, ne bougez pas.

Le lendemain, le duel eut lieu. Chacun des adversaires avait emmené sur le terrain, outre les deux témoins d'usage, un chirurgien de sa connaissance.

Suivant à la lettre les conseils du prévôt, l'avocat et le propriétaire tombèrent en garde à une distance respectueuse l'un de l'autre, bien résolus à ne plus bouger.

Ils se regardaient d'un air de défi, mais pas un ne fit le plus léger mouvement.

Chacun des combattants attendait que, impatienté de son immobilité, l'adversaire vînt enfin, comme l'avait annoncé le prévôt, se précipiter sur son épée.

Cinq minutes se passèrent ainsi, et rien dans l'attitude des duellistes n'avait changé.

L'avocat et le propriétaire se regardaient toujours de ce même regard de défi, et leurs épées, toujours tendues à distance, semblaient scellées dans la main des deux combattants pétrifiés.

— Quelle patience ! pensa l'avocat... Il veut me lasser et me forcer d'attaquer; mais pas si bête ! je tiendrai jusqu'au dernier moment... C'est lourd, néanmoins, une épée qu'on tient si longtemps à bras tendu !... quand donc viendra-t-il s'y précipiter?... il tarde beaucoup...

— Comme il se possède ! pensait le propriétaire... Ces

bretteurs ont un admirable sang-froid... Il attend que je l'attaque... Il attendra longtemps!... Mais toute chose a une fin, et il est probable que sa patience sera bientôt à bout... Je crains seulement que le rhumatisme dont je souffre au bras droit, me force à lâcher l'épée juste au moment où ce furieux viendra s'y jeter, comme me l'a annoncé le prévôt.

On ne sait pas de quelle énergie passive l'homme est susceptible dans certaines circonstances. Les deux combattants purent tenir, sans autre signe de lassitude qu'une certaine altération dans le visage, pendant treize minutes, leur épée à bras tendu, impassibles comme des stoïciens.

— Messieurs, dit alors un des témoins, moins patient que les combattants, voilà près d'un quart d'heure que vous ferraillez; l'honneur est satisfait. Abaissez donc vos épées et donnez-vous la main.

— Ah! dit maître Cazeneuve, que le métier des armes est fatiguant! J'aimerais mieux plaider trois heures que me battre pendant dix minutes.

Je crois avoir prononcé plus haut le nom de St-Saturnin (les Toulousins disent Saint-Senvin) et signalé les reliques fameuses qu'on y conserve pieusement. J'ai eu le bonheur de visiter cet ancien monument de la foi de nos pères, à l'occasion du jubilé fameux, appelé communément le *jubilé du Massacre*.

Il en est des cérémonies de certains jubilés comme de l'apparition de certaines comètes dont on ne peut jouir qu'une fois en sa vie. Le jubilé séculaire institué à la suite d'un remarquable et très-complet massacre de protestants dans la bonne ville de Toulouse, en l'an de grâce 1562, était du nombre de ces rares jubilés, et je ne voulus point le laisser passer sans y assister.

Et qu'on ne s'étonne pas de voir des hommes religieux, que je crois honnêtes, parce que je les crois convaincus, se réjouir et remercier le ciel en souvenir de la mort de dissidents. Rien de plus naturel. «La Saint-Barthélemy, « écrit Napoléon Ier, a bien eu ses persuadés : les papes et « les cardinaux en ont chanté un *Te Deum*; et parmi « toutes les bonnes gens, il s'en trouvait bien, sans doute, « quelques-uns de bonne foi. Voilà les hommes, leur « raison, leurs jugements ! »

On l'a souvent dit, dans l'ordre moral les extrêmes se touchent, et rien n'est plus près du comique et même du bouffon que certaines atrocités. En voyant gravement assis à la porte de Saint-Saturnin le bedeau de cette église revêtu de son costume de grande cérémonie aux couleurs tranchées et nombreuses, je ne pus m'empêcher de le questionner sur la fête commémorative qui avait eu lieu le matin.

— Dites-moi, mon ami, est-il vrai comme on me l'a assuré qu'à l'issue de la procession on ait massacré un certain nombre de protestants de bonne volonté, depuis longtemps déjà désignés pour ce sacrifice?

— Eh ! mon Dieu, non, monsieur, me répondit-il naïvement, on exagère toujours tout à Toulouse.

— On exagère, dites-vous? Il y a donc quelque chose de vrai dans ce massacre. Serait-ce, par hasard, que les protestants massacrés ne l'auraient pas été de bonne volonté?

— Eh! non, monsieur; on n'a tué personne ce matin à Toulouse.

— Ah! vraiment... eh! bien c'est fâcheux.

— Pourquoi est-ce fâcheux?

— Parce que nécessairement l'absence de tout massacre dans une cérémonie instituée pour fêter un massacre a dû jeter du froid... Car enfin, vous ne l ignorez pas, puisque vous êtes du bâtiment, comme on dit à Paris, c'est parce qu'on a massacré des protestants à Toulouse, que le jubilé a été résolu par une bulle de Pie IV, datée du 24 novembre 1564.

— Eh! mon Dieu, oui, vous avez raison ; mais il y a si longtemps que ces massacres ont eu lieu dans notre bonne ville ! D'ailleurs les massacres des autres ne me regardent pas.

J'admirai la discrète philosophie de cet excellent bedeau qui ne s'occupe pas des massacres d'autrui et paraissait tout rempli de sa magnifique importance.

Après m'être recueilli, j'entrai dans l'église à la suite d'un petit groupe de visiteurs conduits par un vénérable abbé espagnol qui passa toutes les reliques en revue. C'est ainsi que j'eus la bonne fortune de contempler une épine de la couronne de Jésus-Christ, offerte par le comte Alphonse, frère de saint Louis, et si merveilleusement conservée, qu'on ne lui donnerait que quelques années d'existence. J'ai vu aussi un morceau de la vraie croix, un fragment du saint sépulcre et une portion de l'un des vêtements de la vierge Marie. Ce n'est pas tout : j'ai contemplé successivement dans cette église, des reliques de saint Pierre, de saint Paul, de saint Jacques le Majeur, de saint Jacques le Mineur, de saint Philippe, de saint Simon, de saint Jude, de saint Barnabé, de saint Barthélemy, de saint Claude, de saint Crescent, de saint Nicostrat, de saint Simplice, de saint Castor, de saint Christophe, de saint Julien, de saint Cyr, de saint Arciscle, de saint Cyrille, de saint Blaise, de saint Georges. Sur la demande que je fis à notre pieux cicerone pour savoir si le corps entier de ce dernier saint se trouvait dans la châsse étroite qu'il nous montrait :

— Non, me répondit-il avec un accent espagnol des plus prononcés, qui du reste n'ôtait rien à la dignité de sa parole,- non le corps de ce saint n'est pas là tout entier, mais il y en a un bon morceau.

J'ai trouvé la ville très-calme, et même, s'il faut le dire, assez indifférente à cette manifestation religieuse, qui rappellait les plus mauvais temps du fanatisme catholique. Beaucoup de gens ignoraient à Toulouse l'origine du jubilé, et ne cherchaient même pas à la savoir ; c'étaient les paysans et les personnes qui, ne sachant pas lire, ne connaissent de l'histoire que ce qu'on veut bien leur en dire. D'autres, tout en déplorant «l'occasion offerte par l'archevêque de Toulouse de renouer la chaîne du passé,»

ont vu dans cette solennité un moyen d'imprimer au
commerce de la ville une activité passagère, et à ce point
de vue ils n'en ont pas été fâchés. Mais l'amour du commerce a ses limites.

Malgré tout le charme de Toulouse il faut continuer
mes pérégrinations. Dans je ne sais plus quelle rue de
cette cité, mes yeux se portent sur l'enseigne d'une boutique où je lis le nom célèbre de Cambronne. Je demandai si ce respectable boutiquier était parent du vaillant
officier qui le soir du jour néfaste de Waterloo répondit
aux Anglais qui l'invitaient à se rendre, vous savez quel
mot énergique (1), traduit pour les besoins de l'histoire
par cette phrase théâtrale : *la garde meurt et ne se rend
pas.* On me répondit que non, mais que toutefois il y
avait entre le Cambronne de Toulouse et celui de Waterloo, outre la similitude du nom, une même énergie de
langage dans les occasions difficiles ; et on me conta
la rabelaisienne et plaisante aventure que voici:

Un jour, Cambronne n° 2 s'étant mêlé à un attroupe-
ment dont deux ivrognes étaient l'objet, il fut pris pour
un des perturbateurs de l'ordre public. Un agent de police lui met la main sur le collet (ils sont partout les
mêmes). Notre homme, qui sent couler dans ses veines
le chaud vin du Midi, s'exalte, s'emporte, s'indigne qu'on
traite ainsi sans façon un Cambronne, et sur l'injonction

----

(1) Voir les *Misérables*, de Victor Hugo.

de l'agent lui ordonnant de le suivre au poste, il lâche l'illustre et impossible vocable de son immortel homonyme de la vieille garde.

Cambronne n° 2 comparut devant le tribunal de police correctionnelle sous l'inculpation d'outrage envers un agent de l'autorité dans l'exercice de ses fonctions.

— Pourquoi, lui demanda le président, avez-vous répondu à l'agent, qui faisait son devoir en vous arrêtant, par un mot outrageant et que les convenances ne me permettent pas de répéter ici?

— *Mon colonel*, répondit Cambronne qui croyait passer à un conseil de guerre, ce mot appartient à l'histoire depuis que mon homonyme l'a prononcé sur le champ de bataille.

— Vous n'étiez pas, vous, sur un champ de bataille, ajouta le président, quand vous vous l'êtes permis.

— Pardon, mon colonel, on se battait autour de moi. J'ai cru bien faire, agir noblement en disant cela.

— Comment vous avez cru bien faire en prononçant ce vilain mot?

— Oui, mon colonel.

— Dites président.

— Oui, mon président-colonel, je me nomme Cambronne, veuillez ne pas l'oublier.

Le tribunal, usant d'indulgence envers ce burlesque, ne le condamna qu'à vingt-cinq francs d'amende.

— Oh justice ! tu n'es qu'un vain mot, s'écria Cambronne en s'entendant condamner. Pour le même vocable dit dans des circonstances analogues, au milieu de la lutte, par deux individus portant le même nom, l'un passe à la postérité, l'autre à la correctionnelle et attrape vingt-cinq francs d'amende !

Je salue une dernière fois le Capitole et je prends le chemin de fer qui, en deux heures me conduira de cette studieuse et poétique cité, où les jeux floraux sont toujours en honneur, dans l'ancienne capitale de l'Albigeois, de fanatique mémoire.

Le temps de lire une fort intéressante étude récemment publiée à Toulouse sur Jean Reboul par M. Valladier, et de jeter les yeux sur la *Description naïve et sensible de la fameuse église Sainte-Cécile d'Albi*, publiée d'après un manuscrit inédit et annoté par notre ami Eugène d'Auriac, et me voici arrivé.

Je descends à l'hôtel de Deprats, le très-habile directeur de l'orphéon d'Albi, une des plus charmantes sociétés de ce genre que nous ayons entendues dans le Midi.

Heureux pays, où la cuisine et les beaux-arts savent marcher de front, où un Deprats n'est pas plus embarrassé pour tenir la queue de la poêle que pour manier le bâton de chef d'orchestre !

IV.

A EMILE SOLIÈ.

Je ne connais pas de point de vue plus charmant que le pays d'Albi quand on le contemple du milieu du pont si hardiment jeté sur le Tarn et qui relie les deux rives de l'ancienne capitale de l'Albigeois.

On comprend difficilement qu'on se soit si longtemps massacré dans un endroit si bien fait pour la paix et le bonheur.

Il faut que le besoin de s'entr'égorger soit singulièrement impérieux chez les hommes pour qu'ils s'entr'égorgent partout où ils s'établissent, dans l'ancien comme dans le nouveau-monde, et cela, non-seulement dans le but de dominer sur la terre, mais surtout de mériter le ciel !

Personne n'ignore, en effet, que c'est principalement aux systèmes théologiques de tous les pays et de tous les temps, que revient l'honneur d'avoir causé les plus grandes exterminations dont l'histoire fasse mention. On égorge, on brûle, on passe au fil de l'épée plus que nulle autre part, dans certains livres sacrés, chez les différents peuples. La divinité y est présentée comme se mettant souvent si fortement en colère, qu'elle se repent même parfois de son irascibilité. Exemple :

O Eternel ! pourquoi ta colère s'allumerait-elle contre ton peuple?.. Souviens-toi d'Abraham, d'Isaac !.. Alors l'Eternel se repentit du mal qu'il avait dit qu'il ferait à son peuple. (*Exode*, ch. XXX, V. 11, 12, 13 et 14.)

Ces livres, mal interprétés, devaient pousser le fanatisme à en reproduire à la lettre les récits plus ou moins exacts. Jéhovah avait voulu qu'on punît son peuple favori, coupable d'avoir adoré le veau d'or :

« Que chacun mette l'épée à son côté ; passez et repassez de porte en porte par le camp, et que chacun de vous tue son frère, son ami et son voisin. » Et les enfants de Lévi firent ce que Moïse leur avait dit, et en ce jour-là il y eut environ trois mille hommes du peuple qui périrent. (*Exode*, ch. XXXII, v. 27, 28 et 29.)

Et quand les hommes se massacrent mollement, on ajoute que Jéhovah daigne leur jeter des pierres du haut des cieux :

« Et comme ils s'enfuyaient de devant Israël et qu'ils étaient à la descente de Beth-Horon, l'Eternel jeta des cieux de grosses pierres jusqu'à Hazaka, et ils en moururent. » (*Josué*, ch. x, v. 10 et 11.)

Nous pourrions faire des emprunts analogues aux livres sacrés des autres croyances.

Donc, j'ai pensé aux massacres des juifs, des chrétiens, des bouddhistes; des brahmanistes, des mahométistes, des paganistes, de tous les polythéistes et de tous les idolâtres, blancs, noirs et cuivrés, en me trouvant sur l'ancien théâtre des longs massacres des Albigeois.

Les religions n'y sont implicitement pour rien la plupart ; le vrai coupable en pareil cas, c'est le fanatisme des interprétateurs. La philosophie du moins ne mérite nul reproche de ce genre : elle a fait dire bien des sottises, mais elle n'a fait commettre aucun massacre.

Un mélange fort concevable d'admiration et de terreur rétrospective s'est emparé de moi à la vue des hautes tours de la cathédrale. Ce chef-d'œuvre d'un art disparu fut bâti par le mémorable évêque Bernard de Castanet, un des prélats les plus instruits, les plus actifs, les plus convaincus et les plus féroces dont s'honore l'histoire religieuse au moyen-âge. A la fois seigneur spirituel et seigneur temporel, il nommait à tous les emplois publics et rendait la justice comme on tire le canon. Quelquefois, disons-le à sa louange, le canon de ce justicier apostolique et romain n'était chargé qu'avec du gros sel, et blessait sans tuer. D'autres fois les sentences du prélat étaient originales et drôlatiques. Par exemple, il rendit, un beau matin de l'an de grâce 1278, une ordonnance portant que tous ceūx qui seraient surpris en adultère devraient courir, dans le plus simple appareil, par les rues de la ville. Après cette course, les coupables rentraient chez eux et on leur rendait leurs vêtements. On pouvait donc tromper sa moitié et en être quitte pour une courte honte et un rhume de cerveau. Mais gare à ceux qui ne pensaient pas comme lui relativement aux cérémonies du culte, aux reliques des saints, aux indulgences et au désintéressement de la cour de Rome ! Quand on ne les condamnait pas à mourir par le fer, le feu ou la corde ; quand on ne les envoyait pas en pèlerinage, d'où ils revenaient après plusieurs années, maigres, souffrants, déchirés, malades, perclus, méconnaissables, on les *emmurait*.

Pour emmurer, prenez un hérétique, creusez un trou profond dans la terre, jetez-y le dissident et faites élever quatre murs en bonne maçonnerie autour de sa personne maudite. Ayez soin seulement de laisser dans le haut une petite ouverture, par laquelle les valets des hommes bien pensants feront passer au condamné son pain de douleur et son eau d'angoisse. Ce n'est ni long, ni difficile à exécuter, et cela ne coûte pas l'argent qu'on emploierait à construire une cabane pour deux lapins. Quant au bon effet de ce régime cellulaire, il était incontestable.

L'hérétique y mourait de langeur, faute d'air, faute de lumière, faute d'exercice, couvert d'ulcères, quand il ne devenait pas fou de désespoir. Car, une fois dans sa basse-fosse et muré, le condamné n'avait rien à attendre de la commisération de ses juges. On est inquisiteur ou on ne l'est pas, et l'évêque d'Albi avait l'honneur de porter le joli titre de vice-gérant de l'inquisition du royaume de France.

Les femmes, bien entendu, n'étaient point exemptes de ce supplice orthodoxe. Une des dernières emmurées d'Albi fut la vicomtesse de Marsac, dont les cris de rage et les vaines supplications sortaient, la nuit, des profondeurs de la terre et venaient apporter la terreur parmi les ouailles de l'excellent pasteur qui, plus tard, reçut le chapeau de cardinal en récompense de son zèle apostoïique.

Si l'on tenait note, dans le ciel, des persécutions infligées aux hérétiques par les soi-disant serviteurs de la foi, le vice-gérant de l'inquisiteur du royaume de France aurait un beau chiffre à son actif. Il lui serait beaucoup pardonné parce qu'il aurait beaucoup persécuté.

Heureusement cela n'est pas.

Quoi qu'il en soit, on ne saurait brûler, pendre, emprisonner, et confisquer les biens des gens avec plus d'entrain et de verve dévote, qu'on ne le fit à cette époque où les tendances exterminatrices de Jéhovah semblaient l'emporter sur la loi de pardon et d'amour de son Fils.

A cette même époque, nous apprend M. Eugène d'Auriac, dans son *Histoire de l'ancienne cathédrale d'Albi*, les inquisiteurs de la foi parcouraient le pays. Sur le plus léger soupçon d'hérésie, ils faisaient torturer des malheureux, lesquels avouaient parfois des crimes dont ils étaient innocents, afin d'abréger par la mort d'intolérables tortures.

« Les habitants, » écrit cet historien, « voyaient chaque jour des innocents brûlés publiquement ou pendus par les pieds au sommet des plus hautes tours. Tant de sévérité, nous pourrions dire tant de cruauté... »

Toute réflexion faite, je crois, mon cher d'Auriac, que vous pouvez le dire.

L'Albigeois aura le triste honneur d'avoir été, au moyen-âge, le théâtre où opérèrent les inquisiteurs les plus renommés du royaume, par la façon souvent originale dont ils extirpaient l'hérésie.

N'extirpe pas l'hérésie qui veut, et je crois qu'on naît inquisiteur comme, d'après Brillat-Savarin, on naît rôtisseur. Rôtir un gigot de mouton ou son prochain, c'est toujours rôtir, et les rapports de notre comparaison sont rigoureusement justes.

On extirpait donc admirablement dans l'Albigeois, aussi bien, peut-être mieux, que dans la catholique Espagne, longtemps considérée justement comme virtuose en extirpation. S'il fallait absolument me prononcer sur les mérites des inquisiteurs français et espagnols, je crois, Dieu me pardonne! que je donnerais la palme à l'école d'Albi.

Non pas, certes, que les artistes du beau royaume des Espagnes aient rien laissé à désirer relativement à la manière dont ils traitaient les hérétiques vivants ; mais nos inquisiteurs, tout aussi habiles que leurs vénérables émules sous ce rapport, et d'ailleurs parfaitement outillés, s'imaginèrent avoir trouvé une nouvelle manière de plaire au ciel, laquelle consistait à tuer aussi... les morts.

C'est comme j'ai l'honneur de vous le dire.

Ceux qu'on soupçonnait être morts dans des sentiments erronés furent mis en jugement, condamnés à être exhumés et brûlés comme s'ils avaient encore fait partie de ce monde.

C'est cette corde ajoutée à leur lyre par nos maîtres en extirpation d'hérésie, qui, d'après mon faible entendement, constitue la supériorité de l'école d'Albi sur la grande école espagnole.

Les inquisiteurs, dans l'Albigeois, comprirent bientôt l'immense parti qu'on pouvait tirer, pour le triomphe du ciel, des hérétiques après décès. L'effet de ces exécutions de cadavres, jointes aux tortures et aux exécutions dans le vif, fut déterminant, on le devine, sur l'esprit incertain des Albigeois. J'avoue qu'à leur place je n'eusse pas hésité un seul instant à embrasser le catholicisme devant les exhortations des prétendus serviteurs de Celui qui a prêché la paix et l'amour du prochain. (Lire les quatre Evangiles, qu'on ne lit pas assez généralement, ou qu'on lit mal.)

Qu'on trouve *sévère* la conduite des anciens inquisiteurs, qui brûlaient les vivants et les morts, et celle des inquisiteurs actuels qui se bornent à voler dans Rome

les enfants à leur père, c'est possible ; mais ils n'en étaient
que plus admirables. Vous ne comprenez pas? c'est pourtant bien simple.

La religion , dont il est impossible de nier l'heureuse
influence sur notre esprit et sur notre cœur , nous rend
humains, patients , modestes , humbles même , en nous
inspirant le mépris des richesses et des honneurs de ce
bas monde ; elle nous commande la tolérance et l'amour
du prochain nous faisant un devoir de pardonner à ceux
qui nous ont offensés.

Jugez dès lors de l'immense mérite des représentants de
cette même inquisition au moyen-âge , qui, pour faire
triompher leur foi, avaient pris assez d'empire sur eux-
mêmes pour se montrer violents, astucieux, intolérants,
vindicatifs, cruels, passionnés d'argent, de priviléges et
de toutes les dignités, afin d'assurer leur puissance en ce
monde, au risque de compromettre leur position dans
l'autre. Un pareil ascendant sur soi-même est, on en con-
viendra, tout bonnement merveilleux.

Mais ces sacrifices admirables furent souvent mal compris des historiens, même des historiens catholiques, et
je trouve bien sévère M. l'abbé Guyot, qui, en parlant
de la confédération des hérétiques dans l'Albigeois, dit:
« Le faste des évêques, les mœurs scandaleuses des prêtres et des clercs, leur ignorance égale à leurs vices,
fournissaient malheureusement aux Albigeois des sujets
trop réels de déclamations virulentes et exagérées. »
Exagérées est un joli mot, du moment que les évêques

et les prêtres étaient tels que nous les fait voir le pieux historien.

Mais quels furent donc, demandera-t-on, les crimes qui méritèrent aux Albigeois ou *Bons-hommes* les *sévérités* de la sainte inquisition, et l'excommunication des évêques? On ne le sait pas au juste. En consultant le registre qui renferme les interrogatoires que Bernard de Castanet fit subir à un grand nombre de personnes accusées d'hérésie, depuis 1285 jusqu'en 1300, il serait peut-être possible d'y trouver quelques éclaircissements nouveaux sur le motif de tant d'horribles persécutions.

Suivant l'abbé Guyot (déjà cité), les Albigeois proprement dits reconnaissaient un Dieu suprême, mais ils reprochaient au clergé son inconduite et sa rapacité; voilà leur tort, aggravé d'ailleurs par leur indifférence pour les reliques des saints, les indulgences et leur système de dualisme divin. D'après ce système, Dieu ayant produit Lucifer avec tous les anges, celui-ci s'était révolté pour se rendre indépendant; ce qui paraît d'une maladresse inexplicable, Lucifer sachant fort bien que Dieu, ayant la prescience et la toute-puissance, connaissait ses coupables projets et le punirait. Mais on ne réfléchit pas à tout.

Quoi qu'il en soit, les Albigeois croyaient que Lucifer, chassé honteusement du ciel où il vivait si agréablement, avait alors créé le monde visible et s'était fait l'auteur du mal. Ils pensaient que, pour le combattre, Dieu s'était détaché de lui-même, tout en restant ce qu'il était, et avait ainsi créé Jésus-Christ, auteur de l'ordre et de tout bien ; enfin, que ces deux principes du mal et du bien, établis par Lucifer et Jésus Christ, sont en guerre perpétuelle, et que la perfection des hommes consiste à résister au premier et à s'unir au second. C'était peut-être bête, je n'en sais rien et cela m'est égal, mais ce n'était pas criminel.

Pour redresser de semblables erreurs, et du même coup apprendre aux Albigeois à respecter un peu plus qu'ils ne le faisaient l'autorité des évêques, toutes les cérémonies du culte, le purgatoire, les indulgences, les reliques des saints, et les punir de nier la résurrection de la chair, le pape excommunia leur chef Raymond VI, comte de Toulouse, et fit publier contre lui et ses sujets une croisade dont Simon de Monfort, de fanatique et abominable mémoire, fut nommé le chef.

De cette croisade il résulta, par milliers, des atrocités et des crimes durant dix-huit ans.

Il semblait que l'envoyé du saint-père eût pris pour règle de conduite cette fausse interprétation de la parole de Jéhovah, lorsqu'il dit à son peuple :

« Je marcherai contre vous en ma faveur, et je vous
» châtierai sept fois autant, selon vos péchés. Vous man-
» gerez la chair de vos fils et de vos filles ; et je détrui-
» rai vos hauts lieux, et je mettrai vos cadavres sur les
» cadavres de vos dieux infâmes, et mon âme vous aura
» en aversion. Et je vous disperserai parmi les nations ;
» je dégaînerai l'épée après vous, et votre pays sera en

» désolation, et vos villes en désert, etc., etc. (*Lévitique*,
» ch. XXIV, v. 28, 29, 30, 33.).

C'est quand le peuple d'Albi, frappé de terreur par
la persécution, décimé par la potence et ruiné par la
dîme, se débattait dans une misère fangeuse, que Bernard fit poser la première pierre de la nouvelle cathédrale de Sainte-Cécile. A la vérité, le clergé d'Albi consentit à faire l'abandon d'une partie de ses nombreux
revenus pour cette gigantesque construction, dont il
était impossible de fixer les énormes dépenses; mais ce
fut le peuple, comme toujours, qui, malgré sa ruine,
paya la grosse part en cette affaire. N'importe ! l'évêque
en recueillit seul tout l'honneur. « Il se plaça, dit
Eugène d'Auriac, tout d'un coup au premier rang, et se
fit dans l'histoire un nom assez grand pour faire pardonner quelques erreurs. »

Quelques erreurs ! Les erreurs d'un homme qui pend
les gens par les pieds au sommet des tours, les brûle et les
emmure, parce que ces gens ne pensent pas exactement
comme lui en matière d'indulgences, de purgatoire, de
reliques, de résurrection charnelle, de cérémonies religieuses et de Lucifer. Je trouve, moi, mon cher d'Auriac, que toutes les cathédrales du monde ne sauraient
faire pardonner les déchaînements exécrables d'un semblable fanatisme.

C'est, je l'ai dit plus haut, avec un mélange d'admiration et d'indignation contre la barbarie des temps que
j'ai contemplé cette œuvre sublime dont chaque pierre,

décorée par le génie, me représentait une douleur, un crime, une rage stupide.

Les cathédrales ont des concerts de lamentations poignantes pour qui sait écouter leurs annales.

Mais il faut, pour entendre ces gémissements, une oreille attentive, et volontiers on regarde, sans les écouter, ces chefs-d'œuvre qui heureusement ne seront plus renouvelés.

L'effet que me produisit, par une nuit étoilée, l'extérieur de Sainte-Cécile d'Albi fut saisissant et grandiose. Elle est bâtie d'une brique massive et rouge, qui semble défier le temps. Son architecture, d'un aspect original autant que gracieux et hardi, est diversifié au dehors par autant d'ancoules que sa nef a de chapelles au dedans, par des demi-obélisques émoussés et coupés dans le haut sans pointe pyramidale, formant la plus heureuse opposition avec son clocher assis en carré sur de belles galeries qui le ceignent et lui donnent de l'élégance sans rien lui ôter de sa puissante sévérité. La forme des contreforts semi-circulaires de cette belle église frappa l'attention de M. Prosper Mérimée dans une visite archéologique qu'il fit en qualité d'inspecteur-général des monuments historiques. Il déclara cette forme sans exemple en France, et conclut que l'architecte, se défiant de ses matériaux, avait voulu éviter les angles saillants trop prompts à se détériorer. Je ne sais si cette observation est juste ; ce que je puis dire, c'est que l'effet de ces contreforts est des plus séduisants.

Ce n'est point sans agrément que j'ai lu sur ce clocher les lignes suivantes, dans la *Description naïve et sensible de la fameuse église d'Albi*, par le non moins sensible et naïf Bernard de Boissonnade, docteur et avocat au parlement de Toulouse, qui écrivait ces naïvetés et sensibleries en 1684. « Mais quoique ce beau clocher forme tous les
» jours un rare spectacle à la vue, c'est principalement
» la veille de sa sainte patronne, à l'entrée de la nuit,
» où ce beau clocher, couronné tout autour, sur ses
» quatre ou cinq galeries, de mille flambeaux allumés
» par le zèle de ses chanoines, qui ressemblent à autant
» de prélats par leur dignité et leur gravité, fait la figure
» noble d'une colonne enflammée et semblable à peu près
» à celle qui conduisait la nuit le peuple élu de Dieu
» dans les ténèbres et la vaste obscurité du désert. Et
» c'est de quoi nous avons vu une merveilleuse expérience
» à l'occasion du feu de joie et d'artifice que son véné ·
» rable chapitre fit partir sur ce clocher, comme sur le
» plus beau théâtre d'une pareille action, pour la nais-
» sance de monseigneur le duc de Bourgogne, au com-
» mencement du mois d'octobre 1682. »

Mais l'extérieur de cette église, si beau qu'il paraisse, est peu de chose, comparé à son intérieur. Ici les merveilles sont accumulées; elles s'emparent de votre esprit, tenu sous un charme, qui va grandissant à mesure que votre œil, saisi d'admiration, s'acclimate en quelque sorte à l'atmosphère de ce chef-d'œuvre de l'art chrétien, et en fixe les détails. La voûte de Sainte-Cécile représente le plus grand ouvrage à fresque qui ait jamais été fait. Trois siècles passés sur ces éblouissantes peintures n'en ont point terni l'éclat, et l'on a pu se demander si l'azur si frais et si pur est du pastel ou du cobalt. Toujours est-il que ces peintures sont infiniment supérieures à toutes les autres du même genre à cette époque, et que les fresques modernes paraissent tristes et crasseuses à côté de cette voûte resplendissante, qui réalise tout ce que l'imagination des chrétiens a rêvé d'éblouissantes beautés dans le séjour des bienheureux.

Rien en France, disent les auteurs des *Voyages pittoresques dans l'ancienne France*, ne peut être comparé à cette magnifique décoration. Dans toute sa longueur, cette voûte n'offre qu'un immense tableau que les nervures divisent en brillants compartiments. Tout ce vaste champ est peint sur azur, et sur ce fond d'outremer une riche imagination a fait courir, avec une grâce infinie, d'élégants rinceaux d'acanthe, dont les enroulements sont remplis de sujets tirés des livres saints. Des images allégoriques y sont représentées avec un sentiment profond du sujet, et toujours heureusement inventées dans l'intérêt bien entendu de l'unité des décorations du temple. Les arabesques sont rehaussées d'or, les moulures des nervures et les arêtes des voûtes sont dorées ; elles présentent des encadrements ornés avec un goût exquis. Cet ouvrage inouï est dû à des artistes qui appartenaient à la renaissance des arts en Italie.

On comprend ce qu'une semblable merveille dut pro-

duire sur l'imagination de ces pauvres Albigeois, vivant
de pain grossier et d'oignons crûs, dans des masures in-
fectes, comme étaient presque toutes les habitations à
cette époque misérable et malpropre du moyen-âge.
Comment douter que ce miracle de pierre, dont les ornements semblaient être l'œuvre des anges, ne fût réellement la maison du Seigneur; surtout quand les inquisiteurs raisonnaient à leur façon des vérités éternelles
avec les Albigeois dévoyés?

C'est dans une de ces tours, attenant à l'église, qui
avait été, comme tant d'autres églises à cette époque,
une forteresse, que furent emprisonnés Bastide et Jausion, déclarés coupables par la cour d'assises d'Albi,
après l'avoir été par celle de Rodez. Ils furent, on ne l'a
pas oublié, condamnés à la peine capitale, comme com-
plices de l'assassinat de Fualdès.

C'est aussi dans cette tour que la Manson, témoin, puis
inculpée, qui prenait des poses théâtrales, faisait des
bons mots, rimait des vers et envoyait dix francs à la
souscription pour les naufragés de la *Méduse*, avec une
lettre prétentieuse et emphatique, fut enfermée, arrivant
de Rodez à cheval et saluant le peuple accouru sur son
passage. Elle se félicitait d'avoir pour prison une des
tours de sainte-Cécile, la *patronne de l'harmonie*. Ses
grands airs romanesques, ses attitudes de martyre, ses
évanouissements, son étalage de sentiments, qui s'al-
liaient si mal avec sa grosse voix rauque et ses traits vulgaires, n'abusaient plus personne; excepté toutefois

M. le procureur général près la cour de Montpellier, lequel l'avait comparée à un ange député par la Providence dans la maison Bancal, où elle se trouvait, dit-on, en partie fine.

« C'est là une pensée sublime sans doute, avait dit M. Romiguières, l'illustre défenseur de Bastide, répondant à M. le procureur général, mais elle confond mes idées et absorbe mon intelligence ; car enfin pourquoi l'Etre tout-puissant qui aurait envoyé le témoin n'aurait-il pas préféré ne point envoyer la victime ? »

L'affaire Fualdès est un des procès criminels qui ont eu un retentissement universel. En visitant l'emplacement ou tombèrent, le 3 juin 1818, à quatre heures et demie du matin, les têtes de Bastide, Jausion et Collard, je fus pris d'un légitime désir de relire ces débats qui passionnèrent pendant trois mois, non seulement la France, mais l'Europe entière. Rien d'odieux comme ce crime épouvantable qui, quoiqu'on en ait dit, était étranger à la politique. Mais un voile mystérieux s'étend encore, après tant d'années, sur les principaux accusés de cet assassinat monstrueux, et l'on est en droit de se demander aujourd'hui, si la justice n'a point été égarée et si Bastide et Jausion ne sont pas les martyrs des passions si surexcitées pendant les premières années de la Restauration. L'esprit se trouble et le doute domine lorsqu'on sait la conversation tenue le mercredi des Cendres 25 février 1846 (la date est précisée), entre M. Romiguières, devenu pair de France, et notre excellent confrère et ami, Frédéric Thomas, en présence de MM. Darnaud, député de l'Ariège, Chatret, conseiller à la cour royale de Paris, Fournié, chef aux domaines, Léon de Cappin, secrétaire particulier du ministre des finances, et M. Darnaud fils. Ecoutons ces étranges et saisissantes révélations, bien faites pour apporter quelques lueurs de vérité dans ce drame ténébreux, passionné, lugubre, inexplicable. C'est M. Frédéric Thomas qui va parler, et sa mémoire est fidèle, car il l'a dit : «Ce que nous allons raconter ne repose pas sur des souvenirs vagues ; c'est l'impression fidèle d'un entretien familier, impression recueillie au moment même où elle fut ressentie ; c'est le mot à mot d'une conversation écrite, pour ainsi dire sous la dictée.»

Il était neuf heures. Le dîner fini, nous étions tous debout, prenant le café autour de la cheminée du salon. Tout-à-coup M. Charlet, terminant une causerie, se mit à dire assez haut pour ê . entendu de celui qu'il allait mettre en scène :

— Que voulez-vous ! la justice humaine se trompe si souvent ! Eh ! tenez, si le pair de France n'a pas perdu la mémoire de l'avocat, M. Romiguières vous dira lui-même que Bastide et Jausion étaient innocents du meurtre de Fualdès.

— Ah ! permettez, Charlet, répondit vivement M. Romiguières, je n'ai jamais rien affirmé à ce sujet. Ce que j'ai dit et ce que je dis encore, c'est que dans mon esprit il s'est élevé les doutes les mieux fondés sur cette culpabilité, et que si j'eusse été juré au lieu d'être avocat, je n'eusse pas hésité une minute à prononcer l'acquittement des accusés.

Puis il se tut.

Après une minute d'un religieux silence, il continua en ces termes précis :

« Ce qui m'a toujours mis en garde contre la justice de cette condamnation, ce sont les passions incroyables que ce procès avait excitées dans les esprits. On ne se fera jamais une idée des emportements de l'opinion publique contre les accusés. Quand on les conduisait de la prison à la cour d'assises de Rodez, le peuple, accouru sur leur passage, les accablait de malédictions ; il arriva même qu'un jour Mme Bastide, une sainte femme, et Mme Jausion, si intéressante et si vertueuse, furent poursuivies d'imprécations et d'insultes jusqu'à la porte du tribunal, et qu'il ne fallut rien moins que l'intervention et l'ascendant moral de Me Arsaut, l'avocat d'une d'elles, pour les soustraire à ces grossières manifestations.

Les bruits les plus absurdes s'accréditaient parmi cette foule, avec une facilité étonnante. Les deux accusés étaient puissants et riches ; c'en était assez pour leur attribuer les projets et les actes les plus extraordinaires. L'animadversion publique était si exaltée qu'un sténographe parisien ne craignit pas d'écrire, dans ses lettres imprimées, que les accusés eussent peut-être été déchirés par le peuple, si on les eût acquittés, et que les jurés et les juges eux-mêmes n'eussent pas été en sûreté dans la ville.

Les débats des premières assises eurent lieu à Rodez, dans une salle immense, disposée à cet effet et dans laquelle on avait dressé une tribune où les places se payaient dix francs par audience. C'était le rendez-vous de toutes les dames élégantes de Rodez. Tous les incidents que je soulevai durant le cours des débats, furent presque hués par l'auditoire; c'était à ce point que les accusés et leurs parents craignaient qu'on refusât de m'entendre dans ma plaidoirie... Malgré mes efforts, Bastide et Jausion furent condamnés à la peine de mort à l'unanimité.

A Albi comme à Rodez, une douzaine de témoins déposèrent d'un *alibi* invoqué par Bastide. Mon client soutenait avoir passé à son domicile de Gros, à une lieue de Rodez, la soirée du 19 mars, et de plus la nuit et la matinée du 20. Ce qui rendait leur témoignage d'autant plus précis, c'est qu'ils ne pouvaient pas équivoquer sur le jour ni sur la date, car ils avaient été fixés dans leur mémoire par l'arrivée à Gros d'un huissier qui, le 28 mars, alla assigner Bastide en témoignage.

Eh bien! Voici un épisode qui m'est personnel et qui fit sur moi une profonde impression. Nous touchions aux fêtes de Pâques, les débats furent interrompus durant quelques jours et j'en profitai pour aller visiter un de mes amis à un village nommé Rienpeyroux, près Villefranche-de-Rouergue. Bastide m'engagea à prendre sa voiture et son domestique. Ce domestique était un des témoins de l'*alibi*, il se nommait Antoine Rivière. Il faisait déjà chaud ; nous avions marché toute la journée, et sur le soir, à l'heure où les ombres grandissent, nous arrivâmes à une de ces côtes arides dont le Rouergue est accidenté. Antoine me demanda si je voulais gravir la côte à pieds. Je descendis de voiture. J'étais à peine engagé dans un sentier, lorsque j'entendis quelqu'un qui marchait derrière moi. C'était Antoine ; il avait laissé les chevaux gravir seuls, et semblait ne m'avoir suivi que pour me confier quelque chose en particulier.

— Monsieur Romiguières, excusez-moi, me dit-il ; je suis bien affligé. Apprenez que je n'ai rien au monde excepté douze années de gages que me doit mon maître, et je suis bien inquiet : car je ne sais plus maintenant quand il pourra me les payer.

Je compris aussitôt, nous dit M. Romiguières, tout le parti que je pouvais tirer de cette confidence pour découvrir la vérité.

— Vous payer, lui dis-je, renoncez-y. Vous avez tout perdu.

— Il sera donc condamné ?

— C'est probable, et le gouvernement prendra tout et n'en aura pas encore assez.

— Ainsi je serai donc ruiné. C'est affreux, c'est me voler. Et il se répandit en plaintes et en récriminations violentes contre Bastide. Je jugeai le moment favorable de frapper fort.

— Voyons, mon ami, lui dis-je, et je l'enveloppais de mon regard et je le dominais de mon autorité et de ma parole. Voyons, soyez franc avec moi ; il y a des gens qui ne méritent pas qu'on se dévoue pour eux. Avouez-moi que vous avez menti à Rodez, en soutenant que le 19 Bastide était rentré à Gros à sept heures du soir, et que vous aviez pris son cheval pour le conduire à l'écurie. Vous avez fait cela, je le comprends, pour cette bonne madame Bastide !

A ces mots, Antoine Rivière releva vivement la tête, et d'un ton énergique et avec l'accent de la dignité blessée :

— J'ai dit la vérité ; mon maître me ruine, c'est abominable, mais cela ne change rien à ce que j'ai dit ni à ce que j'ai vu. Je suis incapable d'un parjure. Il y a un enfer, et je ne voudrais pas me damner pour un faux serment. Je me souviens comme si c'était aujourd'hui, que M. Bastide, mon maître, revint à sept heures de la foire de Rodez le 19 mars au soir, que je pris son cheval, que je le pansai. Vers huit heures, comme la cuisine n'est séparée de la salle à manger que par une porte vitrée, je vis et entendis très-bien M. Bastide avec sa femme et sa belle sœur, Mme Vernher. Je l'affirme encore et je le jurerai dans ce monde comme dans l'antre.

Je crois me connaître un peu en hommes, continua M. Romiguières, et il m'eût été impossible de douter de la sincérité de celui-là. Cette scène ne sortira jamais de ma mémoire.

......Mais j'en ai dit assez pour éveiller l'intérêt du lecteur sur ce mystérieux procès, qui aurait fait des

condamnés d'un crime odieux les martyrs innocents des
passions politiques, d'une populace aveugle. Que les curieux recherchent dans les *Petites causes célèbres* de notre
excellent ami Frédéric Thomas la suite des révélations
de M. Romiguières, et je leur promets de poignantes
émotions.

V.

UNE VISITE A L'EXPOSITION INTERNATIONALE

DE PÊCHE ET D'AQUICULTURE D'ARCACHON.

A M. CHARLES WALLUT.

Je suis parti de Paris pour aller à... quelque part.

Me voici à Arcachon, dont je ne vous décrirai pas les agréments, je l'ai fait ailleurs (1), mais dont il me sera fort agréable de vous parler de l'exposition internationale de pêche et d'aquiculture.

Je suis de ceux qui pensent que l'industrie des eaux est encore dans l'enfance. Si l'agriculture de la terre laisse toujours beaucoup à désirer, malgré de récents et si importants progrès accomplis, combien l'exploitation de la mer est moins avancée encore!

(1) *En Vacances.* 1 vol. in-8.

On pêche aujourd'hui comme on pêchait du temps d'Homère, lequel dans son *Odyssée* parle de la pêche à l'hameçon et de celle au filet. Il est même permis de croire que les anciens connurent mieux que nous ne le connaissons cet art éminemment productif, car ce furent les fameuses pêcheries de Byzance qui valurent à ce port le nom significatif de *corne dorée*.

Plus de quatre cents noms de poissons connus des Grecs sont parvenus jusqu'à nous : « Cette abondance de mots, dit Buffon, cette richesse d'expressions nettes et précises ne supposent-elles pas la même abondance d'idées et de connaissances? Ne voit-on pas que ces gens, qui avaient nommé beaucoup plus de choses que nous, en connaissaient par conséquent beaucoup plus?» En effet, ce que Noël de la Morinière a écrit sur l'art de la pêche pendant la période grecque, ce qu'Aristophane et les autres poëtes satiriques disent sur la diététique des Grecs, démontre clairement que le commerce du poisson était, dans ce temps-là, un commerce d'une importance majeure.

Je sais bien que trente mille marins de notre littoral, exploitant la grande et la petite pêche, versent annuellement dans le commerce environ cent vingt millions de francs de produits, et que cette somme, comme aurait dit Balzac, n'est pas déshonorante; mais qu'est-ce que cent vingt millions quand on veut se donner la peine de considérer tout ce qu'on pourrait retirer de l'Océan, cet immense domaine dont la propriété n'est à personne, dont la jouissance appartient à tous.

Les géographes nous ont appris à connaître la mer, mais seulement sous le rapport de son étendue, des phénomènes météorologiques qui s'opèrent à sa surface, et de la configuration des côtes ; ses profondeurs sont restées à peu près ignorées jusqu'ici. Nous savons seulement que la mer comme la terre a sa végétation, ses plaines, ses montagnes, ses volcans, ses frimas, ses parties fertiles, ses endroits arides, et qu'elle nourrit des myriades d'animaux dont nos filets et tous nos engins de pêche n'atteignent qu'une partie relativement insignifiante. La pêche des poissons voyageurs, quoique fort abondante, est restée stationnaire sur nos côtes, et les produits ne sont plus en rapport avec les besoins de la consommation. Quant à la pêche des poissons fixes, si elle s'est accrue d'un côté par la découverte des bancs de Terre-Neuve, elle s'est amoindrie étonnamment dans certains parages de l'océan Atlantique, qui, avec un peu d'efforts, pourraient devenir le siége d'une pêcherie abondante.

Ces parages, qui s'étendent le long de l'Afrique occidentale, depuis le cap de Geer jusqu'à l'embouchure de la Gambie, sont peut-être, d'après un auteur accrédité, les plus poissonneux de tout l'Océan. Mais la routine, qui escorte l'homme sur l'onde aussi bien que sur la terre, la routine veut qu'on aille à grand'peine et à grands frais chercher la morue sur les bancs de Terre-Neuve, et qu'on dédaigne les espèces de gades analogues à la morue qui pullulent dans l'archipel canarien.

Est-il permis de croire que les moissonneurs de l'Océan, guidés par les hommes de science, exploiteront plus habilement et sur une plus vaste échelle qu'ils ne l'ont fait jusqu'à présent les inépuisables produits de leur champ sans limites ? Oui, certes, mais il faudra du temps, beaucoup e temps.

Rien n'a été plus difficile que de décider les marins à aller exploiter cette mine vivante dont on a tiré des centaines de millions de produits sans cesse renouvelés, et qui s'appelle le grand banc ; rien non plus ne sera plus difficile que de les arracher à leurs habitudes pour les décider à s'enrichir ailleurs. Longtemps après la découverte de Terre-Neuve par le Vénitien Jean Cabot, en 1497, on dédaigna les trésors poissonneux de cette aquatique Californie. Hore, qui visita ces parages près de quarante ans après, en 1536, manqua d'y périr de faim avec tous ses hommes, quand le poisson solidifiait pour ainsi dire la mer autour de lui.

Il a fallu, dit M. Berthelot, le secours des primes et toute la protection du gouvernement, pour que la pêche à la morue s'élevât au rang des grands commerces. Les chartes octroyées par Henri VII pour fonder des pêcheries à Terre-Neuve ne produisirent d'abord aucun résultat. L'île ne comptait que soixante-deux colons en 1612, et le nombre des navires pêcheurs s'élevait au plus à une cinquantaine. Aujourd'hui la pêche, dans ces mêmes parages, emploie, pour la France seulement, 12,000 marins, répartis en 400 navires environ, jaugeant plus de 54,000 tonneaux. Tout le monde pêche sur les bancs, jusqu'aux chiens de Terre-Neuve qui tiennent des lignes à leur gueule.

Mais rien n'est éternel dans ce bas monde, les bancs de morue pas plus que les nations, et dans l'avenir on pourra dire de Terre-Neuve comme de l'empire romain, qu'elle a eu sa grandeur et sa décadence. Déjà nos marins croient s'apercevoir de la diminution de la morue sur les bancs de Terre-Neuve. Ne serait-il pas prudent, dès lors, de se préparer de nouvelles ressources en étudiant les autres endroits de la mer où le poisson aime à se fixer, et aussi en imaginant des engins un peu moins primitifs que le grossier hameçon et le filet insuffisant?

C'est pour stimuler l'émulation des pêcheurs autant que pour donner satisfaction à la science que la société scientifique d'Arcachon a organisé l'exposition de pêche, enrichie d'un aquarium offrant le spectacle en miniature du monde vivant de la mer.

« Tout homme, a dit Franklin, qui pêche un poisson, tire de la mer une pièce de monnaie. » Fort bien, mais voyons avec quels instruments on retire cette espèce de monnaie de l'immense coffre-fort.

L'exposition d'Arcachon nous permet d'apprécier d'un seul coup-d'œil les moyens de pêche employés par toutes les nations, et de dresser l'inventaire des ressources lacustres et fluviatiles du sol maritime de la France, particulièrement du littoral d'Arcachon.

D'après la première édition du livret de cette exposition, le nombre des exposants s'élevait à 523 : la France en comptait 402 ; les colonies françaises 20 ; les pays étrangers 95 ; mais de nouveaux exposants se sont présentés, au nombre d'environ 500, qui ont nécessité une nouvelle édition du livret, sous presse en ce moment.

Mes yeux se portent tout d'abord sur d'immenses filets appelés *madragues*, et destinés à la pêche du thon. Ce poisson, que les Parisiens ne connaissent guère que mariné, vit dans l'Océan, mais plus encore dans la Méditerranée, et il est, pour les côtes de la Provence et du Languedoc, aussi bien que pour Gênes et la Sicile, l'objet d'un commerce très-important. C'est un poisson tout en chair, d'une longueur moyenne d'un mètre, qui voyage par bandes comme le hareng, le maquereau et la sardine.

Le thon se prend dans les madragues, qui forment comme un labyrinthe dans lequel le poisson ne sait plus retrouver son chemin pour en ressortir. La madrague, nous explique M. Gervais, est un engin fixe consistant en une série de cloisons formées avec des filets maintenus verticalement. Chacune de ces enceintes est ouverte du côté de la terre, et le tout est fermé par un autre filet qui relie cette sorte de labyrinthe à la terre et arrête les thons dans leur course, dont la direction est bien connue des pêcheurs. Ces poissons passent d'abord entre la madrague et la mer ; mais, arrêtés par le filet de barrage, ils se détournent et pénètrent dans les enceintes, où ils s'égarent jusqu'à ce qu'ils aient abouti au dernier compartiment dit *corpou*, ou chambre des morts. Le nombre des thons pris simultanément dans la madrague se compte dans certains cas par centaines. Des hommes apostés préviennent les marins de l'entrée des thons dans la madrague, et une petite flottille prend aussitôt la mer pour pousser le poisson jusque dans la chambre des morts. Cette chambre est un véritable abattoir, car chaque thon y est saigné et mis à mort avant d'être retiré de l'eau.

Ce système de filets est assurément ingénieux, et les pêcheurs de sardines d'Arcachon (prononcez royans), ont grandement besoin de s'en inspirer.

Pour capturer ces délicats petits poissons, les pêcheurs d'Arcachon ne savent que jeter un filet étroit et court, qui fait, dans la mer, l'effet d'un mouchoir de poche tendu sur une corde. Quand ce bout de filet est ainsi posé, les pêcheurs jettent de la rogue à deux ou trois pas d'une des faces du filet. La rogue qui n'est autre chose que des œufs de morue, attire les sardines, qui en sont très-friandes. Dans leur ardeur à se précipiter sur la rogue, les plus étourdies des sardines s'embarrassent dans le filet sans l'apercevoir, et s'y étranglent. Mais la presque totalité de ces poissons mange la rogue et passent à côté du filet. Toutes les routes leur sont ouvertes, et on ne comprend pas que les pêcheurs, avec quatre filets, n'emprisonnent pas les sardines. Ce moyen est trop simple. trop facile et trop sûr, pour qu'on songe, de longtemps encore peut-être, à l'employer.

On compte à Arcachon sur la bonne volonté des sardines à aller se faire garotter dans les mailles d'un filet qu'il leur est si facile d'éviter, comme on compte un peu partout sur la bonne volonté des grands poissons à venir s'accrocher à un hameçon qui se voit au milieu de l'appât dont il est garni comme le nez au milieu du visage. Mais on n'a pas l'idée de la stupidité et de la voracité de certains poissons, notamment des morues, qui au fond de l'eau, font littéralement queue pour attendre leur tour d'être prises.

Je crois l'avoir dit ailleurs, le pêcheur de morue, quand le poisson est abondant, n'a que le temps juste d'amorcer et de jeter à l'eau sa ligne, entraînée rapidement au fond par un lourd morceau de plomb, pour amener une morue suspendue à l'hameçon. La morue voisine prend alors dans l'eau la place de celle que l'on vient de pêcher, et semble attendre avec impatience, quoiqu'elle attende avec calme, le retour de la ligne pour se faire pêcher de même. Et ainsi de suite de toutes les morues jusqu'à la dernière, qui a vu successivement disparaître toutes ses compagnes aquatiques sans concevoir pour cela le moindre soupçon.

Mais on a beau être poisson, à force d'avaler des hameçons on finit par s'en lasser. Il était aisé de prévoir que les morues et tous les autres poissons, voulant suivre les progrès du temps, demanderaient un hameçon perfectionné. Un vœu aussi légitime devait être pris en considération, et des pêcheurs norwégiens viennent d'accorder aux morues un piège mécanique, très-perfectionné , en effet, et qui ne peut manquer d'être généralement bien accueilli par toutes les espèces qui cultivent l'hameçon et désirent sincèrement le progrès de la science. C'est toujours un hameçon, mais un hameçon à deux branches dissimulées dans l'appât.

Au moment où le poisson avale l'appât, un petit crochet se déplace et permet au double hameçon de s'écarter brusquement en éventail dans la bouche de l'animal, transpercée en deux endroits à la fois. A la bonne heure ! et si la *morue*, la *boca-négra*, le *mero*, la *vaca*, la *cabrilla*, le *thon*, la *bonite*, le *verrugato* et.tous les autres habitants des mers qui goûtent l'hameçon ne sont pas satisfaits de celui-là, c'est qu'ils seront bien difficiles.

Si je pouvais oublier que ce petit volume n'est pas un traité de pêche, j'aurais grand plaisir à vous parler de quelques autres engins qui témoignent de louables efforts pour rendre la capture du poisson plus sûre et plus abondante. Mais j'ai hâte d'entrer avec vous dans l'aquarium, et je ne citerai que pour mémoire les filets mécaniques pour la pêche en mer de MM. Broquant et Cᵒ, à Dunkerque ; un modèle de seine à fond et à coulisse pour la pêche de la sardine, qui, d'après son inventeur, M. Dubois (de Nantes), économise les deux tiers de la rogue ; une trappe perfectionnée pour prendre les homards et les chevrettes, de M. Kulbach, à Southampton ; un appareil lumineux à attirer le poisson, de M. Widows, à Londres ; un modèle du nouvel appareil de pêche, de M. Bryson, à Edimbourg ; des engins pour détruire le gros poisson nuisible, de M. Dubois (de Nantes) ; enfin les mouches anglaises perfectionnées pour pêcher certains poissons d'eau douce.

J'ai cherché vainement à l'exposition d'Arcachon des modèles de système de rets pour prendre le marsouin, qui abonde parfois dans le bassin d'Arcachon, mais que nos pêcheurs semblent dédaigner. Ils ignorent sans doute que la pêche de ce cétacé dans le fleuve Saint-Laurent fut, dès la découverte du Canada, l'objet d'un commerce très-lucratif. L'huile du marsouin et sa peau se vendent à un prix très-élevé. L'onctuosité extrême de cette huile, d'ailleurs inodore, fournit une lumière des plus brillantes ; elle est supérieure à toute autre pour l'éclairage des phares, parce que le plus grand froid ne la coagule pas. Elle est inappréciable pour le graissage des cuirs et surtout des pièces mécaniques.

Le poids moyen d'un marsouin est de 1,300 kil. Il en est qui atteignent 2,000 kil. La longueur de ces derniers est de six mètres, et leur circonférence d'environ deux mètres et demi. Un marsouin de moyenne grandeur est vendu en Amérique par le pêcheur 100 dollars (500 francs). En une seule année, une société de six pêcheurs captura 800 de ces cétacés. Allons, Arcachonnais, à l'œuvre ! Un marsouin vaut bien quelques royans, comme vous voyez.

Depuis les *Travailleurs de la mer* de Victor Hugo, tout aquarium qui se respecte ne peut se dispenser d'avoir une *pieuvre*. Cette espèce de mollusque de l'ordre des céphalopodes, comme disent les savants, est devenue à la mode, et il est encore aujourd'hui de bon goût, dans les salons, d'en faire un sujet de conversation.

— Avez-vous eu occasion, me disait une dame, de voir quelqu'un de ces terribles poulpes ?

— J'en ai mangé plus de cent, madame.

— Est-il possible ? Et où cela, monsieur ?

— A Rio-de-Janeiro, madame, où ce mollusque abonde sur les marchés.

— Et c'est bon ?

— Très-bon, madame, à la sauce tomate.

— Et comment est-ce fait, au juste ?

— L'aspect du poulpe, j'en conviens, n'a rien de gracieux, mais l'estomac est souvent moins difficile que les yeux, et ce que l'un rejette, l'autre l'accepte avec plaisir témoin les huîtres, pour ne citer qu'une chose. La *pieuvre*, madame, puisque c'est aujourd'hui le mot consacré, est un animal pourvu de huit grands tentacules, dont la coquille est réduite à deux grains coniques de substance cornée. Sous le ventre de cette bête se trouvent des ailes latérales qui ne lui sont que d'un médiocre secours. Les poulpes, en effet, nagent difficilement, ce qui les oblige à rester près des côtes, où ils se reposent sur le sable repliés sur eux-mêmes. La puissance de cet animal est tout entière dans la force prodigieuse de ces huit bras, six fois plus longs que son corps. Il faut plaindre l'être vivant, quel qu'il soit, que la pieuvre enlace dans ses organes. Il est étouffé , broyé , et le récit du grand poëte n'a rien d'impossible, dès qu'on suppose un poulpe exceptionnellement grand.

En général ils mesurent soixante centimètres de diamètre , mais il est des poulpes qui atteignent plusieurs mètres de longueur. Je ne sais plus où j'ai lu que le bateau à vapeur l'*Alecton* , se rendant à Cayenne, dans le cours de l'année 1851 , rencontra entre Madère et Ténériffe , assez loin de la côte , un poulpe gigantesque de cinq à six mètres, et dont les huit bras avaient, par conséquent, de trente à trente-six mètres de longueur chacun. L'équipage tira sur ce monstre plusieurs coups de fusil, mais les balles glissèrent sur sa chair gluante , et le harpon n'eut pas plus de prise que les balles. On eut l'idée de charger une carabine à mitraille , et un clou ayant pénétré dans ce rempart de matière mollasse , il en sortit en grande abondance du sang et de l'écume répandant une forte odeur de musc. L'animal, affaibli par cette blessure, put être pris dans un nœud coulant. Mais en le hissant à bord, le corps , d'un poids énorme, se sépara en deux , et la partie postérieure seule resta sur le navire.

— On s'explique aisément, répliqua la dame , qu'un monstre comme celui-là ne craigne pas d'attaquer un homme. S'il y a quelque chose d'invraisemblable dans le récit de Victor Hugo, c'est que Giliatt ait triomphé d'un semblable ennemi.

La pieuvre qu'on voit dans l'aquarium d'Arcachon est

un bébé de pieuvre ; néanmoins elle est fort intéressante à étudier. Quand on la force, en la menaçant d'une verge, à changer de place, elle le fait avec des mouvements brusques et menaçants qui semblent témoigner de sa mauvaise humeur.

On ne lui donne à manger que deux fois par semaine, et la voracité avec laquelle elle saisit sa proie, au moyen de ses huit bras qui se tendent comme huit ressorts pour se replier avec une incroyable énergie sur eux-mêmes, est vraiment effrayante.

A côté de la pieuvre, je vois un rouget, poisson appartenant à la grande famille des mulles. Il nage avec grâce, et sa jolie couleur m'a remis en mémoire la singulière passion des anciens Romains pour ces poissons, qu'ils se faisaient apporter vivants sur leurs tables, afin de jouir du spectacle varié des couleurs de ces animaux mourants. Le poisson mort, un affranchi l'emportait dans les cuisines, et on le servait sur des plats enrichis de pierres précieuses. Le goût désordonné de ces hommes blasés pour le rouget fut poussé jusqu'à la folie. Tibère, au témoignage de Sénèque, mit à l'encan, entre Apicius et Octavius, un rouget du poids de quatre livres, adjugé pour la somme extravagante de quatre mille sesterces. La tête et le foie étaient les parties les plus recherchées de l'animal.

Mais on se dégoûte de tout, même des têtes et des foies de rouget, et nous voyons Héliogabale ordonner, suivant Lampride, qu'on lui servît un plat composé seulement de barbillons de rougets. Un semblable ragoût, d'un prix énorme, rappelle le frugal déjeûner de Cléopâtre avalant une perle évaluée à cinq millions de notre monnaie.

Les rougets du bassin d'Arcachon sont estimés des gastronomes, autant peut-être que l'étaient ceux qu'on pêchait dans le détroit de Gadès; mais très-heureusement ils coûtent infiniment moins cher aujourd'hui que dans le temps de la Rome dégénérée; ce qui prouve que tout n'a pas renchéri, comme le disent les ménagères.

Nous nous arrêtons devant un appétissant échantillon d'huîtres tirées de la baie d'Arcachon, et qu'on appelle *gravettes* à cause du fond de graves et de sable sur lequel elles reposent. Pour étudier avec fruit cette reine des mollusques, nous avons soin de nous munir de l'excellent petit ouvrage récemment publié par l'abbé Mouls, curé d'Arcachon.

La sagesse des nations dit : «Bête comme une huître». Sans doute ces délicieux mollusques n'ont pas inventé le fusil à aiguille; mais on se tromperait fort si on les croyait dépourvus de toute intelligence. Si l'huître n'a ni tête, ni pieds, ni bras, ni squelette intérieur, du moins elle possède un système nerveux, une bouche, un appareil de digestion, un appareil de respiration, un système vasculaire très-curieux et un appareil de reproduction plus curieux encore. Elle est susceptible d'éducation, observe comme un académicien, et sait tourner ses remarques au profit de sa conservation. En effet, les huîtres exposées à l'alternative des marées, dit M. Mouls, semblent avoir appris qu'elles seront à sec à la marée basse, et profitent de la haute marée pour faire provision d'eau. Celles qui sont constamment submergées ne prennent pas ce soin.

D'un autre côté, plusieurs observateurs assurent que les huîtres ont la faculté de changer de place. Elles peuvent avancer en frappant l'eau vivement de leurs valves. Convenez que quand on est prévoyant au point de se faire des provisions de bouche, et qu'on va se promener, on n'est déjà pas si bête. Les crétins de l'espèce humaine qui ne savent ni manger, ni bouger, sont plus bêtes que les huîtres.

Ce qui manque absolument à ce mollusque, ce sont des moyens de défense pour lutter contre ses ennemis, et ils sont nombreux. Ce sont, sur la terre, tous les gastronomes, si friands de ce mollusque, et, dans l'eau, l'étoile de mer, la moule, la pétoncle, le crabe et plus encore le courmailleau. L'étoile de mer, la moule et la pétoncle étouffent l'huître sous un monceau de vase; c'est une guerre terre à terre qui n'a rien de chevaleresque. Le crabe est passé maître dans l'art d'attaquer ce mollusque; il épie, avec la patience d'un chat guettant une souris, le moment où l'huître, qui ne pense point à mal, ouvrira ses écailles pour placer dextrement entre les deux valves entre-bâillées une petite pierre qui les empêche de se joindre. On n'est pas plus gamin, car cet acte est un acte de véritable gaminerie. Quand la porte de la demeure de l'huître est ainsi tenue ouverte, le crabe y pénètre, lui donne la mort, et, ajoute M. Mouls, fait un festin délicieux. Auriez-vous jamais cru le crabe capable d'une ruse pareille?

Le courmailleau n'use pas des artifices du crabe ; comptant sur la vigueur de sa trompe, qui fonctionne comme un vrille, il s'attache aux valves de l'huître sur le battant supérieur, se colle contre le test, et manœuvre de son outil, qui perce l'écaille du mollusque avec plus de précision et de régularité qu'une vrille. Heureusement la nature, qui semble avoir créé certaines espèces d'animaux pour la nourriture de certains autres, a fait que l'huître se reproduit d'une manière prodigieuse.

La ponte de chaque huître est d'environ cinquante à soixante-mille œufs par an. La plupart de ces œufs, il est vrai, servent à l'état de naissain de nourriture aux polypes, mais un bon nombre est épargné.

Aussi la consommation des huîtres est-elle considérable partout. Aux États-Unis, où la pêche et le commerce des huîtres ne sont point réglementés, il s'en consomme annuellement pour une valeur de cent millions de francs, soit vingt millions de dollars. On n'est pas étonné de ce chiffre quand on lit les lignes suivantes écrites par le célèbre pisciculteur, M. Coste : «On pourra créer quand on le voudra, sur les huit cents hectares de terrains émergeants susceptibles d'être mis en exploitaiion dans la baie d'Arcachon, un revenu annuel de douze à quinze millions.

Connaissez-vous, lecteurs , ces étranges organismes
que les naturalistes ont tous désigné depuis la plus haute
antiquité sous le nom de *anatifes*? On les trouve au bord
de toutes les mers , et ils se fixent sur toutes les pièces
de bois flottantes, par agglomérations plus ou moins nombreuses. En cherchant l'étymologie de ce nom d'anatife,
on est surpris de trouver *anas*, canard, et *fero*, je porte,
ou je produis. En quoi ces animaux, rangés généralement entre les crustacés et les mollusques , peuvent-ils
porter des canards?

Je vais vous le dire. Sachez donc que, depuis le dou-
zième jusqu'au dix-septième siècle , les naturalistes les
plus sérieux crurent que ces singuliers êtres se transfor-
maient en certaines espèces de canards ou d'oies. Encore à cette heure , bon nombre de pêcheurs , sur nos
côtes , pensent que les troupes innombrables de macreuses , de bernaches et d'autres oiseaux sauvages du
genre des canards , qu'on voit soudainement s'abattre
sur les rivages sans qu'on puisse découvrir d'où ils arrivent, proviennent des anatifes transformés. « Jusqu'à
ce qu'on ait découvert dans les mers polaires , dit le
docteur La Bonnardière , les nids des macreuses et de
certains autres canards voyageurs , on a fait sur l'origine de ces oiseaux, comme sur celle de beaucoup d'autres animaux inférieurs, les conjectures les plus bizarres.
Les uns pensaient qu'ils naissaient du fruit d'un arbre
sur la nature duquel on n'était pas d'accord; d'autres
voulaient qu'ils fussent engendrés par la pourriture ;

mais l'opinion la plus accréditée leur attribuait une origine marine qu'on cherchait tantôt dans le bois de sapin pourri, tantôt dans les mousses, tantôt enfin dans l'anatife ou conque anatifère. » La science sait aujourd'hui à quoi s'en tenir sur les anatifes, dont on a découvert les œufs, lesquels, comme tous les autres œufs, produisent des êtres semblables à ceux dont ils émanent. Les anatifes sont très-gloutons, et je les ai vus manger d'un excellent appétit dans l'aquarium d'Arcachon. J'ai vu aussi une langouste rouge qui se promenait gravement avec un de ces animaux attachés à une de ses pattes, comme on porte une bague chevalière.

Mais c'est tout un monde que cet aquarium, et je ne puis que vous signaler en passant les sujets qui m'ont le plus frappé.

Un des compartiments de l'aquarium ressemble à la montre d'un magasin de fleuriste. J'y vois avec des plumes de mer, les unes d'un rouge canelle, les autres d'un gris foncé, des aménodes que les poëtes ont appelé les roses du monde des zoophytes. Et, pour que l'illusion soit complète, apparaît soudain un poisson aux nageoires en forme d'ailes, aux couleurs variées commes les ailes des plus beaux papillons, et, comme les papillons aussi, pourvu de pattes au moyen desquelles il marche sur les fonds de sable. Ce papillon des mers passe et repasse en se jouant à travers les plumes et les aménodes, qui se balancent gracieusement dans son sillage comme un jardin suspendu et animé.

Voici la torpille, ce poisson foudre , pourvu d'un appareil électrique au moyen duquel il foudroie littéralement les petits poissons dont il veut faire sa proie. Sur le dos de cette torpille , et planté dans ses chairs, se trouve un parasite qui se tord vigoureusement sur lui-même et offre l'aspect d'une sangsue. Ainsi la torpille, qui comme Jupiter lance la foudre , ne peut pas se débarrasser des parasites ! Que de puissants de la terre qui, sous ce rapport, ressemblent à la torpille !

Enfin , et dans un seul compartiment, nage furieusement un petit requin. Il se sent mal à l'aise dans sa prison aquatique et cherche à gagner le large. A côté de ce tigre des mers se balancent à la surface de l'eau, des *galères* ou *vaisseaux portugais*, que j'ai vus par millions, sous les tropiques, chassés par le vent toutes voiles dehors, car c'est une sorte de navire que ce brillant zoophyte.

VI.

QUELQUES HEURES A ANGOULÊME ET A POITIERS.

A EMMANUEL GONZALÈS.

Une harmonieuse journée à Angoulême. — L'album d'une femme d'esprit. — Départ
pour Poitiers. — Un miracle remis en honneur. — La liberté de l'enseignement supérieur. — La Rochelle. — La foire de Dampierre. — Une nuit
orageuse. — Réponse d'un homme grave à un petit crevé.

Vu de la gare, Angoulême, juché sur le haut d'une
colline donne envie d'y voler. Cette ville a la hardiesse
d'un nid d'aigle, jointe à la pittoresque et douce élégance
d'un colombier. Il semble que tout le monde, gens et
bêtes, y doive vivre heureux, les maris et les femmes,
les médecins et les malades, les gendarmes et les pic-
pokets, les chasseurs et les lièvres, les pions et les écoliers, les créanciers et les débiteurs. Quant à moi, j'affirme
n'avoir connu de la vie aucune de ces misères pendant
tout mon séjour dans cette mignonne cité à laquelle je

ne reproche qu'une chose, comme homme de lettres, la cherté de son papier, inabordable pour des plumes modestes comme la mienne.

C'est le 30 juin de l'an de grâce 1868 que j'ai fait mon entrée dans la capitale de la Charente où la municipalité m'avait fait l'honneur de m'appeler avec quelques musiciens de mes amis, — Jonas, de Lajarte, Léo Délibes, Semet, Thibaut, Jancourt, — pour assister en juge à un tournoi nombreux d'orphéonistes, chanteurs et instrumentistes. La lutte, engagée sur toute la ligne vers midi, ne s'est terminée qu'à cinq heures du soir. Personne de mort, mais un certain nombre de blessés, dont les blessures, heureusement, ne présentent aucun caractère de gravité. Un joli speech du maire d'Angoulême avant la distribution des récompenses, et une bonne exécution par toutes les musiques réunies de *En avant!* d'Emile Jonas, morceau plein d'entrain, vigoureusement orchestré, ruisselant de mélodie et dirigé en maître par le chef de la musique municipale d'Angoulême, tel est le bilan de cette harmonieuse journée. La veille, la mairie avait inauguré ses salons par un bal où les jolies femmes ne devaient pas être rares, l'ancienne capitale de l'Angoumois produisant avec un égal succès du papier où l'amour s'esquisse en pleins et en déliés, de charmantes filles pour admirer de si précieuses arabesques, de l'esprit en bouteille pour échauffer tous les cerveaux, et des canons se chargeant par la culasse pour en finir avec toutes ces plaisanteries quand les princes ne sont pas contents.

Ce que j'ai vu de plus original à Angoulême, c'est l'album d'une femme d'esprit qui s'est un jour amusée à demander quelques lignes autographes sur le printemps à un poëte, à un prêtre, à une femme du monde et à un médecin réunis dans son salon. Sans hésiter, le poëte, qui devait être pâle, élancé et employé d'administration à dix-huit cents francs, écrivit :

> Le printemps c'est la séve,
> L'aurore d'un beau jour.
> Le printemps c'est un rêve
> De parfum et d'amour.

Le prêtre prit la plume des mains du poëte pour dire :

« Que les poëtes appellent le plus beau mois du prin-
» temps le mois des abeilles, des rossignols et des fleurs,
» je l'appelle le mois de Marie, et pour tous il est celui
» des hommages et de l'amour. »

Vint la tour de la dame :

« C'est une bien jolie chose que le printemps. D'où
» vient donc que cinquante printemps sur le front d'une
» femme soient un épouvantail pour tant d'hommes ? »

Le médecin prit doctoralement la plume, et traça d'une écriture d'ordonnance l'observation que voici :

« Depuis Hippocrate rien n'est changé. Au printemps
» il survient des manies, des mélancolies, des épilepsies,

» des flux de sang, des esquinancies, des coryzas et des
» enrouements, des toux, des lèpres, des dartres, des
» alphos, quantité de pustules ulcéreuses, des tubercules
» et des douleurs articulaires, *articulorum dolores.* »

D'Angoulême je me suis laissé glisser sur les rubans
de fer qui aboutissent à Poitiers, où les promenades sont
si richement ombragées, où l'orgue de la cathédrale est
si faux, et où l'évêque fut trop prompt, on ne l'a pas
oublié, à glorifier solennellement la mort d'un noble
martyr du pouvoir temporel, lequel se porte à merveille
et n'a jamais eu à souffrir que des rigueurs de la gen-
darmerie française et de la police correctionnelle. Il pa-
raîtrait que tout n'est pas catholique dans les procédés
de ce brave croisé, qu'on aurait voulu voir un peu plus
détaché qu'il ne l'a été des biens de ce monde.

Une consolation du moins fut offerte à l'élégante société de Poitiers qui s'était, avec un si louable empressement, associé à Mgr Pie pour honorer la mémoire de
ce héros de la mystification. C'est le rétablissement d'une
procession, depuis longtemps supprimée, en glorification
d'un miracle qui avait vieilli. Voici le fait :

Poitiers se trouvait assiégé et un traître avait promis
de livrer les clefs de la ville. Le traître s'empara donc
par une belle nuit de la précieuse ferraille et la lança
par-dessus le rempart à l'ennemi.

Par bonheur, la Vierge se promenait sur les murs
bras-dessus bras-dessous avec je ne sais plus quel saint.

Elle saisit dextrement les clefs au moment où l'ennemi tendait les mains pour les recevoir, et grâce à cette intervention céleste, Poitiers fut sauvé.

La procession restaurée par M⁶ʳ Pie, — qui est un grand restaurateur, — est aussi simple que touchante. On promène l'image de la mère de Dieu le long des remparts, un passe-partout à la main. Arrivé à la porte qui représente l'ancienne entrée de la ville, Monseigneur prend la clef des mains de la statue, ouvre, entre, et tout le cortége passe après lui. C'est là toute la cérémonie.

L'évêque de Poitiers est très-convaincu que de semblables manifestations valent mieux que les écoles de l'université pour former l'esprit et le cœur des populations. Ce n'est pas mon avis, et la porte des remparts de l'excellent prélat n'est pas précisément celle du progrès auquel aspirent les peuples de toutes les nations dans ce siècle de perversité où la seule crainte de la dîme, — si bien payée au-moyen âge, — met en révolte nos paysans du Midi.

Monseigneur de Poitiers qui, dit-on, est un fort aimable homme quand on ne le contrarie pas, bon, simple, modeste, sans ambition, humble même, comme presque tous les évêques, du reste (et au fait ils ne seraient pas chrétiens s'ils n'avaient ces qualités évangéliques), perd toute patience quand on lui parle de l'enseignement secondaire des filles. Il n'en veut à aucun prix et ne reconnaît avec Monseigneur Dupanloup d'autre école pour le sexe que les genoux de l'église. Que celles qui ne s'y trouvent pas bien restent ignorantes, Monseigneur ne leur donne pas la liberté d'aller étudier ailleurs. En revanche, il demande, avec le bouillant évêque d'Orléans, la liberté de l'enseignement supérieur. «Je demande, daus l'intéret de ma foi et sans crainte pour les études, la liberté de l'enseignement supérieur.» J'ai un peu réfléchi à propos de ces paroles dictées, j'en suis sûr, par la plus honnête des consciences, et voici le résultat de mes observations. Autant vaut, n'est-ce-pas, parler de cela que d'autre chose.

D'après une statistique de provenance américaine, près de huit mille religions ou sectes différentes se partagent les âmes du milliard d'êtres humains qui fourmillent péniblement sur cette motte de boue, particule insignifiante dans l'infini de l'espace, et qu'on appelle pompeusement la terre. Si les représentants de ces huit mille religions, profitant de la liberté de l'enseignement supérieur, venaient en France établir des écoles dans l'intérêt de leur foi respective, nous en verrions de belles! Ah ! le joli Charenton que Paris, et que les diverses branches des connaissances humaines auraient à profiter de ce concours varié ! Heureusement, à côté de ces huit mille croyances infiniment respectables pour ceux qui les pratiquent, il y a aussi la foi scientifique, qui n'est pas à dédaigner quand il s'agit de science, et qui a bien aussi droit à quelques protections.

Quel tableau curieux et instructif on pourrait faire en donnant le simple programme que devraient tracer, pour se conformer à leur foi, les professeurs scientifiques des huit mille religions! On y verrait ce qu'il faut croire en dépit du bon sens, et ce qu'il faut rejeter en dépit du sens commun, touchant l'astronomie, la géologie, la médecine, la physique, la chimie, les mathématiques, l'économie politique, etc., etc. Rien de plus vénérable assurément que les révélations en tous genres, quand elles ont été reconnues avoir été annoncées par de véritables prophètes.

Cependant, voyez : notre observatoire n'est pas, à ce qu'il paraît bien, dans une position excessivement prospère, depuis déjà quelque temps; mais quel serait son sort si l'on formait pour le diriger un savant orthodoxe qui croirait, d'après la *Genèse* (ch. I, v. 14), que les étoiles sont des luminaires faits pour éclairer la terre pendant la nuit et pour servir de signes astronomiques; — que le soleil et la lune se sont arrêtés sur la prière d'un général qui avait besoin de quelques heures de jour de plus pour exterminer ses ennemis. (*Josué*, ch. X. v. 13) ; — que nous vivons entre deux océans, celui qui est au-dessus des cieux et celui qui est au-dessous. (*Genèse*, ch. I, v. 7).

Les progrès en histoire naturelle ont été rapides et profonds depuis un siècle. Que penseriez-vous d'un naturaliste qui viendrait vous annoncer gravement que les serpents sont les plus fins des animaux, et qu'ils parlent (*Genèse*, ch. III. v. 1)? — qu'à la vue de branches d'arbres pelées, les brebis conçoivent des agneaux tachetés, picotés et marquetés (*Genèse*, ch. xxx. v. 39)? — que les ânesses voient des anges et prennent la parole pour instruire leurs cavaliers (*Nombres*, ch. xxiii. v. 28)? — que les abeilles font du miel dans l'intérieur des cadavres (*Juges*, ch. vii. et viii)? — que les corbeaux se sont chargés, en certaines circonstances, de fournir du pain et de la viande à des hommes retirés dans le désert (*Rois*, ch. xvii, v. 6)? — que deux ours ont pu, en un seul repas, manger quarante-deux jeunes gens, sans en être nullement incommodés (*Rois*, liv. II. ch. ii, v. 24)?

Voyez d'ici cet horticulteur entretenant ses élèves de l'arbre dont le fruit donne à qui le mange la connaissance du bien et du mal (*Genèse*, ch. ii. v. 17); et de cet autre arbre dont le fruit délivre l'immortalité (*Genèse*, ch. iii, v. 22).

Les élèves en médecine sont parfois turbulents. Quel joli tapage ils feraient à la leçon du professeur leur apprenant que la vue d'un serpent d'airain mis au bout d'une perche guérit de la morsure des serpents (*Nombres*, ch. xxi, v. 9); — qu'on peut changer l'eau en sang (*Exode*, ch. vii); — qu'après un jeûne complet de quarante jours et de quarante nuits, un homme se remet à ses affaires sans avoir le moindrement à souffrir (*Deuteronome*, ch. ix, v. 18 et 21); — que la force d'un homme a pu être en raison directe de la longueur de ses cheveux (*Juges*, ch. xvi, v. 17); — qu'un autre homme a pu vivre dans le ventre d'une baleine au fond des mers.

Dans l'intérêt de la foi de Mgr l'évêque d'Orléans, il faudrait aussi enseigner aux chimistes qu'il s'est trouvé dans les cendres d'une jeune vache rousse n'ayant point porté le joug, les particules spirituelles dont la propriété a été d'effacer les péchés (*Nombres*, ch. IX, v. 19); — que, s'il existe un moyen de créer spontanément des grenouilles de manière à en couvrir tout un pays, il n'appartient qu'à Dieu de changer la poussière en poux, opération céleste à laquelle les magiciens reconnaissent le doigt du Très-Haut (*Exode*, ch. VIII. v. 17, 18 et 19); — qu'une verge lancée d'une certaine façon peut se changer en dragon (*Exode*, ch. VII, v. 10).

Les physiciens auraient pour mission de ne pas nier que le fer en barre puisse nager au-dessus de l'eau (*Rois*, IIe livre, ch. VI, v. 6). — Ils devraient assurer que les rochers frappés d'un bâton donnent de l'eau, suivant l'homme qui les frappe (*Nombres*); — que les eaux de la mer peuvent se diviser de manière à laisser voir le fond (*Exode*); — que sur toute la surface du globe les eaux se sont élevées de quinze coudées au-dessus des plus hautes montagnes (*Genèse*, ch. VII, v. 20); — etc., etc.

Les professeurs de géologie, passant l'éponge sur tous les travaux de la science, enseigneraient que notre globe terrestre a été fait et mis en état d'être habité en six jours. Ils enseigneraient aussi que notre globe n'en est pas un, que la terre est plate, immobile, et que c'est le soleil qui tourne autour d'elle en vingt-quatre heures; enfin que rien de l'univers n'existait il y a sept mille ans, et que tout ce qui existe, même les corps célestes dont la plus faible lumière ne parviendra jamais jusqu'à nous , n'a été créé que pour la commodité et l'agrément de la race humaine , qui du reste ne vaut pas le diable.

Qu'on inculque cela à des enfants, c'est déjà bien grave ; mais qu'on oblige des savants à le croire et qu'on l'enseigne à des hommes voués aux études supérieures, c'est trop exiger vraiment.

Tout ce qu'il y a de contraire aux lois de la nature, à la vérité des faits observés , est infiniment respectable dans les livres sacrés de tous les peuples. On peut croire à l'impossible pour humilier sa raison, *credo quia absurdum.* Mais quand il s'agit de science, par égard même pour les miracles, il ne faudrait pas mêler le surnaturel au naturel. Supposez deux amis également respectables, dont l'un serait un croyant, l'autre un savant. Le mieux qu'ils pourraient faire tous les deux, dans l'intérêt de leur amitié et de leurs convictions, serait de ne parler jamais l'un devant l'autre de révélation et de science. Que l'épiscopat qui a si souvent témoigné de son respect pour l'université agisse conformément à ses déclarations, et que chacun se retranche dans les devoirs de sa mission. Ce n'est pas l'Université qui voudrait jamais troubler la bonne harmonie en réclamant, au nom de la liberté de l'enseignement, le droit de monter à son tour dans les chaires chrétiennes pour mêler la science à la connaissance des dogmes?

D'ailleurs la science est diabolique, chacun sait cela. Elle est diabolique parce que tout en proclamant l'exis-

tence d'un esprit supérieur par qui tout est et qui est
en tout, elle refuse de se ranger sous le drapeau du
sectaire. Elle ne veut et n'a jamais voulu, — c'est là sa
force et sa dignité, — voiler la vérité ou ce qu'elle croit
être la vérité, en faveur de certains associés dans les
mains desquels l'Etre Suprême deviendrait une arme de
guerre, un instrument d'ambition et de calculs criminels. C'est en pensant à ces ambitieux qu'elle répète
ce mot spirituel de Voltaire : « Depuis que Dieu a
créé les hommes à son image, les hommes le lui o n
bien rendu. »

Ne cherchons pas à rapprocher des choses qui ne sont
pas faites pour aller ensemble. Il faut comme autrefois
brûler les savants, ou les protéger dans leurs travaux.
Dogmatique ou expérimental, céleste comme les bro-
chures de Mgr d'Orléans, ou infernal comme les écrits
de tous les génies de l'antiquité, de tous les savants d'une
époque plus rapprochée, Descartes, Newton, Cuvier,
Humboldt, etc., il n'y a pas de milieu.

Mais quittons ce sujet qui m'aurait conduit *de Paris
à . . . la prison*, et peut-être à la potence, si j'avais eu
l'avantage de vivre et de m'en occuper en d'autres temps,
et remontons en wagon.

La mer exerce sur moi l'attraction de l'aimant sur l'a-
cier. J'étais à Poitiers, trop près de la Rochelle pour n'y
pas aller respirer quelques heures son air salin et vivifiant. Au moment de m'embarquer pour l'île de Ré, —
une heure et demie de mer, — j'appris que, ce jour-là, il
y avait assemblée à Dampierre.

L'imprévu est un des charmes du touriste. Le petit bateau à vapeur partit sans moi, et un omnibus pour huit personnes, où nous étions quinze, nous transporta sur le lieu de la foire. Trois marchands de macarons, six marchands d'échaudés, un tir à la carabine, deux phénomènes vivants et une douzaine de marchands de porcelaines, voilà pour la partie sérieuse de l'assemblée. Le reste se composait de paysannes gracieusement endimanchées, de leurs frères et de leurs maris, grands amateurs du jeu de boules. J'ai vu un de ces amateurs se passionner jusqu'à perdre huit sous. Sa physionomie bouleversée m'a rappelé les scènes dramatiques de *Trente ans ou la vie d'un joueur*.

Au bal, deux violons et un cornet à pistons mettaient en mouvement la belle jeunesse de Dampierre, pressée horriblement dans une salle trop étroite, et que je n'ai point trouvée, comme le caoutchouc perfectionné, sans odeur. On eût dit un bal de sardines dans leur baril.

Belle nuit que celle qui a suivi ce jour de foire? A onze heures, j'étais un peu perdu dans les longues arcades qui vont du port à l'autre extrémité de la ville, quand le dernier bec de gaz fut éteint autour de moi. La Rochelle aussitôt se trouva plongée dans les plus profondes ténèbres. Je n'ai jamais traversé de pays aussi noir et aussi désert à pareille heure. Je ne distinguai pas ma main au bout de mon bras, et le silence n'était interrompu que par le bruit de mes pas qui mesurait le temps sur la pierre des arcades comme le battant d'une horioge. On m'eût pris, avec un peu d'imagination, pour le Juif-errant forcé de marcher; quand tout repose dans l'univers.

Tout-à-coup les galeries sont en feu, et je m'apparais à moi-même comme un fantôme dans cette ville morte.

C'est l'éclair, qui, à défaut du gaz municipal, vient me montrer la route.

Le vent souffle dans les longues arcades, qui résonnent comme un instrument fantastique. Les digues de l'océan supérieur se rompent et mêlent leur masse d'eau douce à l'eau salée de l'Océan inférieur rugissant dans le lointain. Les éclairs se succèdent, prompts et menaçants, et les timbales célestes roulent furieusement avec des effets de *crescendo* et de *decrescendo* proportionnés à la symphonie des éléments déchaînés.

J'avance en pressant le pas, éclairé de seconde en seconde par des lueurs rouges, blanches ou jaunes, jusqu'au port. Là, je suis salué par un coup de tonnerre qui m'a rappelé les orages des tropiques. La foudre en forme de globe, va se perdre à quelques mètres de l'endroit où je suis, et j'entends comme des millions de piles d'assiettes se briser autour de moi avec des répercussions lointaines du plus sauvage caractère. Les pêcheurs qui allaient prendre la mer se couchent dans leur barque, et un chien amateur de musique, ajoute à l'instrumentation du ciel et de terre son lugubre hurlement en forme de pédale supérieure.

Je ne fais que quelques pas en dehors des arcades où

j'étais à l'abri, et me voilà trempé jusqu'aux os. Enfin j'arrive à mon hôtel, charmé d'une si belle nuit, mais fort heureux de rentrer.

Le lendemain matin, il me fallut reprendre le chemin du bercail, et je n'ai rien à vous dire du trajet si ce n'est un mot que je considère comme digne d'être rapporté.

Dans un des wagons de mon train se trouve une femme jeune, assez jolie, qu'on prendrait à ses allures de mauvais goût et à sa toilette de carnaval pour une dame du monde, telle que le monde nous en offre depuis quelque temps, mais qui n'est qu'une simple petite dame. Son petit monsieur est assis devant elle. Plus loin est un homme de près de cinquante ans, dont les cheveux sont gris, suivant les lois de la nature, qui n'a pas inventé la teinture instantanée au nitrate d'argent. Il pourrait bien appartenir à la grande famille des hommes de lettres. Il lit, ce que font le plus souvent les lettrés quand ils n'écrivent pas. Le petit monsieur est jeune, élégant, riche, fatigué et entièrement libre de sa fortune depuis un an que son père est mort. Il porte à sa chaîne de montre un énorme médaillon, se fait les ongles et bâille. La petite dame fouille dans son sac de voyage et bâille aussi. Longtemps ils bâillent, embarrassés de tout ce qui les entoure et d'eux-mêmes. Puis ils causent.

— Dis donc, Raymond !

— Quoi !

— Je pense à Justine. En voilà une qui a de la chance.

— Oui, elle est *veinarde*.

— Elle n'est pas jolie.

— Non, mais elle plaît.

— Il lui donne six mille francs par mois !

— Je crois que oui.

— Elle va le rejoindre à Tours ; elle te l'a dit en montant, n'est-ce pas ?

— Oui, elle me l'a dit, je crois.

— Je trouve qu'elle t'a parlé d'un air... Je vous surveillerai aux stations.

— Tu es assommante, ma chère.

— C'est bon, je sais ce que je dis et ce que j'ai vu.

A la station suivante, le jeune défoncé descend. La petite dame se précipite à la portière et ne voit rien. Dix minutes se passent, le train va reprendre sa marche et pas de Raymond... Enfin il arrive. Il était temps.

— J'ai cru, dit l'irrégulière à son irrégulier, que tu allais me laisser seule avec monsieur.

Et elle désigna l'homme de lettres.

— Où serait le mal ? fit le jeune homme de bonne maison.

— Tu es si jaloux ! répliqua la fille de toutes les maisons.

— Avec un jeune homme, je ne dis pas ; mais avec monsieur...

L'homme de lettres se trouva piqué au vif, car, sans chercher à plaire, il ne lui convenait pas de s'entendre dire qu'il ne pourrait pas plaire. Une pareille sottise méritait une leçon, et la leçon fut donnée.

— Prenez garde, monsieur, riposta l'écrivain au petit crevé qui n'avait pas inventé la poudre; il ne faudrait pas vous y fier. On dit que j'ai quelqu'esprit et les femmes sont *changeantes*.

— Attrape ! fit entre ses lèvres la courtisane en cachant un sourire.

Le petit crevé ne comprit pas.

C'est une grâce d'état; ils ne comprennent jamais.

VII.

ENTRE PARIS ET VERSAILLES

A PROPOS D'UNE CHEMISE.

A LÉO LESPÈS.

J'ai le bonheur de ne pas habiter Paris, cette ville considérée comme si gaie parce qu'on y voit une foule de gens qu'on ne connaît pas, courant plutôt que marchant à leurs affaires, des voitures sans nombre et des charrettes monstrueuses traînées par six chevaux et chargées d'énormes pierres de taille, qui menacent partout de vous écraser. J'y vais tous les jours dans ce Paris si sombrement et si terriblement gai, mes occupations m'y contraignant; mais quand j'ai fourni, par ma présence, mon contingent de gaieté durant plusieurs heures, c'est comme délivré d'un poids, que je reprends le chemin de fer qui me conduit dans mon tranquille séjour où nous sommes toute une colonie d'hommes de lettres et d'artistes, MM. Nefftzer, Laboulaye, Edouard Charton, Chérer, Bersot, Emile Deschamps, Batta, Giacomelli, le dessinateur, Mlle Holmes, Mme Lacombe etc.

Le temps employé au trajet n'est jamais perdu. On lit ou bien l'on écoute ce qu'on dit autour de vous, si ce que l'on dit vaut la peine d'être écouté.

Il y a peu de jours, une Anglaise sur le retour, maigre, maniérée, prétentieuse et prude entra dans le wagon où j'avais pris place. Elle était accompagnée d'un Français gros et haut en couleur qui pouvait bien être notaire ou avoué. Tout-à-coup :

— Sapristi ! fit le gros homme, en se tournant vers l'ex-blonde fille d'Albion — la couleur de ses cheveux était devenue cruellement énygmatique — j'ai oublié ma chemise !

— Que dites-vous, monsieur ? demanda celle-ci en bondissant, et d'un ton qui signifiait clairement schoking.

— Ma chemise ! reprit le plus naïvement du monde l'officier ministériel ; il faut que j'aille la chercher : je ne puis m'en passer.

— Comment avez-vous pu oublier cette chose que je ne veux pas nommer ? dit en grimaçant affreusement et en scandant chaque mot la pudibonde insulaire.

— Une chemise ! cela s'oublie.

— Je ne crois pas que cela s'oublie, monsieur.

— Vous voyez bien que si. Décidément, madame, j'ai le regret de vous quitter. Je ne puis me rendre à Paris sans ma chemise, et je vais l'aller chercher chez moi. Je partirai par l'autre train. Au revoir, madame.

— Bonjour monsieur.... Mais je n'avais pas besoin de savoir que vous aviez oublié cette chose.

Je vous donne à penser si à la suite de cette petite scène de comédie vraie, il y a eu des rires et de la gaieté dans ce wagon. Seule, la vieille anglaise ne riait pas et paraissait courroucée. Un mot d'explication eût sans doute déridé l'austère lady, mais ce mot, personne ne voulut ou n'osa le lui donner. De temps en temps ses lèvres se contractaient, et on y lisait clairement ces paroles indignées :

— Je n'avais pas besoin de savoir que ce Français avait oublié cette chose.

On a deviné que la chemise dont il est ici question, n'est pas de celles que les Anglais portent sans oser les nommer. De même qu'il y a fagots et fagots, il y a chemises et chemises. Celle du gros Français n'était évidemment ni en toile, ni en coton, ni plissée, ni brodée, et elle s'éloignait sensiblement par sa destination des chemises dont Origène a dit : « Enfermés en elles nous dormons dans nos lits, *in camis.* » Molière pensait à l'espèce de chemise dont parle Origène, et nullement à celle oubliée par notre voyageur, quand il fait dire à la femme de Sganarelle ces vers si franchement gaillards, mais dont l'art, — comme une autre chemise — couvre la nudité :

> Ah ! que j'ai de dépit que la loi n'autorise
> A changer de mari comme on fait de chemise.

Aussi bien , et puisque nous voilà porté par cette étrange et drôlatique aventure à vous parler de l'*inexpressible*, continuons sur ce sujet, qui, après tout, en vaut un autre. Ne s'agit-il pas de se distraire un moment? Que de Français, d'ailleurs , et de bons Français, sont loin de connaître toutes les acceptions du mot chemise !

Les chanoines réguliers de Latran prirent le nom de *Frères de la chemise*, et les dictionnaires modernes, qui savent tout et quelques petites choses encore, m'ont appris que chez les Egyptiens la chemise était un habit de cérémonie à l'usage des femmes. Ces chemises étaient un par-dessus dont elles recouvraient tous leurs autres vêtements. Si par suite les chemises se sont rapprochées de leurs gracieuses propriétaires, cela a tenu à diverses circonstances dont nous n'avons pas à nous occuper ici. On n'échappe pas à sa destinée, et celle de la chemise était écrite.

Les *camisards* du Languedoc, persécutés dans leur foi par Louis XIV, parvenu à sa période de ramollissement (vieux roi-Soleil éclipsé par cette vieille lune rousse de Maintenon), firent de leur chemise un signe de ralliement, ce qui leur valut ce surnom de Camisards. Ils la passaient par-dessus leurs habits, comme avaient fait les femmes égyptiennes, ce qui excitait horriblement la colère des dragons, toujours disposés, d'ailleurs, à sabrer qui que ce soit en faveur de n'importe qui.

Les chemises rouges des garibaldiens n'excitent pas moins heureusement A. M. D. G. les fureurs de l'armée du représentant du Dieu infiniment bon , infiniment miséricordieux, et infiniment pacifique , qui faisait une loi de tendre la joue droite quand on avait reçu un soufflet sur la joue gauche.

L'inquisition , cette bonne inquisition qui procédait aussi de la tolérance et de l'amour du prochain prêchés par l'homme Dieu, l'inquisition avait ses chemises à elle dans sa garde-robe céleste. Elles étaient soufrées, et le saint tribunal en habillait pieusement les gens qui ne pensaient pas exactement comme lui sur les choses du ciel, et un peu aussi sur celles de la terre. Quelquefois ces chemises coquettes pour salut, étaient enrichies d'illustrations intéressantes, telles que des diables renversés à longues queues, entourés de serpents infernaux. Où les beaux-arts allaient-ils se nicher ! Quand on voulut donner à Jeanne d'Arc un témoignage d'admiration et de bienveillance pour les vertus héroïques dont elle avait fait preuve, on lui offrit une de ces chemises soufrées de luxe, ou l'art du dessin et de la couleur prêtait à l'or-. thodoxie un si heureux concours.

Malheur aux vaisseaux qui, avant l'application de ces épaisses chemises d'acier dans lesquelles on les enveloppe généralement aujourd'hui , se laissaient glisser dans les *chemises de feu* que des Longueville ennemis leur taillaient sur mesure. Les colosses flottants de la mer, à deux et à trois ponts, ne pouvaient que succomber, comme fit jadis l'inconstant époux de la fille d'Œnée, roi de Calydon, dans cette nouvelle robe de Nessus. Des chemises ! Il en est vraiment pour tous les usages, dans toutes les formes, et pour tous les goûts. Je regrette que milady ne soit pas ici pour le lui dire, et dissiper ses alarmes au cas où ce mot frapperait encore ses chastes oreilles.

Les abeilles ont des chemises de paille pour les garantir du vent et de la pluie dans leur doux laboratoire de cire et de miel.

Les champignons de couche réclament, comme les abeilles, une chemisse de paille que ne leur refuse jamais le jardinier intelligent.

On appelle chemise, en terme de maçonnerie, la muraille dont un ouvrage est revêtu.

C'est par le même mot qu'on désigne les voiles qui tapissent la cale d'un navire.

Les fourneaux d'usine ont leur chemise.

Le canon d'un fusil ébauché est une *demi-chemise* pour l'armurier.

Il y a des chemises de clairon. Demandez plutôt à ce clairon fait homme, qu'on appelle Adolphe Sax.

Vous savez, je n'ai pas besoin de vous le dire, ce qu'étaient pour les anciens guerriers les *chemises de maille.*

Un chasseur ne vous dira pas le duvet d'un canard, mais la *chemise d'un canard.*

On mange des pommes de terres en chemise. (Chemise se rapporte à pommes de terre).

Les joueurs aux cartes, — je n'ai pas l'honneur d'en faire partie, ne sachant même pas jouer à la bataille, —

vous diront, à propos de je ne sais plus quel jeu, qu'ils prennent une *chemise blanche* lorsqu'ils écartent neuf cartes pour en prendre neuf autres.

Quand un capitaine de navire ou mon excellent confrère de La Landelle — ce qui est exactement la même chose, — vous dit que les matelots ont *serré les huniers en chemise*, n'allez pas croire que ces marins aient accompli cette manœuvre dans le simple appareil de la beauté qui se livre au sommeil ; non, cela signifie que la toile a été ramassée en forme de colonne au tour du mât de hune.

Je doute que mon écriture, vraiment détestable, ait un nom en calligraphie ; elle ne mériterait pas cet honneur. Mais, si au lieu de tracer à la hâte des **zig-zagz** sans aucune harmonie et sans aucun plein, j'avais une écriture où les pleins tinssent la place des déliés, M. Saint-Omer, l'illustre professeur du non moins illustre Joseph Prudhomme, ne manquerait pas de dire que mes lettres sont en chemise. C'est le terme consacré dans la langue du métier.

Savez-vous, — moi, je l'ai oublié, — quel poëte romantique a appelé l'ambition la dernière chemise de l'âme ?

Un verre de vin est la chemise d'un capucin, dit le proverbe.

La chair de l'homme est enveloppée sous le nom de peau, dans trois habits distincts tissés et ajustés par le grand tailleur de la création. De ces trois habits, le derme est la chemise ; le corps muqueux, la seconde enveloppe ; l'épiderme, le paletot.

Enfin, — approchez, milady, approchez sans crainte, — une chemise est aussi, d'après le dictionnaire de l'Académie, *une feuille de papier qui recouvre d'autres papiers.*

Vous comprenez à cette heure., femme trop impressionable, que la chemise oubliée par l'honnête notaire ou avoué, ne pouvait être qu'une de ces chemises.

Mais je ne suis pas sûr, ô sensitive fille d'Albion, que ce mot répété devant vous ne produise encore son effet; on est prude ou on ne l'est pas, et je ne sais par quelle inexplicable bizarrerie souvent, chez les prudes, le mot offusque plus que la chose, tandis que c'est le contraire chez les natures simplement honnêtes et naïvement tolérantes.

VIII.

QUELQUES PLAGES NORMANDES

NOS AMPHIBIES
— FÉCAMP — YPORT — CAEN — LUC.

A EDMOND TEXIER.

Les petites gens obéissent à la loi, les grandes gens obéissent surtout à la mode.

J'ai souvent entendu dire que tels ou tels personnages haut placés avaient, — pour le bon motif, — galamment violé la loi ; je n'en sais pas un seul qui ait jamais violé la mode.

Le Parisien s'est donc fait marsouin pour obéir au bon ton, et les sirènes que les trains express ont déversées ces temps derniers sur les plages normandes sont innombrables.

La sirène donne plus encore que le hareng.

Ulysse y perdrait la cire vierge dont il s'était si sagement bouché les oreilles pour résister à la séduction des

nymphes marines. En supposant même que la cire ré-
sistât à tant de chants mélodieux, il lui en faudrait aussi
pour tenir ses paupières fermées. Car les sirènes des
bords de la mer normande sont pour le moins aussi dan-
gereuses à voir qu'à entendre. Admirez comme elles se
jouent gracieusement à la mer qui les soulève, et avec
quelle piquante émotion elles arrondissent leurs bras
nus et blancs autour du col bronzé de leur baigneur.
Parfois elles font entendre de petits cris de joie qui, sans
avoir rien de musical, ont le don d'attirer l'attention du
voyageur.

Déjà, **au** temps d'Homère, les femmes barbotaient et
criaient ainsi, et le roi des poëtes n'a pas manqué de
nous donner la traduction de leurs *chants*. Changez le
nom d'Ulysse en celui de Bernard ou d'Alfred et l'*Odyssée* devient une chronique parisienne. «Approchez de
» nous, généreux Alfred qui méritez tant d'éloges ; ar-
» rêtez cette barque sur ce rivage pour entendre notre
» voix. Jamais personne n'a traversé ces lieux sans avoir
» auparavant admiré la douce harmonie de nos chants.
» On continue sa route après avoir eu ce plaisir, et après
» avoir appris de nous une infinité de choses.» Vous sou-
riez, généreux Alfred, et loin de fuir vous approchez
encore. Imprudent ! Vous n'avez donc jamais lu le *Spe-
culum* de Vincent de Beauvais. Vous auriez vu ces mots
que je livre à vos méditations : «Poursuis le dragon et
le scorpion, mais fuis les traces de la femme.» Or, de
toutes les femmes, la femme-poisson est peut-être la

plus dangereuse. Voyez avec quel abandon, après s'être livrée à ses ébats aquatiques, après avoir gagné le rivage et avoir reçu sur le dos les sceaux d'eau de mer lancés vigoureusement par le baigneur, la sirène étale sur ses épaules sa luxuriante chevelure qu'il faut bien faire sécher.

Quelques-unes de ces naïades pourraient s'épargner cette peine en se servant d'une corde tendue ou du dossier d'une chaise ; mais leurs épaules leur paraissent un séchoir plus coquet et plus sûr aussi. Il faut craindre partout les voleurs. Et comme l'évaporation de l'eau de mer est lente, il est des divinités océaniques qui font sécher du matin jusqu'au soir. Les marsouins en vareuse qui composent la cour de ces amphibies ne s'en plaignent pas, et personne n'a le droit d'y trouver à reprendre.

Sans être marsouin ni sirène, j'aime la mer, qui est un peu ma seconde patrie, et l'air vif et salin des côtes de Normandie me tient lieu de médecin et de pharmacie. J'ai donc, moi aussi, pris l'express, qui m'a d'abord conduit à Fécamp.

Si vous aimez à entendre causer morue salée et hareng saur, allez à Fécamp. Dix fois sur onze la conversation des habitants roule sur ce sujet intéressant. Mais Fécamp a plus d'une corde à sa lyre, et quand on a parlé morue on se recueille pour dire au voyageur l'histoire du gant imbibé du précieux sang de Notre-Seigneur, et que l'église de la Trinité, reste de la célèbre abbaye de

cette ville, a pu conserver intact après tant de siècles et
tant de bouleversements accomplis.

Ah ! ce n'est pas la moins merveilleuse des légendes
que celle-là, et j'entends encore la voix convaincue de
l'honnête pélerin qui me la conta.

— Nous devons, me dit-il, le précieux sang qui fait la
fortune de l'église de la Trinité à un disciple de Jésus
nommé Joseph d'Arimathie, et dont vous avez sans doute
entendu parler.

— Je ne connais que lui.

— Eh bien ! Joseph d'Arimathie, qui portait des gants,
eut la bonne pensée d'en imprégner un du sang de
notre divin rédempteur. Naturellement il conserva pré-
cieusement cette relique sacrée. Mais se sentant sur le
point de mourir, il la légua à son neveu Isaac. Isaac,
quoique juif, avait des sentiments chrétiens. Il conserva
le gant de son oncle, et, pour le soustraire aux Romains
qui le recherchaient avec rage, il l'enferma dans une
boîte de plomb. Ensuite il alla placer cette boîte dans le
tronc d'un figuier. Puis il abattit l'arbre et le poussa à
la mer. Le vent et le courant portèrent jusque sur la côte
de Fécamp cette souche bénie et le gant fut ainsi sauvé
et rendu à la dévotion des chrétiens.

— Mais comment sut-on que c'était là le gant de Joseph d'Arimathie, et même que ce gant existait ?

— Par un miracle, monsieur.

— Vous m'en direz tant !

— Ce furent les enfants d'un certain Bozo qui, en pê-

chant des crevettes, découvrirent le figuier. Ils le portèrent à leur père, qui le mit sur un char pour le brûler
comme une vulgaire bûche. Mais le char se brisa à l'endroit même où s'élève aujourd'hui l'église de la Trinité.
A la vue du chariot brisé un pèlerin s'écria : « Cette
souche contient le précieux sang de Notre-Seigneur,
c'est ici qu'il doit être conservé à la postérité. »

— Comment avait-il pu deviner ce mystère, ce pèlerin
inspiré ?

— Voilà bien le miracle. Mais il y en en a un second
et plus étonnant que le premier.

— Bravo ! voyons le second miracle.

— Le duc Richard avait fait rebâtir l'abbaye de Fécamp en l'honneur de la précieuse relique. Le jour de
la dédicace de l'église, savez-vous ce qui apparut ?

— Non, mais je brûle de l'apprendre.

— Un ange de six pieds de haut.

— Quel gaillard !

— Cet ange magnifique tenait dans sa main le gant,
qu'il déposa sur l'autel. Puis il disparut, laissant son pied
imprimé sur une pierre. Il n'y avait plus à douter de
l'authenticité de la relique, et personne n'en douta plus.

Les pèlerins qui vont chaque année se prosterner devant le gant de Joseph d'Arimathie peuvent être éva-
lués à vingt mille. Par la même occasion, ils boivent de
l'eau de la fontaine appelée. fontaine du précieux sang et
qui se trouve dans la cour de la maison portant le n° 10
de la rue de l'Aumône. Cette propriété particulière, rap-

porte autant que les vignobles de Château-Margaux,
Chaque petite fiole d'eau est payée dix centimes par le
croyant, et les fidèles en ingurgitent plus de dix mille
litres le seul jour du grand pèlerinage. « Le succès
comme vente de l'eau de la source du précieux sang,
nous dit M. Conty dans son *Guide* des côtes de Normandie, a donné l'idée à un propriétaire voisin de faire concurrence au premier vendeur, en prétendant que c'était
dans son champ et non dans celui de son voisin qu'avait
été trouvée la relique. Quelle est la vraie source? Faut-
il boire aux deux pour faire un pèlerinage efficace? Je
ne puis vous renseigner à cet égard. » On parle d'un
procès entre les deux propriétaires, dont l'un a brave-
ment appendu à la porte de sa petite Salette l'écriteau
suivant : .

PRAIRIE OU A ÉCHOUÉ LA SOUCHE DU FIGUIER CONTENANT
LE PRÉCIEUX SANG DE N,-S, JÉSUS-CHRIST.

Ne trouvez-vous pas qu'il est grandement temps de
décréter l'instruction élémentaire obligatoire pour tous
les Français.

Ah! combien je préfère, — sans sortir de la religion,
— la liqueur des bénédictins fabriquée aujourd'hui par
M. Legrand, à l'eau claire des propriétaires de la rue de
l'Aumône. Si l'une et l'autre doivent nous ouvrir les
portes du céleste séjour, il n'y a pas à hésiter, la préférence est acquise aux bénédictins.

Et l'on a osé dire que les moines étaient des hommes
inutiles, quand ils nous donnent la chartreuse à Gre-

noble, la bénédictine à Fécamp, et qu'ils confectionnent dans les couvents d'Italie des parfumeries exquises à l'usage du beau sexe, des pâtes roses et blanches pour les lèvres ! A quel degré de sanctification ne faut-il pas élever son âme pour allier ainsi l'esprit de vin au Saint-Esprit, les mystères de la foi aux mystères des petits pots aux roses ? C'est affaire des moines distillateurs et parfumeurs. Les gourmets et les coquettes sur le retour ne peuvent que les féliciter et les remercier, et M. Legrand, dont j'ai visité la belle usine, doit tout particulièrement de la reconnaissance aux bons pères du quatorzième ou quinzième siècle qui lui ont laissé la recette de sa succulente et stomachique bénédictine.

Le casino de Fécamp n'a qu'un inconvénient, il est un peu loin de la ville. Mais quelle belle plage, quel vaste point de vue, et comme tout est prévu pour le plaisir des baigneurs. Grande salle de bal, orchestre de douze musiciens, salon de lecture, salle de concert, salle de spectacle, que sais-je encore ?

Si ma détermination n'avait été prise d'aller passer quelques jours à Yport pour terminer mes vacances, à Luc, et me reposer les pieds sur son sable tamisé, c'est à Fécamp que j'eusse débouclé ma malle.

J'avais employé une demi-journée pour voir les curiosités de Fécamp. En une heure, par l'omnibus, j'ai pu me rendre de cette ville à Yport.

Yport est un village de pêcheurs qui, il y a dix ans, était moins connu que les îles Marquises. A cette époque aucune route carrossable n'existait entre ce groupe de maisons et Fécamp. Pour se rendre à cette ville, les pêcheurs d'Yport trouvaient plus simple de prendre la grande route de l'Océan. Ils faisaient cette petite traversée en une heure ou en un jour, suivant que le vent était favorable ou contraire. Mais un chemin fut tracé en terre ferme, et on s'aperçut qu'il n'est pas dans toute cette belle Normandie de plus adorable campagne que les environs d'Yport.

Ce fut une révélation pour les touristes. Alors les chalets poussèrent partout dans les bois et sur les hauteurs, comme des champignons après une pluie d'orage. Les ombrages touffus et mystérieux aboutirent à de mystérieux réduits, et des nids d'hommes, qui ne sont pas toujours des nids d'aigles, surplombèrent la plage des falaises. La forêt d'un côté, la mer de l'autre ; une mer taillée en baignoire par les roches, à l'abri du froid et du vent ; c'était l'Eden retrouvé par nos élégants de Paris.

Plus d'un homme de lettres, d'un artiste, d'un banquier, — ce qui n'est pas même chose, — y planta sa tente et y rêva chef-d'œuvre ou emprunt turc. Ici j'aperçois la jolie et gaie maisonnette du secrétaire général de la caisse d'escompte. Autrefois il était journaliste, collaborateur du *Siècle*, et on le disait très-spirituel. Aujourd'hui il n'écrit plus guère nulle part et je le trouve encore plus spirituel. Homme de lettres, Victor Borie comptait ses succès ; secrétaire général, il escompte ses œuvres, cela vaut mieux. Plus loin, un autre homme de plume, M. Pailleron. Ici le château en briques rouges de M. de Rougemont. A deux portées de chassepot des bords de la mer, l'agréable maison de M. Hélie, propriétaire des bois de Hogues; enfin le casino, car Yport ne s'est pas enrichi à demi, et rien ou presque rien ne lui manque à cette heure de ce qui peut contribuer à l'agrément des baigneurs.

Le casino d'Yport est un fort joli casino, ma foi! avec une salle de danse où trois cents personnes peuvent aisément prendre leurs ébats; avec cabinet de lecture, salle de billard, jeux de société, pavillon en pleine air, gymnase, restaurant, etc. Et savez-vous qui a fait bâtir ce petit palais des plaisirs d'Yport? Un musicien distingué, un violoncelliste que vous avez souvent applaudi, Ernest Nathan. On peut croire qu'on y fait de bonne musique. Outre le chef de l'établissement, j'ai entendu régulièrement un pianiste de bonne école et de bons doigts, M. Arsène Bosquet, qui joue avec une complaisance sans limite du Beethoven ou du Strauss, un concerto ou une polka. Aussi comme il est aimé, câliné par ces dames! La brillante pianiste Joséphine Martin nous est venue aussi. Mais en fait de musique, rien ne m'a paru plus digne d'intérêt qu'un concert donné à ce même casino par une réunion d'artistes qui forment la plus harmonieuse des familles. Le père est professeur au Conservatoire de Marseille, et c'est un virtuose sur l'instrument de Rousselot, de Mengal et de Gallay. Jeanne joue du piano ; elle n'a pas douze ans , ses doigts sont petits et délicats , et ses beaux yeux noirs brillent du feu de l'inspiration. Son frère Paul porte le plus crâne-ment du monde ses neuf ans et demi , bien comptés. Il est violoncelliste et on a eu beaucoup de peine à lui trou-ver un instrument qui ne devînt pas une contrebasse dans ses mains. Albert est l'aîné. C'est un homme et il a droit au respect. Treize ans, ni plus ni moins ! On le voit au sérieux de sa physionomie, à son coup d'archet à la fois vigoureux, sûr, savant, pathétique, original même. Vous ai-je dit qu'il joue du violon?

Et maintenant, ils apparaissent, et chacun d'admirer leur gentillesse avant d'applaudir à leur talent. Ils dé-butent par le trio en *mi* bémol de Hummel , une œuvre sagement conçue, développée en maître, sévère et pour-tant grâcieuse. Fermez les yeux, les enfants disparais-sent et vous avez trois artistes expérimentés, sûrs d'eux-mêmes, émus et émouvants.

Mais à quoi me servirait de faire une froide analyse du talent de ces mignons de l'harmonie, qu'il faut voir, en-tendre et admirer? On les appelle les enfants Frémaux, et ce ne sont plus déjà des inconnus pour les salons de Paris où ils sont choyés, aimés, caressés de toutes les mères.

Quand j'ai eu le plaisir de rencontrer au Casino d'Y-port, ces charmants enfants, ils venaient de Dieppe où les avait entendus mon excellent confrère Auguste Lu-chet. Luchet est un cœur d'artiste, c'est-à-dire un

cœur sensible. Il n'a pu contenir son émotion, et le lendemain matin du jour où il les avait applaudis, il envoyait
à l'heureux père de ces trois intelligences de l'art sa
carte de visite avec ces mots :

Dieppe, 20 août 1868.

A Monsieur Frémaux.

Je vous remercie très-vivement, Monsieur , et je sai-
sirai l'occasion la plus prochaine de vous témoigner ma
reconnaissance. Soyez fier et glorieux de vos enfants ;
deux sont déjà des artistes, votre Albert sera grand, ou
je me tromperais bien. Il a l'élévation , l'intelligence, le
sentiment, le goût, il chante ! Sa sœur Jeanne le suivra.
Il m'est arrivé rarement d'éprouver autant de plaisir et
de chagrin qu'hier. De si brillantes étoiles , et presque
personne pour les regarder ! Ce public n'aime que les
lampions.
Merci encore une fois, Monsieur, que les destinées de
vos enfants vous consolent. Il faut que votre foyer soit
superbe pour avoir allumé ces flambeaux.

Auguste Luchet.

Quand les hommes se mettent à aimer leurs enfants, ils
ne les aiment pas à demi. M. Frémaux s'est consacré tout

entier, corps et âme, à l'élévation de ses trois enfants. Il a été jusqu'à présent leur seul professeur de musique, il est leur répétiteur unique pour toutes les branches de l'instruction ordinaire. Chaque jour ils les réunit autour d'une table d'étude, — même en voyage, — et leur fait un cours d'histoire, de géographie, de grammaire, de littérature, d'arithmétique, etc. N'est-ce pas touchant? Sans compter que ce bon père veille aux soins les plus minutieux de la toilette de Jeanne et de ses frères. . . Et je vous prie de croire que rien ne manque à leur mise de bon goût et élégante. Et la providence abandonnerait une semblable famille! Non, non, et si les lampions l'emportent trop souvent sur les étoiles, pour dire comme Luchet, il y a partout un certain nombre d'astronomes dilettanti qui ont déjà braqué ou qui braqueront leur télescope sur la constellation Frémaux. Un peu de patience seulement. Il faut au succès sérieux et durable la collaboration du temps.

Quelques jours après le concert des enfants Frémaux, et grâce au talent de M. Jaclier, la musique a cédé le pas à la littérature. Les auditeurs, toutefois, n'étaient pas nombreux. C'est qu'on ne danse pas avec Corneille, qu'on ne polke pas avec Racine, qu'on ne mazurke pas avec La Fontaine, et qu'il y a partout en ce monde plus de jambes que de têtes.

Rien de plus intéressant au point de vue des mœurs, et parfois même de plus réjouissant, que cette vie du bord de la mer, qui fait de l'homme durant quelques semaines un animal amphibie.

Un original de la plus audacieuse espèce s'est beaucoup égayé cet été, sur plusieurs plages normandes, à sauver des baigneurs qui n'étaient nullement en danger de se noyer. Il lançait sur eux un magnifique chien de Terre-Neuve, lequel prenait délicatement le baigneur par le fond de son caleçon et le sauvait en le ramenant à terre malgré ses efforts et ses cris pour rester à la mer. En une heure, cette bonne bête a ainsi sauvé quatorze personnes, furieuses mais impuissantes contre l'énergique animal, qui croyait accomplir le plus saint des devoirs. Quand les sauvés malgré eux allaient se plaindre au maître du chien, celui-ci leur répondait avec le plus grand calme :

— Il est dans la nature du chien de Terre-Neuve de ramener à terre les hommes qui sont dans l'eau. On ne contrarie pas de si généreux instincts.

— Me sauver malgré moi et quand je ne courais aucun danger, c'est trop fort !

— Pourquoi s'étonner ! Il est des philanthropes qui, plus zélés que mon chien, ont ainsi sauvé malgré elles, et quand elles ne couraient aucun danger, des sociétés entières.

A cette réponse, le baigneur, d'ordinaire, ne trouvait rien à répliquer, et le maître du chien allait plus loin opérer de nouveaux sauvetages.

J'ai passé des heures entières au bord de la mer à contempler le majestueux spectacle de l'Océan, et à écouter sa plainte éternelle. Le beau c'est le grand, mais lé grand est toujours triste. Peu à peu notre esprit s'harmonise avec ce que nous voyons et ce que nous entendons, et de la mélancolie on passe à un état aussi ravissant qu'inexplicable. On veille à la fois et l'on dort, on pense et l'on rêve, on regarde sans voir et l'on voit sans regarder. C'est la mer qui vous magnétise de sa voix monotone et des reflets de ses vagues. Mais les vents et les flots sont changeants. Il y a quelques jours, à Yport, l'Océan s'était invité de lui-même au casino, sans payer au bureau son entrée. Il n'a pu pénétrer jusque dans la salle, il est vrai, mais chemin faisant il a, sans façon, broyé quelques cabines et mis à flot un bateau qui dormait tranquillement sur le galet.

Ce jour-là, ou plutôt cette nuit-là, il y a eu concert gratuit pour tous. La nature exécutait la plus belle partie de la symphonie pastorale de Beethoven. C'était superbe. Des vagues hissaient en jurant leur écume furieuse par-dessus les digues, et il n'y avait pas besoin d'éventail pour se rafraîchir en agitant l'air sur la grève. Du dehors on apercevait de la lumière dans certaines maisons basses. En regardant à l'intérieur, on eût pu voir des femmes prier pour leurs maris, leurs frères, leurs fils, embarqués de la veille, ou sur le point de regagner le port.

Aimez-vous les cèpes, ces bons cèpes que les Bordelais savent si bien accommoder à l'huile avec l'indispensable gousse d'ail? Si vous n'êtes pas indifférent à ce délicat comestible, faites une promenade dans les bois des Hogues, la plus ravissante des promenades, et vous rapporterez des cèpes de quoi régaler vingt Grimod de la Reynière. Choisissez-les bien seulement, si la vie a pour vous quelque charme et si vous craignez les coliques.

C'est en allant ramasser des champignons près d'Yport que j'appris les détails d'un curieux duel politique entre deux hommes de lettres. Un Alsacien critiquait vertement l'usage du duel, et vantait la modération comme la plus belle vertu de l'homme policé. Toutefois il avouait qu'il est des moments dans la vie où l'on n'est pas maître de réprimer un mouvement de vivacité.

— Une fois, nous dit-il, je dînais à table d'hôte. Mon voisin de droite m'irritait en émettant des opinions politiques contraires aux miennes. Je lui dis qu'il avait tort. Il ne voulut pas en convenir. Alors, n'écoutant que mon indignation, je lui appliquai un vigoureux coup de poing sur un œil. Il avait l'œil dans le plus piteux état : aussi gros que la tête.

— Et quelle fut la suite de cette affaire? demandai-je à l'Alsacien.

— Il guérit, me répondit-il. La contusion suivit son cours normal, et disparut au bout de quelques jours avec des cataplasmes. Je lui sus gré d'en rester là, car je repousse le duel comme un acte de barbarie indigne de notre civilisation avancée.

Ne riez pas trop de cet aimable Alsacien, si prompt à vous crever l'œil et si ennemi des réparations par les armes. Il s'appelle légion , il s'appelle humanité', et les duels ne cesseront d'avoir lieu que quand les hommes consentiront à tendre la joue droite quand on les aura frappés sur la joue gauche, suivant les recommandations de l'Evangile. Nous attendrons encore longtemps.

Sur ce, je vous demande la permisssion de vous quitter pour aller prendre possession de ma cabine. La marée est à son plein, c'est l'heure du bain.

. . . .

Je suis allé d'Yport au Hâvre. Du Hâvre, j'ai pris le bateau à vapeur qui m'a conduit à Caen. Me voilà dans la patrie du gras-double où je ne pouvais débarquer en un plus heureux moment.

En effet, pour les âmes économes qui veulent mériter le ciel à bon compte l'occasion est excellente. Vous allez en juger. Invité par un aimable savant de cette ville à visiter l'église Saint-Pierre, dont quelques parties méritent de fixer l'attention, j'y allai.

Après que nous eûmes admiré cette riche et élégante maison du plus humble des dieux , mon compagnon me dit gaiement en me montrant une vieille femme qui débitait des petits carrés de papier et en recevait le prix avec beaucoup d'onction :

— A propos, seriez-vous bien aise de participer à quarante-huit messes ?

— C'est bien tentant . lui répondis-je, mais je crains

de n'être pas assez riche pour me payer ce luxe céleste.

— Pas cher du tout ; une occasion véritable.

— Combien donc ?

— Vingt centimes.

— Vous voulez rire.

— Rien n'est plus sérieux. Je viens de vous faire voir la marchande. Mais décidez-vous promptement, à ce prix on les enlève.

— Je le crois bien, et quand tout enchérit, il est surprenant de voir les messes cotées si bas sur le marché divin.

Nous pressâmes le pas et mon aimable compagnon ne fut pas longtemps à traiter avec cette fille de magasin mystique.

Il acheta deux titres pour quarante centimes et m'en remit un. Je l'acceptai avec reconnaissance, ayant déjà en portefeuille un billet de loterie dont le tirage doit se faire en paradis.

Voici le spécimen de cette valeur spirituelle :

POUR L'AMOUR DE JÉSUS ET DE MARIE,

20 Centimes.

Je vous en supplie , pour la construction d'une église pauvre ! ! !

Vous aurez part à 48 messes.

De quelle église s'agissait-il et où devaient être cé-
lébrées les 48 messes ? Voilà ce que nous ne pûmes pas
savoir.

Un rusé paysan , comme il n'en manque pas ici, sou-
riait dans sa barbe pendant que le savant faisait son
acquisition.

— Qu'est-ce que vous en dites ? demandai-je au paysan.

— Moi, rien, fit-il ; mais, s'il fallait vous parler franchement, je ne crois pas à ces messes qu'on vend quatre
sous le tas. Si elles étaient bonnes, on ne les donnerait pas
pour ce prix. Rien, croyez-moi, ne vaut une messe qu'on
commande soi-même, pour être dite où on veut , quand
on veut et par qui on veut. Ça coûte vingt sous , c'est
vrai, mais c'est du bon.

Il ne serait pas facile, on le voit, de tromper ce rusé
Normand.

On ne va pas à Luc sans s'arrêter à un petit pays qu'on
appelle la Délivrande. Ce pays en lui-même n'a rien de remarquable, mais on s'y rend en foule pour y acheter des
chapelets, des médailles , des photographies pieuses et
d'autres menus objets édifiants bénis dans une chapelle où la Vierge s'est plue à exécuter de nombreux miracles.

Je n'ai jamais pu, je l'avoue, m'expliquer le motif qui
pouvait déterminer les puissants du céleste séjour à renverser les lois de la nature pour prouver que ces lois
sont d'essence divine et qu'il faut remercier Dieu de les

avoir établies. Hélas ! je sais fort bien que mon intelligence est bornée et que les miracles ne sont pas faits pour être compris, au contraire. N'importe, il est étrange que nous ayons juste assez d'entendement pour comprendre que, avant même les choses que nous comprenons, il convient d'admettre celles que nous ne comprenons pas, parce qu'elles sont incompréhensibles et qu'il plaît à Dieu d'humilier la raison que nous ne devons qu'à lui seul. Je n'imagine pas la satisfaction que doit éprouver un malheureux mortel obligé, pour honorer le ciel, de croire ce qu'il ne comprend pas et de ne pas croire ce qu'il comprend, se disant à lui-même de peur de l'inquisition :

— En cet endroit, Dieu, par une faveur spéciale, a bien voulu, pour une fois seulement, que l'harmonie de la nature fût troublée par de bizarres anomalies. Une bulle de savon est retombée avec la force d'un aérolithe et a percé le roc, pendant que des poids de cent livres voltigeaient comme des bulles de savon et qu'un jésuite est devenu instantanément un homme franc, desintéressé, tolérant, ami du progrès.

On va à la chapelle de la Délivrande pour se guérir quand on est malade et qu'on a d'abord essayé sans succès de la médecine légale. Quelques personnes s'y rendent pour y maintenir leur santé ; mais les pélerins bien portants sont beaucoup moins nombreux à la Délivrande que les pélerins valétudinaires.

J'ai eu pour voisine de cabine, à Luc, une baigneuse

fort respectable , quarante-huit ans et de l'embonpoint, qui est allée, l'an dernier , trois fois à la chapelle miraculeuse pour des maux d'estomac. Elle digère aujourd'hui parfaitement.

— Est-ce que vous ne retournerez plus à la Délivrande? lui ai-je demandé.

— Non, m'a-t-elle répondu de l'air le plus simple du monde, c'est inutile, j'ai atteint mon but; mes digestions se font divinement maintenant.

Sans ses miracles, la Délivrande serait un pauvre endroit. Ses miracles sont la source bienheureuse de sa fortune. On y vend pour une cinquantaine de mille francs par an d'objets de sainteté sur lesquels on gagne 90 pour 100. Au reste , cette chapelle, « très-commerçante, » suivant l'expression de la baigneuse aux divines digestions, est joliment située sur une élévation. Son clocher fait le meilleur effet quand on le contemple de la route qui conduit au vieux Luc. N'importe, il est bien désirable que l'esprit philosophique purge la religion des folies et des trafics qui la compromettent et l'abaissent au niveau des erreurs et des passions humaines.

De Luc j'ai peu de chose à dire , mais ce que je dirai ne sera pas perdu pour les baigneurs. C'est une plage modeste où les lionnes d'eau salée ne font que trois ou quatre toilettes par jour, où les veaux marins du boulevard italien peuvent s'ébattre sur un sable de velours et tirer, aux heures de la promenade, des bordées terrestres à bâbord et à tribord soit qu'ils veuillent cingler vers Lyon ou vers Langrune. Rien de particulier pour le reste.

Au Luc nouveau, pour dire comme les naturels du pays, la vie se passe comme sur le bord de toutes les plages. On se baigne à la marée montante, on pêche la crevette à la marée basse. Les femmes qui ont des toilettes les font voir à celles qui n'en ont pas, lesquelles trouvent blâmable qu'on en ait parce qu'elles en manquent. On suit des yeux les navires qui entrent au Hàvre ou gagnent la haute mer, et on achète le poisson à la criée. Quelquefois on se réunit le soir dans le salon de l'hôtel de la Plage, et chacun alors apporte sa bougie comme dans *Bonsoir, monsieur Pantalon*, cette salle n'é-tant point éclairée par le maître du logis. Que de délicieuses soirées on y passe ! On écoute le poétique murmure de la vague expirant sur le sable; on y médit de son voisin; on y joue d'un piano qui aura beaucoup de peine, je le crains, à résister longtemps encore, faux comme il est, à l'air humide de la mer. Les dilettanti de ce rivage redoutent chaque jour que l'instrument ne cesse d'être faux, — tant le bonheur est relatif, — pour devenir muet. C'est, en effet, très à redouter.

IX.

CHARTRES ET SON PREMIER CONCOURS ORPHÉONIQUE

———

A M. J. S. HEUGEL, Directeur du *Ménestrel*.

J'arrive de Chartres , les oreilles un peu surchargées
par six heures d'orphéon , mais les yeux approvision-
nés des beautés de la cathédrale et l'estomac content
des pâtés et du café de cette noble et succulente cité, contemporaine de Noé, d'après les chroniqueurs.

Mon Dieu oui, de Noé.

Les chroniqueurs, qui ne doutent de rien , assurent
que ce furent les Gomérites qui, sous la conduite de Go-
mer, petit-fils du patriarche auquel on doit la vigne, auraient quitté l'Asie pour venir peupler la Gaule et bâtir
Chartres.

Je vous défie bien de contredire en cela les chroniqueurs.

Cependant j'ai un ami qui ne craint pas de manifester
des doutes à cet égard.

Et comme il est très-savant, qu'il appartient à la religion réformée, qu'il a étudié pour être pasteur et que de ces études-là il reste toujours quelque chose, il me disait :

— On ne sait de Noé certainement que peu de chose.

— Que sait-on positivement du père de Cham?

— On sait d'abord qu'au moment de se séparer de son fils Japhet, il lui donna une pierre précieuse mille fois plus brillante que le *Régent*, le *Kohinoor* et l'*Etoile du Sud*, qui sont les trois plus beaux diamants connus. Sur cette pierre se trouvait gravé le nom du Très-Haut. Celui qui la possédait pouvait à son gré commander la plui ou le beau temps. Longtemps ce talisman fut conservé chez les descendants du patriarche; aujourd'hui il est perdu sans espoir de le retrouver jamais.

— Voilà, en effet, un chapitre de la vie de Noé, qui a bien le caractère d'une vérité incontestable. Et que sait-on encore de positif sur ce respectable vieillard de 950 ans, trop ami de la vigne?

— On sait qu'il composa, par ordre de l'Eternel, la plus belle des ménageries, et que dans l'arche les bêtes venimeuses furent privées de leur faculté de nuire. Plus tard, quand la terre redevint habitable, Jéhovah entendit les observations que lui firent les bêtes malfaisantes : elles demandaient à n'être pas plus longtemps privées de faire le mal. C'était trop juste, et Jéhovah rendit à la vipère son venin, au scorpion sa queue empoisonnée, à l'espadon son épée, aux sangliers ses défenses, au chat ses griffes, à la femme ses tendres sourires, au diplomate les traités de paix sans lesquels les peuples civilisés n'obéissant qu'à leurs propres intérêts, courraient grand risque d'être privés des bienfaits de la guerre dont les traités de paix sont la source, douze fois sur quinze, comme chacun sait.

Ah ! le splendide morceau d'architecture que cette cathédrale bâtie trois fois et trois fois détruite par le feu du ciel et de la terre. Les travaux, pour réédifier le monument que nous admirons aujourd'hui, durèrent près de deux cents ans et occupèrent des ouvriers par centaines de mille. Des hommes de tout rang et de tous âges s'y livrèrent avec une ardeur enthousiaste, traînant des charrettes et transportant des matériaux, aidés en cela par des confréries et des pélerins organisés en escouade, se relayant de village en village sous la direction des chefs.

Quand le temps aura détruit ces églises, l'orgueil de l'art catholique, il ne se trouvera ni architecte pour en concevoir le plan, ni millions pour les édifier, ni pélerins, ni ouvriers nobles ou vilains, pour consacrer leur vie à les bâtir. Aujourd'hui déjà c'est un art perdu. Un milliard pour une nouvelle cathédrale de Chartres et on ne l'aurait pas. Son *clocher vieux*, d'une étonnante hardiesse, vaut son pesant d'or, et son *clocher neuf*, adorablement ouvragé, est un chef-d'œuvre de cent vingt-six mètres de longueur, — un grand chef-d'œuvre, comme on voit.

Passez seulement une nuit à Chartres, et vous entendrez s'échapper d'une chambre basse de ce clocher les voix nocturnes et prolongées des guetteurs criant, à chaque heure, cet avertissement rassurant pour ceux qui ne dorment pas, mais inutile pour ceux qui dorment : *repos, repos, repos.* Des guetteurs crient ainsi depuis 1270 dans ce *clocher neuf* de la cathédrale de Chartres. Ils sont chargés, en cas d'incendie, de sonner le tocsin.

N'attendez pas ici de moi une description, même sommaire, de toutes les richesses dont se compose ce palais royal du Roi des rois. Rien de ses arcs-boutants en forme de roues dont les rayons sont autant de petites colonnes réunies par de légers arceaux. Rien des tours qui flanquent les extremités du transept et du chœur. Rien de la structure élégante du pavillon de l'horloge. Rien de la grotesque figure représentant un *âne qui vielle.* Rien des magnifiques portails latéraux et des porches aux superbes péristyles. Rien de la nef principale, et rien de l'ensemble intérieur de l'édifice si grand, si noble, si harmonieux, si religieux. Rien non plus de la clôture du chœur, l'une des plus éblouissantes que nous ayons jamais admirées. Une fois engagé dans ses arcades, dans ses colonnettes, dans ses frontons, dans ses clochetons, dans ses aiguilles si poétiquement ciselées, dans ses statuettes, — tout un monde de pierre, — nous n'en sortirions pas. Les vitraux sont là qui m'éblouissent et m'envoient par mille rayons de couleurs variées sommation de ne les point oublier ; je les passe néanmoins.

Le grand orgue, — transition du style de la Renaissance, — est muet, heureusement, et je passe en le saluant discrètement.

Si seulement j'écrivais le temps durant qu'il m'a fallu employer pour parcourir la crypte, vous liriez une page de plus. C'est qu'il faut bien vous le dire, cette crypte est la plus vaste de toutes les cryptes de France et sans doute aussi de Navarre.

Rien de tout cela donc, car j'ai quelque chose de mieux à vous offrir que mes descriptions.

Vous n'êtes pas, sans doute, sans avoir ouï parler du vent qui règne en toute saison autour de la cathédrale de Chartres. Il y a dans ce fait matière à commentaire. Aquilon aurait-il du goût pour la belle architecture, ou jouerait-il le rôle d'agent de police aérien menaçant d'une juste fluxion les audacieux qui s'oublieraient indiscrètement le long de ces murs? Ce serait assurément très-louable de la part d'Aquilon, mais il rôde autour de la cathédrale pour un autre motif.

Afin de surprendre le secret de ce dieu, prêtez un moment d'attention à la voix harmonieuse du poète qui vous a depuis longtemps déjà si bien appris à l'aimer. Emile Deschamps est presque mon voisin dans la ville de Louis XIV, sur ce boulevard de la Reine, qui est aussi celui de la poésie puisque Deschamps l'habite. Sachant que j'étais engagé par la municipalité de Chartres à me mêler à de célèbres musiciens pour couronner les vainqueurs des concours orphéoniques, et ne doutant pas que, profitant du voyage, je me fisse un plaisir d'aller présenter mes humbles hommages au gigantesque monument, il m'envoya, la veille de mon départ, la piquante improvisation que voici :

COMME QUOI

Il fait toujours du vent autour de la cathédrale de Chartres.

En l'an du Christ quinze cent treize
Un jour la Discorde et le Vent,
Par la Beauce, tout à leur aise
Cheminaient au soleil levant.
Devisant ensemble, ils arrivent
Dans la ville de Chartres ; puis,
Après vingt cercles qu'ils décrivent,
Ils prennent la *Ruelle-au-puits*,
Qui longe, en étroite spirale,
Le flanc nord de la cathédrale.
La Discorde au Vent dit alors :
Reste un peu là : « j'ai quelque chose
» A dire aux chanoines, pour cause
» De service ; attends-moi dehors. »
Se glissant sous le porche en mitre
La Discorde, à l'angle des tours
Entra tout droit dans le chapitre...
Le Vent, dehors, l'attend toujours.

Ah! l'ingénieuse idée, les jolis vers, la spirituelle et douce malice ! A ce compte, et si le poète enrichit mes autographes d'une nouvelle pièce de vers à chacun de mes voyages à Chartres, j'y veux retourner tous les mois. Au moins ne manquerai-je pas de m'y rendre chaque été pour les concours d'orphéons.

Ces concours ont été fort brillants. Je ne vous dirai pas ce qui s'est passé dans la division des fanfares et des musiques d'harmonie puisque mes deux oreilles étaient au théâtre (un très-joli théâtre, ma foi !) occupées à peser le poids des bonnes harmonies et des notes douteuses de la section vocale. J'ai su, par mes collègues Jonas, Maury, de Lajarte, Elwart, Viault, Simonnot, que les sociétés instrumentales avaient offert généralement un résultat satisfaisant. Au théâtre j'avais à mes côtés Laurent de Rillé, Saint-Saens, Camille de Vos et Ketterer. Les deux chœurs imposés sont deux belles compositions écrites pour la circonstance par MM. Viault et Saint-Saens. Grand succès pour les *Enfants de Saint-Denis*, qui ont remporté le 1er prix de la 1re division (1re section), et le prix d'excellence décerné par tous les membres du jury réunis, et consistant en une couronne de vermeil. Une musique d'harmonie, formée de musiciens dont le plus âgé paraît avoir douze ans, la *Sainte-Cécile de Dreux*, s'est présentée au concours d'excellence après avoir obtenu un 1er prix dans une 2e division. C'était audacieux, mais ils ont justifié cette audace. En effet, ils jouent avec une justesse remarquable, un entrain étonnant et une conscience qui se perd trop souvent dans les années de l'age mûr. Charmants enfants, naïves clarinettes, innocents pistons, que ne restez-vous toujours ce que vous êtes ! Le jury n'a pas cru pourtant qu'il y eût lieu à décerner un prix d'excellence, mais il a offert la couronne de vermeil à cette harmonieuse petite bande en témoignage de sa satisfaction.

Nous avons vu avec plaisir que les concours de lecture pour les sociétés chantantes étaient nombreux à Chartres comme ils le sont un peu partout à cette heure. Le temps est passé où l'on pouvait taxer le chant des orphéonistes de *perroquetage*. Ils lisent à cette heure, nos musiciens du peuple ; pas encore très-bien, à la vérité, mais cela viendra et ne tardera pas à venir. Tous savent à présent qu'il n'est pas plus possible de faire de la musique sans solfége que de bâtir sans fondation. Et comme il y a en France en cette année de grâce 1868 près de cent cinquante mille orphéonistes qui solfient à qui mieux mieux, l'histoire ajoutera peut-être à l'âge d'or, à l'âge d'argent et à l'âge de fer, l'âge du fer blanc et du solfège, qui est le nôtre.

Un mot encore pour remercier les autorités de la ville qui ont fait aux membres du jury la réception la plus cordiale et la plus succulente. Il y avait des pâtés à table tant et de si longs que, d'après Ketterer, c'était... *épatant*. Pardonnez-lui ce mot inévitable et veuillez oublier que je l'ai répété après lui.

X.

LE CENTIÈME ANNIVERSAIRE DE LA NAISSANCE DE HOCHE

A VERSAILLES.

A M. LEHODEY, Directeur-gérant du *Siècle*.

Le 24 du mois de juillet, Versailles a fêté le centième anniversaire de la naissance d'un homme qui, mort à vingt-neuf ans, vécut assez pour que Napoléon, peu prodigue d'éloges envers ses frères d'armes, put dire de lui : « Hoche fut un des premiers généraux que la France ait » produits. Il était intelligent, brave, plein de talent, de » résolution et de pénétration. » (1)

(1) Hoche s'est rencontré avec Bonaparte sur les points de stratégie qui ont révolutionné l'art des batailles à cette époque « Masser ses forces, attaquer le centre de l'ennemi divisé, et marcher en avant... Etre toujours plus fort que chacun des corps ennemis pris à part... Se servir de la baïonnette, l'arme qui convient le mieux à la bravoure française.

Hoche, en effet, a été tout cela, et il a été plus encore, car il fut un des fondateurs de notre liberté.

Hoche, Bailleul l'a dit à la séance du Corps législatif (10 octobre 1797), s'occupait de sa patrie et non de ses affaires.

Cependant il s'adresse un jour à la République pour lui demander de payer ses dettes.

« Né sans fortune et toujours soldat, le citoyen Hoche a essuyé des pertes qu'il ne peut réparer ; il espère que la République viendra à son secours et l'aidera à remplir des engagements qu'il a contractés pour son service. » Le gouvernement décide qu'elle payera les dettes du général. Tout compte fait, il se trouve que Hoche devait mille francs.

Une autre fois, il reçoit une récompense nationale pour les services éminents qu'il a rendus au pays.

Arrêté du Directoire. — Récompenses nationales.

2 thermidor an IV (20 juillet 1796).

Le directoire, voulant donner un témoignage de son estime au général Hoche, commandant l'armée de l'Océan pour les services qu'il a rendus à la patrie, et honorer, dans sa personne, ses braves défenseurs qui sous ses ordres ont terminé la longue et malheureuse guerre de la Vendée et des chouans,

Jaloux de signaler ses vues politiques, il put vouloir

imiter le général d'Italie et créer une république cisrhé-
nane : il ne songea jamais à en renverser aucune.

Arrête :

Il est fait présent au général Hoche, au nom de la
République française, des deux plus beaux chevaux
existant dans les dépôts de la guerre, avec leurs har-
nais. Il recevra également une paire de pistolets de la
manufacture d'armes de Versailles.

C'est tout.
On comprend difficilement que Napoléon ait pu traiter
un pareil homme d'ambitieux et lui attribuer des intentions criminelles.
« Il était homme à venir de Strasbourg avec vingt-cinq
mille hommes s'emparer du gouvernement par la force. »
Non, il n'était point homme à commettre une action
semblable. Devenu suspect par suite d'intrigues et un moment privé de sa liberté, il écrit du fond de son cachot
à De Belle, son beau-frère, les lignes suivantes :
« Dans les républiques, je le sais, le général trop
aimé des soldats qu'il commande inquiète les citoyens
ombrageux ; il est certain que la liberté peut être me-
nacée par la popularité de ce général, s'il est ambitieux ;
mais moi n'ai-je pas mis mon cœur assez à nu, devait-
on me soupçonner ? Je ne vois cependant d'autres griefs
contre moi que le dévouement et l'affection de l'armée.

Eh bien ! que l'on me fasse rentrer dans la classe des autres citoyens ; je m'estimerai encore heureux si mon exemple peut servir la chose publique. Après avoir sauvé Rome, Cincinnatus alla labourer son champ. Je suis loin de prétendre égaler ce grand homme ; mais moi aussi j'ai rendu quelques services, et, si mon abaissement peut être utile, je ne demande qu'à m'effacer dans les rangs d'où le hasard et mon travail m'ont fait sortir trop tôt pour ma tranquillité. »

Brave jeune homme, il disait vrai, car il ne mentit jamais et jamais ne trahit ses serments.

« Il n'avait pas, dit M. Thiers, cette coupable audace d'esprit qui peut porter un capitaine illustre à ambitionner plus que la qualité de citoyen ; il était républicain sincère et égalait le patriotisme et la probité de Jourdan. La liberté pouvait applaudir sans crainte à ses succès et lui souhaiter des victoires. »

Quelle eut été la destinée de Hoche s'il eût vécu ?

« S'il eût vécu, écrit Villemain au bas d'une statue de ce général, sa gloire promettait de ne rien coûter à la liberté de son pays. »

« Hoche, dit Napoléon, ou se serait rangé ou se serait fait écraser par moi, et comme il aimait l'argent et les plaisirs, nul doute qu'il ne se fût rangé. »

Ainsi, voilà un jeune homme convaincu, plein d'enthousiasme, d'honnêteté, de bravoure, de désintéressement, animé des plus nobles et des plus généreux sentiments que puisse enfanter une grande époque dans un grand cœur, et qu'on suppose disposé enfin à se *ranger !* Le mot est original. Et se *ranger* par quel mobile ? Par l'appât de l'argent qu'il méprise (1) et des plaisirs qu'il n'eut jamais le loisir de connaître et qu'il ne voulut point goûter. (2)

Il faut renoncer à cette supposition, quelque flatteuse qu'elle puisse paraître pour Hoche, qui ne serait point parti de Strasbourg pour venir renverser le gouverne-

(1) « Je demande le cœur et point la richesse, ne l'oublie pas. » (Lettre de Hoche à Privat, un ami, qu'il charge de demander à M. Déchaux la main de sa fille.)

Hoche ne s'est pas plus enrichi qu'il n'a enrichi ses parents. « Mon père, après avoir, ainsi que moi, usé sa jeunesse au service de son pays, fut contraint, n'ayant point de fortune, d'accepter pour vivre une place de palefrenier dans laquelle il s'enrichit si fort que je jouis du doux plaisir de le nourrir dans sa vieillesse des appointements que je reçois pour mes services. » (Réponse à la dénonciation de Hudy.)

Une autrefois il écrit à sa femme qui, mère de famille songeait à l'avenir de sa fille : « Tu me recommandes de songer à la fortune de notre enfant, je lui laisserai un nom sans tache, c'est tout ce que je lui dois. » Existe-t-il nulle part un trait de plus noble et de plus sublime désintéressement ?

(2) « Maintiens la République de tout ton pouvoir ; fais aimer et respecter les lois de la République. *Ne souffre aucune femme à l'armée* que celles autorisées. » (Lettre de Hoche au général Varni.)

ment établi, et serait resté toute sa vie l'homme *dérangé* que vous savez.

Mourir jeune était, dans l'opinion des anciens, le plus grand bienfait que les dieux pussent accorder à ceux qu'ils aimaient et protégeaient. Sans doute parce que, en mourant jeunes, les hommes n'ont pas le temps de se *ranger* et n'ont juste que celui d'être sublimes.

Le héros de l'armée républicaine semblait partager cet avis, quand il dit avec conviction : « La mort n'est pas un mal quand la vie a cessé d'être un bien. »

Hoche est né à Versailles le 24 juin 1768, rue de Satory, dans la maison qui porte le n° 18, et non point à Montreuil, comme l'ont dit et répété la plupart de ses biographes. Veut-on savoir quels furent ses parents ? Les registres de la paroisse Saint-Louis de Versailles nous le diront :

« L'an mil sept cent soixante-huit, le vingt-cinq juin, Louis-Lazare, né d'hier, fils légitime de Louis Hoche, palefrenier à la vénerie du roi, et d'Anne Merlière, a été baptisé par nous soussigné prêtre de la mission, faisant les fonctions curiales. Le parrain a été Lazare Moulin, marchand épicier, et la marraine Marie-Agathe Coispeau, épouse de Jacques Duhamel, laquelle et le père ont signé avec nous ; le parrain a déclaré ne savoir signer ; signé Coispeau, Hoche, Munier, prêtre. »

Voilà certes une humble origine ; mais plus humble est la naissance, plus glorieuse est l'élévation. Soldat aux gardes françaises à seize ans, il partage le temps entre son service militaire et l'étude, consacrant à l'achat de livres le modique produit de sa solde. A vingt-cinq ans il est général, et meurt à vingt-neuf, après avoir vaincu les ennemis de nos libertés à l'étranger et pacifié la Vendée. Il est humain dans cette guerre fratricide, parce qu'il reconnaît les véritables raisons qui empêchent ces malheureux serfs, à peine émancipés, de se rallier à la révolution qui leur rend la dignité et consacre leurs droits. « Je le demande hardiment, écrit-il au Directoire, cette multitude qui ne connaît que ses prêtres et ses bœufs, peut-elle adopter tout à coup les idées de la philosophie ? D'ailleurs, faut-il fusiller les gens pour les éclairer ? »

Hoche avait trouvé le seul moyen de ramener la paix dans ces contrées travaillées par l'esprit clérical : l'instruction.

La république fit à Hoche des funérailles dignes d'une vie si bien remplie. Devant la maison où il naquit, le président de la commision municipale de Versailles commença son discours par ces mots :

« Citoyens, c'est ici, sous cet humble toit que le général Hoche est né. Hoche qui a vaincu les Autrichiens à Landau et à Wissembourg ; Hoche qui, à Quiberon, a mis en fuite les perfides Anglais, Hoche qui a mérité le titre glorieux de pacificateur de la Vendée. »

Et comme le peuple ému applaudissait :

« Si, reprit l'orateur, le régime sous lequel ce héros ouvrit les yeux à la lumière existait encore, ses talents,

ses vertus eussent été ensevelis dans une obscurité mé-
prisée, ses plus proches voisins sauraient à peine que
Hoche a existé. »

.   .   ;   .   .   .   .

Les années se sont écoulées, des républicains se sont
rangés à l'avénement du premier empire, — des impé-
rialistes se sont *rangés* à la restauration, — des légiti-
mistes se sont *rangés* au gouvernement de juillet, — des
orléanistes se sont *rangés* à la seconde république, — et
nous avons vu un certain nombre de ces derniers républicains n'attendre que le coup d'Etat pour se *ranger* au
second empire. Tant d'événements et tant de gens rangés n'ont pas affaibli, dans le cœur de ceux qui honorent
la vertu, les sentiments d'amour et de reconnaissance dus
à l'illustre soldat, qui plaça la patrie au-dessus de toutes
les affections et disait de la liberté : « Ce n'est pas assez
de l'aimer, il faut la faire aimer. »

En célébrant le centième anniveraire de Hoche, Versailles a fait plus que rendre un pieux et enthousiaste
hommage à son plus glorieux enfant, elle a pris l'initia-
tive d'une fête nationale qu'on pourrait appeler le culte
du courage et de l'honneur. Malheureusement il n'y a
point eu de discours, point d'oraison funèbre à l'église,
point de banquets nulle part. Partout l'enthousiasme
baillonné par une administration prudente jusqu'au ridicule, incertaine, inquiète, craintive n'osant rien,

redoutant tout, et attendant jusqu'au dernier moment des ordres qui n'arrivaient pas. Les artistes du Théâtre-Français, qu'on avait espéré voir à Versailles jouer le *Cid* ou toute autre pièce héroïque à une représentation offerte gratuitement au public, n'ont pu se rendre à l'invitation de la municipalité, et la fête s'est bornée à une distribution de secours aux indigents, à une messe en musique par les élèves de l'école normale, à un défilé de troupes devant la statue du général, à quelques chants en l'honneur de Hoche exécutés au Parc, à un feu d'artifice et à une cantate due à la collaboration d'Emile Deschamps, le poëte versaillais par excellence, et de Saint-Saens, le jeune maître, dont les succès récents ont mis le nom en lumière.

Sans avoir la mâle énergie des strophes composées par Chénier à la mort de ce héros, et que Chérubini avait mises en musique, (autre temps, autre poésie), les vers d'Emile Deschamps sont ce qu'ils pouvaient être pour ne pas offenser les nerfs délicats de l'autorité. Nous ajouterons qu'ils furent improvisés en quelques heures.

Les voici, du reste :

I.

Guerrier clément, du haut de ta sphère éternelle,
Vois nos fleurs en bouquets, nos armes en faisceaux ?
C'est Versailles, aujourd'hui, ta ville maternelle,
Qui fête, après cent ans, l'heure de ton berceau !

De la force, vaillant emblème,
Hoche ! c'est ta gloire suprême
D'être fils de tes œuvres même...
Tu naquis humble... et tu fus grand !
Et puis, — vertu plus rare encore,
Que la foule, avant tout, honore, —
Pauvre au départ, à ton aurore,
On te vit pauvre au premier rang.
Guerrier clément, etc.

II

Fougueux, lion dans la bataille,
Simple et doux après la mitraille,
Des plus forts tu courbas la taille...
Soldats, peuple acclamaient ton nom !...
Un jour, un grand jour entre mille,
Tu domptas la guerre civile ;
La Paix courut de ville en ville,
Plus belle, aux salves du canon !
Guerrier clément, etc.

III

Quand la France aimait tant à croire
Au général de la victoire,
Bien jeune d'âge et vieux de gloire,
Tu terminas ton sort mortel.

> Ta dépouille au néant se livre...
> Mais ton exemple doit survivre...
> Honneur à qui pourra te suivre...
> Oui ! car ta tombe est un autel !

Guerrier clément, etc.

On le voit, c'est un véritable tour de force accompli par le poëte qui a pu célébrer la gloire du général républicain sans parler de la République ni de la Révolution, et du pacificateur de la Vendée sans prononcer le nom de liberté. N'importe, un souffle d'enthousiasme contenu traverse ces vers, qui, tels qu'ils sont, inspirèrent au compositeur une des plus belles pages qu'il ait jamais produites. Cette œuvre magistrale a été magistralement exécutée en plein air sur la place Hoche, au pied de la statue du général, au milieu d'une affluence recueillie de Français et d'étrangers, par les deux sociétés orphéoniques de Paris, l'*Odéon* et les *Enfants de Paris*, auxquelles s'est joint l'orphéon de Versailles, et la splendide fanfare d'Adolphe Sax, formée de vingt-deux artistes de premier ordre. Saint-Saens dirigeait l'exécution, ayant comme sous-directeurs MM. Delafontaine et Lambert. L'effet a été grandiose, et la belle figure de Hoche semblait se détacher plus belle que jamais du flot de sévère harmonie qui l'entourait de toute part.

En somme, petite démonstration si on la compare aux solennelles funérailles qui furent faites à ce valeureux soldat, à cet intègre citoyen, mais grande et imposante cérémonie si on en voit la signification morale.

Une semblable manifestation valait qu'on y prît part. Aussi ce jour-là serais-je allé *de Paris à... Versailles*, si déjà, je n'avais planté mes pénates dans la ville de Louis XIV, et si je n'avais participé à l'organisation de cette fête patriotique, participation dont je suis fier et qui m'a valu une médaille commémorative offerte par là municipalité de Versailles.

XI.

MA TANTE PERPÉTUE

ET LA STATUE DE VOLTAIRE.

A M. H.-L. TERRÉ

Président du Conseil de surveillance du *Siècle*.

En arrivant un jour de quelque part à Paris, on me remit une liasse de papiers au milieu desquels mon œil de neveu reconnut une lettre de ma tante Perpétue.

Ce fut un étonnement et une joie.

Veuillez lire avec moi l'épître suivante de ma vénérée tante, qui ne me nommera point son héritier, — ce dont je ne me plains pas, — et qui ne m'avait pas donné de ses nouvelles depuis plusieurs années, — ce qui m'affligeait fort.

Dieu soit loué ! ma tante vit ; elle paraît se porter à merveille, et, comme un bonheur n'arrive jamais seul, une bonne et excellente voisine, la baronne de Lange,

qui avait deux billets d'entrée pour le ciel (1), vient de lui
en céder un à prix coûtant.

Mais je ne veux pas plus longtemps occuper un espace
qui se trouvera si bien rempli par la lettre pleine de détails intéressants que je dois à cette bonne parente :

« Bêtisi-le-Grand.

» Mon cher et coupable neveu,

» Il court depuis quelque temps déjà de singuliers
bruits à Bêtisi-le-Grand, ordinairement si calme. Les
esprits sont montés, et l'adjoint au maire, M. Dutilleul,
a fait passer secrètement l'ordre au tambour de ville et
aux deux pompiers, qui composent la force armée, de se
tenir prêts à comprimer l'émeute dans le cas où elle
éclaterait. La cause de ce trouble insolite est la nouvelle
répandue comme une traînée de poudre que le journal le
Siècle, dans lequel tu écris, ce dont je ne te fais pas mon
compliment, a mis le comble à ses méfaits en ouvrant
une souscription pour l'érection d'une statue à M. de Voltaire, l'auteur de tous nos malheurs publics, l'ennemi de
Dieu et l'infâme assassin de Calas.

» L'instituteur de notre école primaire assure, il est
vrai, que Voltaire n'a point assassiné Calas ; que ce sont
des catholiques intolérants qui l'ont fait périr dans des
supplices atroces pour le punir d'appartenir à la religion

(1) On sait que de saints spéculateurs en ont fait publiquement commerce dans ces derniers temps.

réformée, et que c'est Voltaire, au contraire, qui a fait réhabiliter sa mémoire ; mais notre instituteur est voltairien, et ses affirmations, par cela seul, ne méritent aucune créance. S'il n'avait pour le soutenir à Bêtisi-le-Grand un vieux colonel de l'empire, voltairien comme lui, et qui jouit dans notre pays d'une certaine considération parce qu'il n'est pas endurant et qu'on en a peur, il y a longtemps que cet audacieux maître d'école ne serait plus parmi nous.

» A la tête des esprits bien pensants à Bêtisi-le-Grand, il faut placer cette excellente baronne de Lange, ma voisine, si austère, si dévote, si retirée du monde après l'avoir passionnément aimé dans sa jeunesse et jusqu'à la mort de son troisième mari.

» La baronne, qui, en sa qualité de noble, ne professe pour les roturiers qu'une considération très-mitigée, a néanmoins pour moi, dont les parents n'étaient qu'honnêtes, des attentions très-délicates. Pas plus tard qu'hier, ayant acquis d'un pieux colporteur deux billets d'entrée pour le ciel, comme tu n'ignores pas qu'il en a été beaucoup répandu dans ces derniers mois, elle a bien voulu m'en céder un au prix qu'elle l'avait payé.

» La baronne est indignée, ainsi que M. Dutilleul, notre pharmacien, qu'un journal ait osé faire appel à la France entière pour perpétuer l'image de celui, qui, en soufflant sur notre malheureuse patrie et sur le monde entier l'esprit empoisonné de la philosophie, a renversé les fondements de la société ancienne, dans laquelle, personne ne l'ignore, les peuples avaient passé à l'abri des guerres, et dans le bien être physique et moral, de longs siècles d'un bonheur sans mélange.

» Nous n'avons, la baronne, M. Dutilleul et moi, rien lu, Dieu merci, des œuvres de ce génie malfaisant, et nous ne voulons rien en lire afin de ne pas altérer l'opinion que nous nous en sommes toujours formée.

» En effet, on peut revenir sur le compte d'un auteur qu'on connaît; mais les convictions acquises sur un auteur dont on n'a jamais lu une seule ligne sont inébranlables.

» C'est là sans aucun doute le motif si sage qui a déterminé les directeurs de nos consciences à considérer comme un péché capital la lecture de ce serpent de lettres.

» Sa vie, dit-on, ne fut qu'une longue suite de perversités. C'est ainsi qu'il attaqua le seul tribunal qui ait jamais été qualifié de saint, l'inquisition ; qu'il mit en doute les plus beaux miracles de notre religion ; qu'il feuilleta dans l'histoire avec acharnement pour y chercher la vérité ; — comme si l'on avait besoin de cela pour vivre heureux.

» Ce n'est pas tout, il fut un des premiers à parler aux peuples de leurs droits, de leur dignité et de leur puissance, ce qui porta le plus grand tort à tous ceux qui, exploitant les peuples, avaient intérêt à les laisser dans l'ignorance de ces choses.

» Un pareil homme était capable de tous les crimes, et la mort de Calas ne doit pas seulement lui être attribuée ; il faut ajouter une autre victime, Sirven, sans compter deux pieux écrivains qu'il fit périr de chagrin, Patouillet et Nonnotte.

» Attaqué par ce dernier, jésuite d'une grande douceur, il eut la malice insigne de ne point laisser cette attaque sans réponse.

» Plus religieux, Voltaire eût pardonné à Nonnotte; mais il n'y avait rien de vraiment chrétien à espérer de cet athée.

» Il répondit donc, et, usant de tout son esprit contre Nonnotte, qui n'en avait point, il le combla de confusion.

» La mélancolie gagna le jésuite, et il mourut le pauvre homme, du désespoir de n'avoir pu se venger.

» Et c'est à un pareil monstre que le *Siècle* voudrait voir élever une statue dans Paris !

» La baronne n'est pas seulement indignée, elle est désolée, et moi aussi. Elle croit, et moi aussi je le crois, que, si le projet du *Siècle* réussit, c'en serait fait de la France et probablement de toute l'Europe.

» Un bon conseil, mon cher et coupable neveu: que le *Siècle* ferme immédiatement cette souscription de malheur, qu'il déclare hautement ses torts en vers les dévots dont cette souscription a pu offenser les croyances. Les dévots contre lesquels Voltaire s'est élevé n'ont jamais eu de rancune, et ils lui pardonneront. De mon côté, je crois pouvoir t'assurer des dispositions bienveillantes de la baronne, au cas où le *Siècle* promettrait avant toute autre chose de renoncer à la publication des œuvre complètes du grand criminel.

» Les œuvres complètes de Voltaire ! Mais tu ne sais donc pas, mon cher et coupable neveu, que ces œuvres ont été mises à l'index avec celles de presque tous les écrivains qui ont fait la gloire du dix-huitième siècle, Helvétius, Diderot, Raynal, Condorcet, Volnay, Dupuis, Montesquieu, d'Alembert, J.-J. Rousseau, et tant d'autres. Comment, de sages et honnêtes gouvernements comme l'étaient ceux de la Régence et de Louis XV ont-ils pu laisser imprimer un si grand nombre de livres immortels et si regrettables ?

» Voila ce que, la baronne et moi, nous n'avons jamais pu comprendre, malgré les explications de M. Dutilleul qui, du reste, n'y comprend rien lui-même.

» Tu as lu Voltaire, toi, mon cher et coupable neveu, car je t'ai toujours connu la manie de ne vouloir juger les hommes que sur leurs actes et les auteurs que sur leurs livres.

» Pauvre garçon, quelle peine inutile tu te donnes là !

» Combien notre pharmacien est plus sage que toi !

» Il dit avec raison que la vie ne serait pas assez longue si l'on voulait s'assurer que tous les hommes qu'on nous fait un devoir d'honorer sont honorables, et si tout ce qu'on nous donne pour des vérités est vrai. Il juge, lui, avec tous les hommes qui veulent leur repos, leurs intérêts et l'estime générale, qu'il faut se borner à croire ce qu'on nous commande de croire, sans se donner la peine

de rien vérifier, quitte à croire des choses contradictoires, à ne plus croire ce qu'on croyait et à croire ce
qu'on ne croyait pas.

» Quel homme que ce M. Dutilleul ! A force de s'être,
depuis l'enfance, habitué à croire tout ce qu'on a voulu,
il en est arrivé à croire sans même penser à ce qu'il croit
et tout machinalement.

» C'est le comble de la perfection en ce genre.

» Une seule chose m'éffraye quand je considère cette
belle faculté qu'il tient de la nature, c'est de penser qu'il
aurait cru avec la même facilité aux dieux du paganisme,
s'il était né à Rome il y a seulement dix-huit cents ans.

» Mais telles sont les faveurs dont la Providence a
comblé M. Dutilleul et tous ses pareils qu'il ne se doute
même pas des dangers auxquels il a échappé.

» Je crois t'avoir dit que M. Dutilleul n'avait, comme
moi, jamais rien lu de Voltaire : il a seulement vu le portrait sculpté de ce pécheur endurci dans le foyer du
Théâtre-Français à Paris, sa véritable place, puisque le
théâtre est un lieu de perdition et que tous les acteurs
sont damnés.

» La simple vue de cette image a suffi pour révéler à
M. Dutilleul tout ce qu'il y avait d'iniquités dans l'âme de
ce représentant du diable.

» — Voltaire, nous a-t-il dit à la baronne et à moi,
Voltaire se lit tout entier sur son visage. Figurez vous
un homme maigre, vieux et ridé, et qui paraît avoir
toujours été maigre, vieux et ridé. Son œil, miroir d'une

âme pétrie de toutes les abominations, est à la fois brillant, faux, immoral, méprisant, astucieux, sanguinaire, et tel que nous le dépeignent certains évêques dans quelques-unes de leurs lettres pastorales. Ses lèvres pincées semblent retenir dans ses entrailles de Satan des flots de bile et de fiel toujours prêts à déborder. Sur son front découvert, on croit voir comme sur le marbre d'un tombeau, écrit en lettres de feu, le nom de sa plus célèbre victime, l'infortuné Calas. Assis sur un fauteuil à la Voltaire, il tient ses mains appuyées sur ses genoux et semble ainsi défier le ciel.

» — Il le défiait, croyez-le, M. Dutilleul, fit la baronne, car il s'était mis en guerre avec ses ministres. ici-bas, sous le futile prétexte d'abus et de fanatisme ; comme si personne était parfait en ce monde, et comme si les ministres de tous les cultes n'avaient pas tous été plus ou moins fanatiques et coupables d'abus. Aussi, je m'en souviens, quoique je fusse tout enfant, ce fut un grand scandale quand, au retour des Bourbons en France, on vit d'audacieux libraires annoncer des éditions nouvelles de Rousseau et de Voltaire. Il se produisit sous le gouvernement des rois par la grâce de Dieu une sorte de fièvre voltairienne semblable à celle qui se manifeste aujourd'hui. On publia les œuvres de Voltaire dans tous les formats, et chacun venta ce beau génie, comme si les démons n'étaient pas aussi des génies. La peste morale se répandit dans tous les royaumes, et rien ne put en arrêter les ravages, pas même la lettre pastorale de

M; l'évêque de Troyes, pair de France, sur les nouvelles œuvres complètes de l'abominable philosophe. J'ai cette lettre pastorale, qui passe à juste titre pour un chef-d'œuvre d'éloquence et de sagesse, et je puis vous en lire quelques passages.

» Nous acceptâmes avec empressement cette offre gracieuse, le pharmacien et moi ; car s'il est dangereux de lire Voltaire et d'avoir à le juger en connaissance de cause, on est toujours louable de fortifier l'opinion qu'on a de cet auteur sans le connaître, en lisant tout ce qui a été écrit contre lui.

» Ce que nous lut la baronne me parut si concluant contre les ouvrages de ce génie français par excellence, que j'ai voulu, mon cher et coupable neveu, en copier divers passages et te les envoyer. Puissent-ils modifier ta manière de voir sur ce diable en personne qui mettait son pays avant la cour de Rome, écrivait des tragédies contre l'intolérance qu'il dédiait au Saint-Père, sachant bien que tous les papes sont intolérants, et répandait ses funestes principes sur la liberté politique que l église a si vivement combattue, sur l'égalité des hommes, qui placerait un cardinal au niveau d'un simple citoyen, le pape au niveau des rois dont il est si supérieur, et la baronne de Lange au même degré que la femme d'un bourgeois. Oui puissent les extraits de cette excellente lettre pastorale modifier ta manière de voir et amener le *Siècle* à récipiscence.

» C'est d'abord une charmante critique de cet éminent

prélat sur la science, la littérature, l'industrie et tous les genres de progrès.

« Pour avoir perfectionné, dit-il, quelques instruments
» d'optique, y voyons-nous plus clair dans la science de
» nos devoirs (1)? En mettant plus d'art et de symétrie
» dans nos parcs et dans nos jardins, y a-t-il plus d'or-
» dre et de bonheur dans nos familles (2)? Et pour répa-
» rer avec plus de soin nos grandes routes en sommes-
» nous plus dans le droit chemin (3)? Tous nos systèmes
» et nos calculs nous ont-ils sauvés d'un seul écart,
» d'une seule folie, d'un seul désastre (4)? Ont-ils donc
» détruit une seule maison de jeu, un seul lieu de pro-
» stitution et de scandale (5)? Depuis que nous nous mê-
» lons du gouvernement des insectes, avons-nous mieux
» apprécié l'art de nous gouverner nous mêmes (6)?

(1) Ma chère tante, nous y voyons plus clair dans les profondeurs du ciel, et c'est tout ce qu'on exige des télescopes.

(2) Non, ma tante, mais il n'y en a pas moins, et les jardiniers n'ont jamais passé pour les ennemis de la société.

(3) Ceci est un jeu de mots, ma tante, et je n'aurais jamais cru que l'entretien des routes fût en désaccord avec la morale.

(4) Mais, ma tante, si on n'avait aucun système, si on ne faisait aucun calcul, on serait idiot !

(5) Il n'y a plus de maisons de jeu en France, ma tante, et, pour les détruire toutes, il n'a fallu ni systèmes ni calculs; une ordonnance du préfet de police a suffi.

(6) Ma tante on peut être un naturaliste sans avoir la pré-

» Pour avoir embelli nos édifices publics, les pauvres en
» sont-ils mieux logés et mieux nourris dans leur triste
» demeure (1)? Pour avoir fait quelques reformes dans
» nos prisons , les détenus en sont-ils moins vi-
» cieux et leur nombre en est-il moins grand (2)? Et
» parce que nous avons multiplié nos muséums et nos
» lycées, la jeunesse en est-elle moins licencieuse, moins
» impatiente de tout frein et moins prête à s'affranchir
» tout à la fois de l'autorité des pères et de l'autorité de
» Dieu (3)? Et n'est-il donc pas évident que, en devenant

tention d'être un homme politique ; ce sont deux sciences tout
à fait distinctes.

(1) Monseigneur de Troyes a raison, ma tante. Aussi est-il
déplorable que, durant plus de mille ans, on ait employé les
ressources des peuples à bâtir de somptueuses églises, quand
le peuple croupissait dans des masures sans air et sans lumière.
Depuis que la philosophie, au nom de l'humanité, a pris la défense des hommes, le peuple est mieux logé partout, mieux
vêtu, mieux nourri, et les horribles maladies du moyen âge ont
disparu.

(2) Traiter les prisonniers avec humanité est un devoir que
se sont toujours imposé les sociétés vraiment civilisées, ma
tante. Il est incontestable que le nombre des prisonniers a
beaucoup diminué depuis l'inquisition, qui croyait utile de torturer les corps pour préparer le salut des âmes, et avait établi
ses cachots en conséquence.

(3) C'est prêcher l'ignorance universelle dans un temps où
tout le monde aspire à être instruit, où les familles des plus

» plus raisonneurs , nous ne faisons que prouver davan-
» tage cette parole de l'Esprit Saint : *que le nombre de
» fous n'a donc plus de bornes* (1) . . . Ah ! parlons plutôt
» du progrès d'une dépravation sans exemple qui décon-
» certe les tribunaux et épouvante les magistrats ; par-
» lons du progrès des suicides, des empoisonnements,
» des parricides et autres forfaits inouïs dans l'histoire
» des crimes , dont nos papiers publics sont souillés à
» chaque page, et avec lesquels nous sommes tellement
» familiarisés qu'ils ne font pas plus d'impression sur les
» lecteurs que ces nouvelles éphémères qui, nous amu-
» sant aujourd'hui, sont oubliées le lendemain (2). Ah !
» périssent les lumières, s'il faut les acheter à un tel prix
» et les acquérir aux dépens de tout ce que nous avons

pauvres s'imposent des sacrifices pour envoyer leurs enfants
dans les écoles. Vous-même, ma tante, si vous aviez un fils, ne
l'enverriez-vous pas au collége ?

(1) Ma tante, c'est parce que l'homme raisonne qu'il est au-
dessus de tous les animaux, lesquels raisonnent peu et n'agissent que par instinct le plus souvent. Si on est fou par cela
seul qu'on raisonne, il n'y aurait donc de gens sensés que les
imbéciles qui ne raisonnent pas. Encore faut-il que je raisonne
pour vous dire cela.

(2) C'est étonnant, ma tante, comme ces accusations faites
contre la France, sous le règne des fils de saint Louis, semblent s'appliquer au temps présent. Il paraît que la dépravation
sans exemple a toujours été le partage de notre malheureuse
patrie. Cela me rassure un peu pour l'avenir.

» été et tout ce que nous devons être ! Non, c'est point la
» science ni les progrès de l'industrie qui peuvent assu-
» rer le sort d'un peuple , mais sa morale et ses vertus.
» Méfiez-vous donc de plus en plus , N. T. C. F. , de ce
» grand mot, rebattu jusqu'au ridicule et répété jusqu'au
» dégoût, de progrès des lumières. »

» Que dis-tu de cette première citation, mon cher neveu? Voilà comme on raisonne quand on parle contre
la raison , qu'on ne saurait trop condamner puisqu'elle
est la mère de tous les vices. Mais ceci n'est qu'un pré-
lude pour attaquer avec plus de force le vif de la question, c'est-à-dire les œuvres complètes de Voltaire.

« Ecoute mon cher et coupable neveu :

« Vous vous rappelerez surtout que, après avoir tenté
» de corrompre nos écoles, cette impiété barbare tente
» encore de pervertir jusqu'à nos hameaux , et qu'en ce
» moment même elle annonce sans crainte comme sans
» pudeur une édition intitulée , *Voltaire des chaumières.*
» Scandale inouï, qui met le comble à tous les autres, et
» contre lequel vous ne sauriez vous élever avec trop de
» force ni garantir avec trop de soins les troupeaux con-
» fiés à votre sollicitude. *Voltaire des chaumières !* grand
» Dieu ! où allons-nous, et quel nom donner à ce siècle ?
» Que peut-il donc y avoir de commun entre tant de con-
» tes frivoles ou de romans impies et ces tristes réduits
» du travail et de l'indigence. (1) Quelles vertus, quelles

(1) Ils étaient véritablement tristes et indigents, nos hameaux,
ma chère tante, quand les paysans, réputés taillables et cor-

» consolations, et quels motifs de résignation et de pa-
» tience pourront-ils inspirer à tous ces malheureux qui
» arrosent les sillons de leurs sueurs et de leurs larmes, (1)
» et avec quelle nouvelle ardeur ne devez-vous pas signa-
» ler ce nouveau loup qui cherche à s'introduire dans vos
» bergeries pour les ravager et porter la désolation et la
» mort *dans les chaumières.* »

» Eh bien, mon cher et coupable neveu, qu'en dis-tu ?
Est-il assez joliment houspillé par ce doux prélat ton
Voltaire éternel qui ne sait qu'avoir de l'esprit et du bon
sens et prêcher toutes les libertés. Voila du propre. Tu
verras qu'un jour prochain, notre Saint Père, Pie IX,
cet inflexible doctrinaire qui ne sait pas déguiser sa foi

véables à merci, travaillaient gratuitement pour leurs seigneurs
et payaient la dîme de leurs biens au clergé. Au sein même du
parlement, en plein dix-huitième siècle, on définit encore le
tiers-état la gent corvéable et taillable à merci et miséricorde.
Qu'est-ce qui a préparé la délivrance de nos paysans en les
rendant à eux-mêmes et les égaux de tous devant la loi ? la
philosophie, ma chère tante, d'où est née l'œuvre de 1789 ; la
philosophie, dont Voltaire reste par son génie l'expression la
plus ingénieuse, la plus spirituelle et la plus saisissante.

(1) Il ne faut se résigner qu'aux maux sans remède et il faut
lutter avec énergie pour améliorer tout ce qui est susceptible
d'amélioration. La preuve que la position du paysan pouvait
être améliorée, c'est qu'elle l'a été et qu'elle l'est encore chaque
jour.

et qui revendique, avec tant d'à-propos, de tout régenter dans la société et de tout dominer parce qu'il se sent infaillible, lui aussi il maudira les progrès de la science avec les libertés humaines qui en sont le criminel corrolaire. (3)

» Mais je poursuis.

» La baronne achevait de nous lire ces pieux et édifiants extraits, quand le colonel qui cherche à recueillir des souscriptions pour l'érection de la statue à l'infernal Voltaire, entre et nous dit familièrement :

(3) Ma tante avait dit vrai. Au moment où je livre à l'impression la lettre de cette vénerée parente, je lis le texte de l'allocution du saint Père touchant les lois récemment promulguées en Autriche. Ce document prouve une fois de plus l'incompatibilité profonde qui existe entre la foi catholique et les principes libéraux. Voici les passages essentiels de cette allocution prononcée en consistoire le 22 juin 1868, et publiée le lendemain par le *Journal de Rome*. Ces extraits vont combler de joie, ma bonne tante, sa noble amie, la baronne de Lange, et le roturier Dutilleul. Lisez donc, gens de Betisi-le-Grand :

« Le 21 décembre dernier, le gouvernement autrichien a porté comme base constitutionnelle une loi *odieuse*, pour qu'elle soit mise en vigueur et absolument observée dans toutes les régions de l'empire, même celles où règne exclusivement la religion catholique. Cette loi établit une *liberté entière* de toutes les opinions, *de la presse*, de toute foi, de *toute conscience* et de toute doctrine ; *elle accorde aux citoyens de tous les cultes la faculté d'élever des institutions d'éducation et d'enseigne-*

» — Eh bien ! souscrit-on à la statue du grand homme, par ici ?

» Alors le pharmacien eut un spirituel à-propos qui lui valut un sourire de la baronne.

» — Voltaire est un génie immortel, dit il ; mais le voltairianisme est mort.

» — Vous avez lu cette phrase dans le *Constitutionnel* d'il y a trois jours, monsieur Dutilleul, dit le colonel en se moquant.

ment; toutes les sociétés religieuses d'espèce quelconque y sont admises sur le même pied et sont reconnues par l'Etat.

. . . .

« De plus, le même gouvernement, le même vingt-cinquième jour de mai de la présente année, n'a pas craint de promulguer aussi sur le mariage une loi qui abolit entièrement les lois publiées suivant les règles de notre susdite convention. Cette loi remet en vigueur les anciennes lois autrichiennes contraires aux lois de l'Eglise ; elle admet et confirme même le mariage *absolument condamnable qu'on appelle civil,* lorsque l'autorité d'un culte quelconque refuse la célébration du mariage pour une cause qui n'est pas reconnue valide et légale par l'autorité civile.

» Il a promulgué aussi une loi sur l'enseignement qui *supprime toute influence de l'Eglise dans les études,* qui déclare que toute la direction supérieure de l'enseignement des lettres et des sciences, ainsi que l'inspection et la surveillance des écoles, appartiennent à l'Etat, qui statue enfin que l'enseigne-

» Le pharmacien, parut embarrassé. Bientôt il se remit.

» — C'est vrai, répondit-il, mais cette pensée est si grande, si profonde, — Voltaire immortel, et son œuvre enterrée, — que j'ai cru devoir l'utiliser dans un intérêt de conciliation, pour ne froisser aucune opinion.

» — Souscrivez-vous, pharmacien conciliateur?

» — Non, il faut de la prudence à Bêtisi-le-Grand. D'ailleurs Voltaire était un athée.

» — Et s'il ne l'avait jamais été?

ment religieux doit être dirigé dans les écoles publiques par chaque culte, que chaque société religieuse pourra ouvrir des écoles particulières et sociales pour la jeunesse de sa confession; que ces écoles seront également soumises à l'inspection suprême de l'Etat, et que les livres d'enseignement seront soumis à l'approbation de l'autorité civile, à l'exception toutefois des livres qui serviront à l'enseignement religieux, livres qui devront être approuvés par les autorités compétentes de chaque culte.

» Vous voyez par conséquent, vénérables frères, avec quelle force il faut *réprouver* et *condamner* ces *abominables lois* sanctionnées par le gouvernement autrichien, lois qui sont en contradiction flagrante avec la doctrine de l'Eglise catholique; avec ses droits vénérables, son autorité et sa constitution divine; avec notre puissance et celle du siége apostolique, ainsi qu'avec notre concordat déjà cité et avec le droit naturel lui même. »

Ma tante Perpétue triomphe sur toute la ligne. Le pape dé-

» — Ce serait très-fâcheux, riposta la baronne. Mais, Dieu merci ! il ne croyait point à Dieu.

» — Mais enfin, ajouta le colonel avec véhémence, si je vous prouve, moi, qu'il aimait Dieu avec un saint enthousiasme, que ces sarcasmes n'ont jamais été dirigés que contre le fanatissme, qui n'est pas la religion ; contre les abus du clergé, qui ne sont point le clergé ; et qu'il a eu pour les vertus chrétiennes et même pour le culte des paroles de respect ?

» — Ce n'est pas possible, dit la baronne.

» — Voyons, reprit le colonel, si je vous prouve tout ce que j'avance, non par des raisonnements, mais par les livres mêmes de l'auteur, souscrirez-vous enfin ?

» — Jamais ! fit résolûment le pharmacien ; j'ai des considérations à garder et ce serait la ruine de ma pharmacie.

» — Jamais ! répéta la baronne, et, s'il le faut, nous sommes prêts, M. Dutilleul et moi, à souffrir le martyre en l'honeur de nos convictions.

clare *odieuses*, *abominables*, *réprouvables*, *condamnables*, les libertés de la presse, de la conscience, de l'enseignement du mariage civil, en un mot toutes les libertés. On ne saurait mieux dire. C'est la théocratie, déclarant une fois de plus son incompatibilité radicale avec lès principes et les conditions de la vie moderne. Vive ma tante Perpétue, vive la baronne de Lange, vive le pharmacien Dutilleul, vive Bétisi-le-Grand et vive l'inquisition !

» — Soit, dit le colonel avec calme, je n'insiste pas...
Parlons d'autre chose. Aimez-vous les pralines, madame
la baronne?

» — Beaucoup, répondit cette courageuse et noble
dame, et je n'oublierai jamais celles que m'apportait de
temps à autre mon premier mari. Ce sont les meilleures
que j'aie jamais mangées.

» Le soir de ce jour, la baronne recevait un joli sac
de pralines dont elle m'invita à prendre une part. Elles
étaient, selon l'usage, enveloppées de papier rose sur
lequel, au lieu de sots quatrains, le colonel avait écrit
les pensées les plus édifiantes. J'en transcris quelques-
unes, toujours dans l'espoir, mon cher et coupable neveu, de changer les déplorables dispositions de ton esprit
voltairien.

*
* *

» On a falsifié de certains livres, on en a supposé d'autres; cela vous fait de la peine, consolez-vous, on ne
peut falsifier le grand livre de la nature, dans lequel il
est écrit : ADORE UN DIEU, ET SOIS JUSTE. »

*
* *

» Ce qui m'attache le plus à ma religion, c'est qu'elle
me rend meilleur et plus humain. S'il fallait qu'elle me
rendît farouche, dur et impitoyable, je l'abandonnerais
et je dirais à Dieu, dans la fatale alternative d'être in-
crédule ou méchant : Je fais le choix qui t'offense le
moins. »

**

» Je ne vous dit pas de croire à des choses extravagantes, je ne vous dis pas : Allez à la Mecque baiser la pierre noire pour vous instruire ; tenez une queue de vache à la main ; affublez-vous d'un scapulaire ; soyez imbécile et fanatique. Je vous dis : Continuez à cultiver la vertu, à être bienfaisant, à regarder toute superstition avec horreur, avec pitié ; mais adorez avec moi le dessein qui se manifeste dans toute la nature, et par conséquent l'auteur de ce dessein, la cause primordiale et finale de tout ; espérez avec moi que notre âme, qui raisonne sur le grand être éternel, pourra être heureuse par ce grand être même. Il n'y a point là de contradiction. Vous ne m'en démontrerez pas l'impossibilité, de même que je ne puis vous démontrer mathématiquement que la chose est ainsi. Nous ne raisonnons guère en métaphysique que sur des probabilités : nous nageons tous dans une mer dont nous n'avons jamais vu le rivage. Malheur à ceux qui se battent en nageant. Abordera qui pourra, mais celui qui me crie : Vous nagez en vain, il n'y a point de port, me décourage et m'ôte toutes mes forces. »

» La religion, dites-vous, a produit des milliasses de forfaits ; dites la superstition qui règne sur notre triste globe ; elle est la plus cruelle ennemie de l'adoration pure qu'on doit à l'Être suprême.

» Détestons ce monstre qui a toujours déchiré le sein de sa mère ; ceux qui le combattent sont les bienfaiteurs du genre humain ; c'est un serpent qui entoure la religion de ses replis ; il faut lui écraser la tête sans blesser celle qu'il infecte et qu'il dévore. »

» Vous affirmez qu'il n'y a qu'un pas de l'adoration à la superstition. Il y a l'infini pour les esprits bien faits, et ils sont aujourd'hui en grand nombre ; ils sont à la tête des nations, ils influent sur les mœurs publiques ; et, d'année en année , le fanatisme qni couvrait la terre se voit enlever ses détestables usurpations. »

» Le grand mal de s'assembler aux temps des moissons pour remercier Dieu du pain qu'il nous a donné ! Qui vous dit de faire des présents à Dieu ? L'idée en est ridicule : mais où est le mal de charger un citoyen, qu'on appellera *vieillard* ou *prêtre*, de rendre des actions de grâce à la divinité au nom des autres citoyens, pourvu que ce prêtre ne soit pas un Grégoire VII, qui marche sur la tête des rois, ou un Alexandre VI, souillant par un inceste le sein de sa fille qu'il a engendrée par un stupre, et assassinant, empoisonnant, à l'aide de son bâtard, presque tous les princes ses voisins ; pourvu qne, dans une paroisse, ce prêtre ne soit pas un fripon volant dans la poche des pénitents qu'il confesse , et employant cet argent à séduire les petits filles qu'il catéchise ; pourvu que ce prêtre ne soit pas un *Le Tellier* qui met tout un royaume en combustion par des fourberies dignes du pilori ; un *Warburton* qui viole les lois de la société en manifestant les papiers secrets d'un membre du parlement pour le perdre, et qui calomnie quiconque n'est pas de son avis ? *Ces derniers cas sont rares. L'état du sacerdoce est un frein qui force à la bienséance.* »

» Un sot prêtre excite le mépris ; un mauvais prêtre inspire l'horreur, un bon prêtre, doux, pieux, sans superstition, charitable, tolérant, *est un homme qu'on doit chérir et respecter.* »

» Je pourrais continuer les citations, mais je m'arrête pour ne pas éterniser ma lettre.

» Tu le vois, le colonel, si voltairien jusqu'à présent, c'est-à-dire si athée, si peu respectueux envers les prêtres quel qu'ils soient, si ennemi de tout sacerdoce, en un mot si exécrable, est revenu miraculeusement à de bons sentiments.

» Par cette invention ingénieuse et si délicate d'un envoi de pralines enveloppées de pensées si honnêtes, si sages, si chrétiennes, et qui n'ont pu être empruntées qu'à quelque moraliste tout imbu de la grandeur et des bontés du Créateur, il a réparé ses torts et les fera peut-être oublier à Bêtisi-le-Grand.

» Que la conduite du colonel te serve d'exemple, mon cher et coupable neveu, et tu auras reconquis par ton repentir, sinon l'héritage de mon bien dont j'ai disposé en faveur d'œuvres pies, du moins l'estime de celle qui se dit

>> **Ta tante**, PERPÉTUE. »

RÉPONSE A MA TANTE PERPÉTUE.

Ah ! ma chère tante, vous avec bien raison à Bêtisi-le-Grand de refuser de lire Voltaire pour ne pas vous exposer à l'estimer et à l'aimer !

Le colonel vous a fait croquer...

Je tremble de vous faire cette révélation...

Des pralines à la Voltaire.

N'importe, ma tante, vous aimez ces citations parce que vous leur aviez attribué une source qui vous était sympathique ; vous les détesterez maintenant que vous savez qu'elles appartiennent à Voltaire ; il n'y aura rien de changé à Bêtisi-le-Grand, il n'y aura que quelques pralines de moins et une bonne leçon de plus sans profit pour personne, comme tant d'autres bonnes leçons.

Je suis, ma tante, votre cher et de plus en plus coupable neveu.

XII.

UNE MUSE REMARIÉE

A M. ÉMILE DESCHAMPS

En son hermitage du Boulevard de la Reine à Versailles.

C'est de Cauterets, mon cher poëte, de Cauterets où Clément Marot qui faisait sa cour à la reine de Navarre composa quelques-uns de ses plus jolis vers, en l'honneur de cette aimable et croustillante princesse, « dont le royal époux languissait aux eaux, » que je vous écris aujourd'hui pour vous annoncer une étrange histoire :

L'histoire d'une muse remariée.

Je n'ai point vu la muse, mais j'ai vu le mari et c'est tout comme, le mari et la femme ne faisant qu'un, généralement, au dire des personnes bien informées.

Cette muse, d'origine italienne, est cousine germaine de dame Poésie.

Son père se nommait Sans-Souci et sa mère Imagination.

On appella la belle enfant, née de cette union, Improvisation, qui rime avec Imagination.

Improvisation est bien la meilleure fille que je con-
naisse. Quel charmant caractère ! De tout elle s'accom-
mode, accepte avec empressement tout ce qu'on lui offre, répond sans hésiter à tous les désirs exprimés , et
pour amuser les gens , prend tour à tour avec la plus
vaillante désinvolture et un bonheur vraiment insolent
tous les masques de l'art , tous les accents, tous les génies. Je l'ai vue, pas plus tard qu'hier , à Cauterets, en
moins d'une heure fulminer comme Hermione, soupirer
comme Millevoye, railler comme de Musset, étinceler
comme vous-même, moraliser comme La Fontaine, con_
ter comme Voltaire, rêver comme Lamartine, doctriner
comme Despréaux, fondroyer comme Victor Hugo, mou-
tonner comme madame Deshouillères , et pincer de l'a-
crostiche galantin comme le faisaient les petits abbés de
la Régence dans le boudoir parfumé des marqüises et
des duchesses.

Improvisation, qui, vous le voyez, est une muse à tout
faire, serait une fille accomplie si elle n'avait hérité de
son père, le sieur Sans-Souci , quelques défauts de caractère dont elle aura , je crois, beaucoup de peine à se
corriger.

Vous en ferai-je l'aveu ? Improvisation n'a pas d'ordre,
pas d'économie et avec beaucoup de savoir, pas le moindre savoir-faire. Femme du monde par sa naissance et
son éducation, elle vit au jour le jour, — que dis-je, à

l'heure l'heure, — comme vivent les oiseaux dans les champs. Chantant comme eux, elle est insouciante comme eux de tous les besoins de la vie.

Elle se dit que le Créateur ne peut avoir pour elle moins de bonté que pour les petits des oiseaux auxquels il donne la pâture; et sur cette pensée consolante, elle s'endort voluptueusement sur les doux oreillers de l'espérance, qui sont souvent les seuls oreillers dont sa couche soit garnie.

Elle n'a pas remarqué, cette muse naïve, que ces deux vers de Racine, si souvent cités dans les cours de littérature et sur lesquels on s'attendrit volontiers, sont tout simplement absurdes :

> Aux petits des oiseaux il donne la pâture,
> Et sa bonté s'étend sur toute la nature.

Mais de quoi donc se nourrissent les petits des oiseaux, si ce n'est de moucherons qui tiennent à la vie autant que les oiseaux, et n'en sont pas moins des êtres sensibles, parce qu'ils sont plus petits qu'eux ? Or, il est bien évident que la bonté du Créateur ne s'étend pas sur toute la nature quand les moucherons sont victimes de la voracité des petits des oiseaux. Mais la cousine de dame Poésie, pas plus que cette dernière elle-même, n'y regarde pas de si près. Et, en effet, le moindre des défauts en poésie est de débiter des choses absurdes, si, toutefois, on les débite avec grâce. Disons qu'il n'appartient pas à l'homme de pénétrer les décrets de la Providence, et que l'on risque fort de déraisonner quand on veut raisonner sur les lois mystérieuses du Créateur, que ce soiten vers ou en prose.

En somme, Improvisation est née reine et n'est point du tout femme de ménage. L'univers lui appartient, mais du je ne suis pas bien sûr qu'elle ait toujours eu les 35 francs que lui coûte par mois la chambre si peu meublée où elle abrite ses rêves d'or. De plus elle a l'humeur vagabonde.

Après tout, soyons juste ; on a toujours les défauts de ses qualités, et une pareille muse ne saurait être douée des solides vertus qui distinguent, par exemple, les receveurs de l'enregistrement.

Malgré ses défauts, ou peut-être à cause de ses défauts, la séduisante Fille de l'Imagination a été l'objet d'un amour passionné de la part d'un gentilhomme français, lequel, après s'être ruiné, n'a pas hésité à la prendre pour femme.

Il est de toute évidence que cette muse ne fût jamais devenue comtesse Eugène de Pradel, si le gentilhomme, né pour l'improvisation, n'avait improvisé sa ruine en dilapidant, en quelques mois, une fortune de cinq cent mille francs. Ce fait nous est attesté par tous les biographes de ce noble troubadour.

En épousant Improvisation après fortune défaite, Eugène de Pradel obéissait à la loi commune qui fait que neuf fois sur dix, quand on ne se marie pas pour augmenter son avoir, on se marie pour alléger sa misère. Dans ces sortes de contrat, le principal est devenu l'accessoire, et le cœur et les grâces de la femme se donnent par-dessus le marché.

Eugène de Pradel épousa la cousine-germaine de la Poésie comme on épouse toutes les muses, sans publication de bans et sans le secours d'aucun fonctionnaire municipal. Leur union fut heureuse. Pendant plus de trente ans, la facile rimeuse et le gentilhomme ruiné vécurent fidèles, l'un à l'autre et l'un par l'autre. Les enfants de leur imagination furent aussi nombreux que les étoiles filantes du beau ciel des tropiques.

Une autre muse, celle du repos éternel, la Mort, put seule briser les liens de cet hymen si bien assorti. Eugène de Pradel mourut et sa poétique compagne le pleura. Improvisation semblait inconsolable et porta consciencieusement le deuil.

Bientôt pourtant elle se consola comme toutes les veuves inconsolables, et fit la coquette auprès d'un jeune homme aux yeux duquel elle apparut par un beau soir d'automne dans une lumineuse atmosphère d'alexandrins, de petits vers, de bouts rimés, de triolets, d'acrostiches, de fabliaux, de sentences, d'églogues et de sixtolets. Le jeune homme fut ébloui.

Un notaire, un conservateur des hypothèques ou même un simple banquier se serait voilé la face à cette apparition et eût sagement pris la fuite en criant au secours. Notre jeune homme ne comprit pas le danger qui le menaçait et se laissa séduire par la muse dont l'atmosphère poétique changeait d'aspect à chaque minute ; de manière qu'en un moment elle fut entourée de millions de vers inédits.

— Jeune homme, lui dit Improvisation, tu le vois, je baigne dans la poésie. Elle émane de moi comme le parfum émane de la fleur. Je suis veuve et j'ai cru sincèrement qu'aucun mortel en France ne ferait plus battre mon cœur. Mais je t'ai vu et tu m'as plu. Si tu le veux, pour toi, j'oublierai Eugène de Pradel et je m'efforcerai de le faire oublier aux autres. Ce sera de l'ingratitude, je le sais, mais peut-on aimer avec passion comme je t'aime sans se montrer ingrate envers quelqu'un ? Ma dot est mon seul amour, et mon domaine bâti sur les brouillards de la Seine est plus fugitif que la poésie la plus fugitive, car il porte mon nom et s'appelle Improvisation. Dis, jeune homme, me veux-tu ?

Pour toute réponse, le jeune homme tomba aux pieds de la déesse en lui jurant un éternel amour.

— Tu m'appartiens, dit avec l'accent de la passion la plus vive l'ardente Improvisation ; mais je donne à qui me donne, et c'est en toi désormais que je veux vivre. Tu parleras par mes lèvres, tu sentiras par mon cœur, tu penseras par mon esprit. J'aime les voyages, partons et rimons.

Et tout aussitôt le nouvel époux partit sans trop savoir où il allait, chantant le long de la route partout où il se trouvait des gens pour l'écouter.

Mais ne nous laissons pas plus longtemps égarer dans le monde azuré de la fiction, et descendons prudemment sur la terre de peur d'y tomber lourdement malgré nous.

Le jeune époux de la muse remariée, c'est M. Basse de Larzés qui n'a pas encore dix-neuf ans, et dont la faculté d'improvisation poétique est véritablement phénoménale.

Ceux qui ont entendu Eugène de Pradel et qui ont pu comparer ces deux merveilles de la rime et de l'acrostiche, n'osent se prononcer ni pour l'un ni pour l'autre, et les admirent grandement tous les deux.

Il n'est aucune difficulté dont M. Besse de Larzes ne se rende maître avec une promptitude inconcevable et presque toujours heureusement.

Quoiqu'on ait dit avec raison que les improvisateurs sont aux penseurs profonds ce que les escamoteurs sont aux physiciens, il n'en est pas moins vrai que certains escamotages poétiques de M. Besse de Larzes mériteraient d'avoir été recueillis et de survivre aux circonstances qui les ont fait naître.

La poésie vous le savez, cher poète, est un don de nature. A sept ans, le jeune Besse de Larzés traduisait le *De viris* en vers français. Ses études terminées, il eût pu, comme tant d'autres, occuper un emploi, se faire marchand de n'importe quoi ou ne rien faire du tout, ce qui est plus facile ; il voulut être poète, et comme si cette profession n'était pas déjà assez difficile et assez aventureuse, il rêva l'héritage d'Eugène de Pradel et devint poète improvisateur.

On n'échappe pas à sa destinée et celle des virtuoses de l'esprit n'est pas toujours la plus enviable. Il n'est peut-être pas quatre intelligences en France capables d'accomplir les tours de force de pensée que M. Besse de Larzes exécute sans efforts, le plus naturellement du monde, comme Vernet peignait, comme Rossini composait. D'un autre côté, je parierais bien volontiers qu'il n'est pas, dans le monde entier un marchand de suif on un fabricant de cure-oreilles qui ne retire de son honnête industrie beaucoup plus d'agréments et cent fois plus d'argent que ce prodige de l'alexandrin, ce Paganini de la rime. Mais on ne se fait pas naître. Si on se faisait naître, personne ne voudrait naître poète-improvisateur, et tout le monde voudrait naître marchand de suif ou fabricant de cure-oreilles ; cela me paraît de toute évidence.

Donc M. Besse de Larzes est forcé de vivre avec sa prodigieuse faculté et d'en vivre le mieux possible.

Comme Eugène de Pradel, il va de ville en ville, de salon en salon, semant des vers sur sa route, et jetant dans l'étonnement et l'admiration tous ceux qui savent combien il est difficile, en français, de rimer ses pensées.

Certes, je n'entends pas dire que M. Besse de Larzes fasse de la poésie toutes les fois qu'il improvise des vers ; mais, à ne considérer dans ce jeu de l'esprit que le mé-

cánisme de la pensée, les rapports des idées entre elles,
l'emploi rationnel des rimes, — toujours baroques, je-
tées par les auditeurs, — on reste confondu de la vive
imagination du poëte et de sa virtuosité. D'autant plus
que, contrairement à la plupart de ceux qui ont essayé
de marcher sur les traces de Pradel, il n'écrit jamais et
compose au courant de la parole. Vous lui parlez en
prose et il vous répond en vers parmi lesquels il s'en
trouve souvent de très-heureux.

Toute existence de poëte est une existence aventureuse et s'il plaisait à M. Besse de Larzes de raconter
ses aventures en vers ou en prose, on y verrait certaines
anecdotes qui ne manqueraient pas de gaieté.

Un de ces jours derniers, un jeune gandin pria
M. Besse de Larzes de lui accorder quelques minutes
d'entrétien. Il s'agissait d'une affaire grave et le gandin
voulait converser seul avec l'improvisateur.

Rendez-vous fut pris, et le beau jeune homme, comme
on dit, quand on ne dit pas le petit crevé, aborda franchement la question.

— Monsieur, j'ai une cousine.

— Je vous en félicite, fit le poëte en s'inclinant légèrement.

— Elle se nomme Mathilde.

— Et vous Arnold?

— Pourquoi Arnold?... Ah! je comprends, *Guillaume
Tell*... Oui ce serait charmant, nous pourrions chanter
le fameux duo: *Oh! Mathilde, idole de mon âme!* Malheu-

reusement, je ne me nomme pas Arnold et je ne chante pas. Je voulais vous dire, monsieur, que ma cousine est charmante, et que j'en suis amoureux.

— Bravo! et sa flamme répond-elle à votre flamme, dût-elle...

— A vous parler franchement, je n'en sais rien.

— Ce doute doit vous être pénible, monsieur.

— Assez, oui. Mais je sais un moyen de la séduire.

— Et vous ne l'avez pas encore employé, monsieur!

— C'est que la chose n'est pas aussi facile qu'on pourrait le croire. Elle adore la poésie, et par-dessus tout l'improvisation.

— Des cousines comme la vôtre, soupira l'improvisateur, il n'y en aura jamais assez. Continuez, je vous prie.

— Mathilde a une tante qui a été l'objet de la plus galante improvisation de la part du fameux Eugène de Pradel. Elle a tant parlé du beau génie de ce moderne ménestrel à ma cousine, que celle-ci ne veut aimer qu'un improvisateur, c'est un parti pris.

— Est-il possible? fit M. Besse de Larzes.

— Oui, monsieur, tout est possible à une femme jeune, jolie et riche comme l'est ma cousine.

— Ah! elle est riche.

— Très-riche, monsieur, ce qui ajoute à ses grâces un charme auquel il est impossible de résister. Donc je vous disais que Mathilde ne veut aimer qu'un improvisateur. Cette résolution bizarre a pris racine dans son cerveau d'oiseau et paraît inébranlable. A-t-on jamais vu rien de plus absurde? Comme s'il était nécessaire de parler en vers pour aimer ma cousine et apprécier ses qualités.

— Y compris sa dot?

— Y compris sa dot. Que faire, monsieur?

— Mais c'est tout simple, des vers.

— Vous trouvez cela tout simple de faire des vers, mais n'en fait pas qui veut.

— Vous croyez?

— J'en suis sûr. Et tenez, je ne sais plus où j'ai lu que le plus éloquent de nos prosateurs, le grand Bossuet, avait tenté d'écrire quelques vers et les avait fait détestables. Son excellent ennemi en orthodoxie, le doux et élégant Fénélon, ne fit guère de meilleure poésie que l'aigle de Meaux, et il se pourrait bien que Montesquieu ne se soit montré, dans ses *Lettres persanes*, si sévère et si injuste envers Virgile et Horace, que parce qu'il se sentait incapable de parler la langue de ces véritables Dieux du Parnasse.

— Vous avez peut-être raison, dit l'improvisateur, et il suffit souvent de ne pas posséder un talent pour trouver de peu de valeur ce même talent chez autrui.

— Sans doute, j'ai raison, mais à quoi me sert d'avoir raison contre ma cousine? J'aimerais mieux avoir tort avec elle. Savez-vous ce qu'elle m'a répondu quand je lui eus dit ce que je viens de vous dire?

— Non, que vous a-t-elle répondu?

— Elle m'a dit : — Eh bien, mon cher cousin, je vous

pardonnerai de ne pas faire des vers quand vous écrirez en prose comme Bossuet, Fénélon ou Montesquieu.

— Elle aime la belle littérature , mademoiselle votre cousine.

— Elle aime surtout à me faire enrager. Ah ! si j'étais sûr qu'en piochant la rime et l'hémistiche dix heures par jour , comme certains élèves du Conservatoire étudient le piano , je pourrais arriver à l'improvisation, je n'hésiterais pas, monsieur, dussé-je en mourir. Parlez-moi franchement, dois-je tenter l'aventure, c'est un amant qui vous implore?

Pour toute réponse , M. Besse de Larzes lut, à ce désespéré de l'alexandrin et de bouts rimés, les lignes suivantes signées Eugène de Pradel.

« On a beaucoup écrit sur l'improvisation, et même en termes fort scientifiques ; mais presque toujours l'erreur et l'exagération ont égaré l'auteur dans ses théories. Nous croyons, nous, qu'avec une instruction variée et la connaissance suffisante de sa langue, tout homme qui VEUT peut aborder l'improvisation. »

— Comment ! Eugène de Pradel a eu le courage, lui improvisateur, de faire cet aveu modeste ?

— Il a eu ce courage , répond M. Besse de Larzes, et il a ajouté : « La VOLONTÉ est une des conditions essentielles; mais on veut plus ou moins, et voilà le secret du succès. »

— Je suis sauvé ! dit le gandin, et puisqu'il ne s'agit que de le vouloir, je le veux et je le voudrai sans cesse.

Pour m'éxercer dans ce bel art, je ne parlerai plus qu'en vers dans ma famille , à mon père, à mon oncle , à la domestique, à mes fournisseurs , au restaurant , aux courses, partout et toujours.

— On vous prendra pour un fou.

— Eh ! n'est-on pas fou, en effet, quand on aime !... Ah ! ma cousine vous voulez des vers, vous en aurez ! Je veux arriver à débiter mes cent vingt alexandrins par heure , deux par minute. Alors elle me demandera grâce, elle me suppliera de quitter l'Olympe , de redescendre sur la terre et de lui parler en prose comme au beau temps. Ce sera trop tard, hélas ! et malgré moi je rimerai.

L'amoureux de Mathilde n'était nullement poète, mais il avait un caractère opiniâtre. Il travailla la rime et l'hémistiche , comme Paganini avait travaillé la quatrième corde de son violon. Seulement vous allez voir que, contrairement à l'opinion d'Eugène de Pradel, il ne suffit pas toujours de vouloir improviser pour être improvisateur.

Se croyant maître des difficultés de la versification, il voulut conquérir l'amour de sa cousine par un coup d'éclat, comme on gagne la croix d'honneur sur un champ de bataille. Il alla la trouver , et devant un cercle nombreux d'auditeurs, il enfourcha Pégase qui devait lui envoyer de terribles ruades.

Tirant un petit carnet de sa poche, il sollicita de l'assemblée quelques bouts rimés et un sujet à traiter. Pour sujet la tante de Mathilde lui donna *Amour et désintéressement*. Le gandin fit la grimace. Pour bouts rimés on lui jeta les mots suivants : *Multicolore, — carnivore, œil, — fauteuil, — vie, — Tartarie, — almanach, — sac.*

Ces rimes, il faut l'avouer, étaient peu faites pour inspirer une pièce de vers sur l'amour et le désintéressement; mais Pradel et Besse de Larzes s'en fussent tirés à leur avantage, j'en suis sûr. Le gandin n'eut pas ce bonheur. Après avoir jeté sur sa cousine un regard de chien de chasse attendri , ajusté sa cravate, toussé légèrement, renversé ses cheveux en arrière pour se donner un air d'inspiré, et passé la main sur son front comme pour le dégager des brouillards dont il était enveloppé, il entonna les vers que voici d'une voix mélodieuse et convaincu :

AMOUR ET DÉSINTÉRESSEMENT.

> S'il est un feu secret, ardent, multicolore,
> Mathilde, c'est l'amour, l'amour d'un carnivore.

(Rires étouffés dans l'assemblée. Le poète, un peu déconcerté, se remet et continue.)

> Ce qui me plaît en vous, Mathilde, c'est votre œil,
> Quand je vous vois debout assise en ce fauteuil.

(Pourquoi, pensa Mathilde, mon œil lui plaît-il quand je suis assise dans ce fauteuil?)

> Pour vous aimer toujours je donnerais ma vie,
> Et m'en irais demain jusques en Tartarie.

(Qu'on aille en Tartarie par amour, dit tout bas à son voisin la tante de Mathilde, c'est tout naturel; mais comment aimer toujours quand on a donné sa vie?...Voyons le trait final.)

> Vous avez de l'esprit comme un bel almanach,
> Vous avez..... Vous avez.....

— Voyons, mon cousin, qu'est-ce que j'ai? demanda Mlle Mathilde, impatiente.

> Vous avez tout enfin, car vous avez le

Cette chute pitoyable fut couverte d'éclats de rires moqueurs. Le pauvre gandin avait été amené malgré lui à cette conclusion réaliste, mais très-sincère, au fond, par la difficulté de la rime. Il était rouge comme un homard trop cuit et riait lui-même pour dissimuler son embarras.

— Monsieur mon cousin, dit Mathilde d'un ton courroucé, vous êtes un impertinent. N'espérez plus me tou-

cher. Allez en Tartarie si cela vous plaît, je garderai
mon sac.

Une autre fois un estimable négociant prie M. Besse
de Larzes de lui faire l'acrostiche du nom de Marguerite.

— Vous savez, dit d'un air important le négociant au
poëte, combien il est difficile, quand on est lancé dans
les affaires comme moi, d'avoir l'esprit à ces billevesées.
La poésie est l'occupation des gens qui n'on rien à faire
et ne savent rien faire. Je tiendrais pourtant à cet acrostiche que j'ai promis d'écrire sur l'album d'une dame.

— Je ferai l'acrostiche pour vous être agréable, dit
M. Besse.

— Merci. Et quand pourrai-je l'avoir?

— A l'instant même.

— Parfait. La dame, qui se nomme Marguerite, est
blonde et veuve, quoique toute jeune encore. Ses yeux
semblent avoir été taillés dans l'azur du ciel; ses dents
font trouver ternes les perles de Golconde; on pense à
la Chine en contemplant ses pieds, et de sa main mignonne un soufflet serait encore une caresse. Il faudrait
que tout cela entrât dans l'acrostiche.

— Très-bien, dit le poëte, tout cela y entrera.

— Encore un mot, reprit le négociant. Ai-je besoin
d'ajouter que je l'aime?

— C'est inutile, je l'avais deviné.

M. Besse de Larzes réfléchit quelques secondes :

— J'ai fini, dit-il.

— Ah ! pardon , fit le négociant ; j'ai oublié un détail qui a bien son importance. La belle Marguerite est coquette, et depuis quelque temps je vois rôder autour de sa personne un certain Léonidas Tournemine , qui a le talent de m'agacer singulièrement les nerfs. Ne pourriez-vous pas aussi, dans cet acrostiche , faire allusion à ce Tournemine ?

— Mais parfaitement oui, répondit l'improvisateur.

— Eh bien ! ne l'épargnez pas , et vous me rendrez service.

A peine le négociant avait-il fini de prononcer ces mots , que M. Besse de Larzes lui dictait un acrostiche du nom de Marguerite, où, à côté des hommages rendus à la charmante blonde, se trouvait une épigramme contre le crispant Léonidas Tournemine.

J'ai assisté à la petite scène que je viens de rapporter, et je puis dire que l'acrostiche était des mieux réussis.

Mais de tous les tours de force exécutés par M. Besse de Larzes, il n'en est pas de plus étonnant que celui-ci :

Un des *bons villageois* de Cauterets, un petit monsieur envieux et bilieux, voulut embarrasser le poète, et, dans une séance publique, lui proposa..... de mettre en vers la liste des étrangers arrivés de la veille. Devant cette difficulté sans précédent, l'improvisateur hésita. Il ne s'attendait guère à ce coup de Jarnac poétique. N'importe, il annonça qu'il allait tenter cette impossibilité.

— Il faut que tous les noms y soient exactement orthographiés, dit le petit monsieur envieux et bilieux, et que pas une indication de lieu de naissance, de logement, de rue, etc., ne soit omise.

— J'entends bien, dit M. Besse de Larzes, et vous serez satisfait.

Avec une rapidité prodigieuse, eu égard à la difficulté, il lut à l'auditoire émerveillé une longue liste rimée de tous les étrangers, sans en excepter un seul. En voici un échantillon :

. . . .

> Achevant ce travail de rimeur journaliste,
> Je vais du six juillet rimer encor la liste.
> A la fois en ce jour viennent à Cauteret,
> Monsieur Martin (de Niort) installé chez Prouret.
> Madame Giraudet, chez Mayou (Carcassonne)
> Et Latapie attrappe un Faucon (de Craponne).
> Latapie est chasseur, cela se sait partout,
> Et chez lui (de Paris) vient madame Berthoud,
> (De Maure) ce jour-là, Bathie à Cazenave,
> Talbot-Ragot (de Pau) va droit chez Bordenave,
> Chez Bordenave encor dame Ploa (de Pau)
> Et madame Darré (Laas) chez Managau.
> Grandchamp venu de Nice entre chez Capdegelle,
> Veuve Daucausse aussi reçoit mademoiselle
> Baylac, qui de Toulouse arrive ce jour-là.
> Gentien (de Saint-Macaire) à l'aimable Broca
> Maire de ce canton demande un gîte, et Rose
> Arrivé de Paris chez Soulé se repose.

Il y a comme cela trois ou quatre cents vers sur lesquels je saute, pour arriver aux deux derniers écrits en forme de moralité.

En voyant tous ces noms d'illustres voyageurs,
(En chœur) Chantons : Que c'est comme un bouquet de fleurs.

J'aurais voulu vous citer quelques poétiques improvisations de ce jeune improvisateur, mais l'espace a fui sous ma plume bavarde, et le temps me manque pour revenir sur mes pas et déblayer la route.

Mais du papier et du temps j'en trouverais toujours assez, mon cher M. Emile Deschamps, pour vous exprimer mes vives sympathies. Recevez-les et croyez-moi votre tout dévoué.

XIII.

LES GROTESQUES DU SPIRITUALISME

—

A LOUIS JOURDAN.

Je l'ai dit en commençant ; je suis parti de Paris pour aller à..... quelque part.

Or, je viens d'aborder aux rives mystérieuses du monde des esprits..... frappeurs.

N'en soyez pas trop frappés.

Gardez seulement vos poches et ne perdez pas votre montre de vue.

Il se trouve, j'en suis sûr, de très-braves gens chez ces esprits, mais il en est auxquels je ne confierais pas un gant dépareillé.

Que voulez-vous ? La confiance ne s'impose pas, et tant que je ne verrai pas de gendarmes spirituels et de sergents de ville éthérés pour contenir la foule mêlée des âmes dans le royaume d'Allan-Kardec (1), j'aurai peur.

(1) M. Allan-Kardec, vivait quand nous avons écrit ce chapitre.

Vous croyez, peut-être, que depuis l'armoire des Davenport et la condamnation de Home, le banquier des trépassés, les actions du spiritisme ont baissé sur le marché du merveilleux? Oh! que ce serait mal juger cette bonne nature humaine. Plus la chose est idiote, mieux cela réussit, à la condition que ce qui est idiot porte la marque de fabrique ultra-terrestre et se débite sous la raison sociale niaiserie, surnaturel, spiritualisme et compagnie.

Ne cherchons pas à dissimuler un fait trop évident : le spiritisme est en progrès et les adeptes des tables tournantes sont plus nombreux que jamais.

Je m'attends à une thèse à l'Académie de médecine sur le libre arbitre des guéridons et des corbeilles.

Celle-là ne sera pas poursuivie, et le médecin qui osera le premier se poser en médecin spirite fera fortune.

Ce ne seront pas les malades spirituels qui manqueront au fluidique docteur et à sa pharmacie *périsprite*.

Le spiritisme n'est pas encore un culte, — du moins je ne le crois pas, — mais c'est déjà une religion, ornée de son grand prêtre et de ses célestes affiliés.

Le grand-prêtre du spiritisme est un homme, — un Dieu, peut-être, — fort intelligent, ma foi! et qui pour catéchiser à sa façon le genre humain a sagement fait de déguiser son véritable nom sous le pseudonyme d'Allan-Kardec. Un surnom est, dans la vie aventureuse de prophète, comme une porte de sortie que les célestes ambassadeurs se ménagent d'ordinaire pour s'esquiver dans les moments difficiles.

Ce grave personnage nous enseigne que le spiritisme a eu son point de départ dans le phénomène des tables tournantes et sautantes, et que ces tables tournèrent aux Etats-Unis, par les soins des esprits frappeurs, heureux de se révéler aux vivants, de cette façon originale.

«On se fait généralement, ajoute cet écrivain mystique, une idée fausse des esprits ; ce ne sont pas, comme beaucoup se les figurent, des êtres abstraits, vagues et indéfinis, ni quelque chose comme une lueur et une étincelle ; ce sont, au contraire, des êtres réels, ayant leur individualité et une forme déterminée. »

(On pourrait donc leur tailler des habits sur mesure. Voilà ce que j'ignorais. Mais poursuivons.)

« On peut s'en faire une idée approximative par l'explication suivante :

« Il y a en l'homme trois choses essentielles : 1° *l'ame ou esprit*, principe intelligent en qui résident la pensée, la volonté et le sens moral ;

2° Le *corps*, enveloppe matérielle, lourde et grossière qui met l'esprit en rapport avec le monde extérieur. »

(Je connais plus d'une jeune femme à la taille svelte et gracieuse, qui trouverait M. Allan-Kardec bien dédaigneux dans cette appréciation de notre enveloppe matérielle.)

« 3° Le *perisprit*, enveloppe fluidique, légère, servant de lien et d'intermédiaire entre l'esprit et le corps. Lorsque l'enveloppe extérieure est usée et ne peut plus fonctionner elle tombe et l'esprit s'en dépouille comme on quitté un vieil habit hors de service ; c'est ce qu'on appelle la *mort.* »

Jai eu le bonheur, en Amérique, d'assister aux premières armes des esprits frappeurs contre les meubles d'une jeune femme que les ombres galantes de François Ier et de lord Byron avaient prise sous leur protection immédiate.

Débarrassés de leurs *vieux habits*, ces deux esprits, qu'elle appelait ses esprits familiers, ne quittaient pas, pour ainsi dire, cette mortelle privilégiée, qu'ils entretenaient de doux propos et dont ils faisaient danser les meubles avec un entrain et une vigueur dignes des plus grands éloges.

Dans son appartement, cette dame trônait comme une reine d'outre-tombe au milieu de ses séraphiques sujets.

Le monde des morts, mille millions de fois plus considérable que celui des vivants, était à ses pieds, depuis Adam et Eve jusqu'au dernier enterré.

En fait de créatures vivantes, sa cour était des plus modestes ; elle se composait d'un unique domestique, assez joli garçon, à l'œil intelligent, au sourire railleur, que sa maîtresse se plaisait parfois à appeler, dans un langage spiritualiste plein de charme et de naïveté, son escargot sympathique.

Pour voir soulever les tables et entendre François Ier et lord Byron répondre à toutes les questions qu'on voulait bien leur adresser, on ne payait qu'un dollar par personne, au profit de la dame patronée par les esprits, et aussi sans doute un peu au profit de son escargot sympathique.

J'avais parmi mes connaissances une dame anglaise qui portait le deuil d'une fille adorée. Elle croyait aux revenants autant qu'on peut y croire, et me pria un soir de l'accompagner chez le médium des esprits frappeurs, dont la table occulte réunissait chaque jour une société choisie de fervents adeptes.

J'acceptai.

C'était, si j'ai bonne mémoire, au n° 10 ou 12 de Saint Mark'splace, à New-York, en l'an de grâce et de cabale 1853.

L'escargot sympathique de la prêtresse, qui cumulait toutes les fonctions dans cette demeure éthérée, nous demanda deux dollars, prix d'entrée.

Après avoir payé, nous nous trouvâmes dans un salon assez richement meublé, au milieu d'une foule de croyants et de croyantes dissertant gravement sur les phénomènes spirites dont ils avaient été témoins.

La prêtresse parut, annoncée par son escargot; elle prit place devant une table ronde, invitant l'assistance à faire comme elle et à former la chaîne magnétique.

Chacun obéit, et la séance fut ouverte par l'évocation de François 1er et de lord Byron, qui signalèrent leur présence en frappant le dessous de la table avec une ardeur des plus remarquables.

D'autres esprits vinrent se joindre à ceux du roi de

France et du poëte anglais ; et il y eut au-dessous de la table la collection d'âmes la plus tapageuse et la plus mouvementée qui se puisse désirer.

L'assemblée tout entière était dans l'admiration.

Quelques femmes sensibles essuyèrent une larme.

Un homme grave, qui préparait, dit-on, un « essai sur l'esprit des esprits basé sur la théorie des impalpables lumineux et pensants, » prit des notes sur son calepin.

Je voulus regarder sous la table pour m'assurer que les esprits n'avaient pas pris, pour faire leur tapage, la forme vulgaire de pieds et de genoux, ce qui était arrivé quelquefois en pareille circonstance.

Le domestique du médium devina mon intention et me retint fixe sur ma chaise.

— Les esprits, me dit aussitôt la favorite de François 1er et de lord Byron n'aiment pas qu'on se méfie d'eux.

Il y eut encore quelques manifestations du même genre qui excitèrent les applaudissements de plusieurs spirites et plongèrent dans la méditation le futur auteur de « l'es- » sai sur l'esprit des esprits, basé sur la théorie des im- » palpables lumineux et pensants. »

— Madame, dit en s'adressant à la pythonisse la dame anglaise que j'avais accompagnée, auriez-vous l'extrême obligeance d'évoquer l'esprit de ma fille.

— Avec plaisir, répondit le médium.

— Chère Edda ! dit la pauvre mère, je vais donc la revoir et lui parler !

— La revoir, non, fit le médium, ce don n'appartient

qu'aux personnes vieillies en quelque sorte dans la foi
spirite ; mais lui parler, oui.

Et ayant congédié momentanément François Ier et lord
Byron, elle prit un crayon pour écrire sous la dictée de
l'âme qu'elle allait évoquer, car cette gracieuse américaine appartenait à la catégorie des *médiums écrivains*
dont la main est guidée par les revenants et qui écrivent
sous leur dictée.

— Edda, êtes-vous ici ? demanda l'intermédiaire des
morts et des vivants.

— Me voilà, traça rapidement le crayon.

La pauvre mère à ces mots faillit tomber à la renverse.

— Voyez-vous votre mère ? continua la sorcière.

— Je la vois, répliqua la mine de plomb, et je la remercie de n'avoir pas douté du spiritisme, qui me permet de lui parler à cette heure, et d'avoir eu confiance
dans la science infinie des médiums. Malheur à qui ne
croit pas à cette science, source pure de toutes les félicités, flambeau vivifiant de ce qui est et de ce qui n'est
pas !

Des murmures d'enthousiasme accueillirent dans tout
le salon cette réponse, que les adeptes trouvèrent aussi
énergique que profonde, surtout de la part d'une jeune
morte.

— Le spiritisme, flambeau vivifiant de ce qui est et de
ce qui n'est pas ! C'est admirable, s'écria un ancien jurisconsulte, qui par une coïncidence assez bizarre, était

devenu fou en même temps que la vérité spirite s'était révélée à lui.

— Edda, reprit la mère, entends-tu ma voix, mon enfant ?

— J'entends ta voix, je te vois, je suis à tes côtés ; embrasse ta fille, répondit le crayon de la pythonisse.

Et la mère, pâle, tremblante, regarda autour d'elle, ouvrit ces bras dans le vide... et jeta un cri de terreur et de joie.

— Ah ! dit-elle, je l'ai sentie s'approcher de mes joues et les frôler semblable à une brise tiède et parfumée.

— Fermez donc, dis-je à l'escargot de la prêtresse, la croisée du fond que vous venez d'entr'ouvrir et qui établit un courant d'air... Farceur !...

Le domestique me regarda d'un air contrarié, et, sans dire un mot, alla refermer la croisée, qui s'était ouverte si à propos.

J'abrége, bien que cette séance méritât les honneurs d'un procès-verbal détaillé.

Edda dit à sa mère qu'elle se trouvait très-heureuse depuis sa mort. Elle était encore, il est vrai, en état d'*erraticité*, mais elle espérait bientôt devenir incarnée avec des sens perfectionnés dans la planète Jupiter, où Mozart avait fait bâtir un fort joli chalet, et où il composait une musique qui est à l'opéra de *Don Giovanni* ce que serait la symphonie d'un chat sautant sur le clavier d'un piano, à la symphonie en *ut* mineur de Beethoven.

La pauvre mère fondit en larmes à la pensée de toutes

les félicités réservées à sa fille dans la planète Jupiter. Et, tirant de ses doigts une riche bague en diamants, elle en fit hommage à la magicienne, pour la remercier de tout le bonheur qu'elle venait de lui causer.

Quant aux adeptes témoins de cette évocation, ils étaient presque aussi émus que la mère d'Edda. Nous les vîmes échanger de vigoureuses poignées de main, comme pour se féliciter mutuellement de ce qu'ils venaient de voir. A l'unanimité ils déclarèrent que cette séance était une des plus intéressantes et des plus concluantes aussi, auxquelles ils eussent jamais assisté.

J'avais du bonheur, comme on voit, car cette séance spirite était la première dont j'avais été témoin.

Il est vrai que je n'ai pas été moins heureux depuis en France, toutes les fois qu'il m'a été donné de voir de semblables évocations.

Mon tour étant venu d'interroger le médium :

— Moi, madame, lui dis-je, j'ai perdu un ami tout récemment; pouvez-vous me mettre en communication avec son esprit;

— J'essayerai, me répondit l'Américaine.

Et aussitôt :

— Me voici, grimaça le crayon.

— Cela n'a pas été long, dis-je. Mais de sa part cela ne m'étonne pas. Il était si leste de son vivant ! Veuillez demander à mon ami s'il se trouve heureux dans le royaume des ombres?

— Etes-vous heureux ? dit le médium.

— Non, répondit l'âme errante ; une chose m'afflige.

— Laquelle ?

— L'incrédulité des hommes à l'endroit du spiritisme.

— Oh ! oh ! dit un vieux spirite ; attention, nous avons affaire à un esprit supérieur qui va nous débiter de la morale.

— Êtes-vous un esprit supérieur, demanda l'évocatrice.

— Oui, répondit sans hésiter l'esprit, qui ne péchait pas par excès de modestie.

— Et vous disiez ?

— Je disais que le scepticisme est la grande plaie de l'humanité entretenue toujours vive par les ennemis du spiritisme. Et pourtant le spiritisme, c'est la vraie foi, la vraie science, comme les médiums sont les vrais bienfaiteurs ici-bas. Mais réjouissez-vous, croyants, l'heure de la rédemption a sonné. Tandis que la génération proscrite va disparaître rapidement, une nouvelle génération s'élève, dont les croyances seront fondées sur le spiritisme chrétien. Nous assistons, nous esprits supérieurs, qui avons mérité l'affection du Tout-Puissant, à la rénovation morale dont le spiritisme marque l'avénement.

Je restai stupéfait de cette réponse sentencieuse d'un ami que j'avais connu d'un caractère on ne peut plus frivole.

Nous sortîmes, la dame anglaise et moi. Le domestique du médium nous accompagna jusqu'à la porte, et nous entendîmes quelques *raps* (coups) frappés sur le mur. C'étaient les esprits de François Ier et de lord Byron, qui nous avaient suivis et nous disaient au revoir à leur manière.

— Quel est donc, me demanda l'Anglaise quand nous fûmes dans la rue, l'ami que vous avez perdu et qui parle avec tant d'éloquence et une foi si vive des vertus qu'il sut pratiquer pour le salut de son âme?

— Madame, oserai-je vous le dire?

— Et pourquoi ne le diriez-vous pas?

— C'est que...

— Parlez.

— Eh bien! madame, cet ami que j'ai eu la douleur de perdre tout récemment, c'était un petit singe qu'un capitaine de navire m'avait apporté du Brésil; il était bien gentil, mais je ne l'aurais jamais cru si vertueux.

La dame, un peu surprise d'abord de cette révélation, se remit bientôt; et, avec cette assurance que donne la foi dans le surnaturel:

— Monsieur, qu'y a-t-il après tout d'étonnant à ce que votre singe soit devenu un homme, quand il est évident que tant d'hommes ont été et ne sont encore que des singes?

J'étais revenu en France et, j'avoue mon tort, je ne pensais pas plus aux esprits frappeurs d'Amérique, que s'ils n'avaient jamais existé, lorsqu'un beau jour je vis

exposé, dans la vitrine du libraire Ledoyen, un fragment
de sonate dicté par l'esprit de Mozart et daté du délicieux chalet que, depuis sa mort, nous le savons, cet
illustre compositeur habite dans la planète Jupiter. Convaincu par ce précieux spécimen de musique d'outre-
tombe que le spiritisme avait traversé l'Océan et qu'il
s'était rapidement propagé, comme toutes les bonnes
choses, j'entrai chez M. Ledoyen et j'achetai deux francs,
prix net, la céleste inspiration.

Ce n'était pas donné, et j'eus la douleur de constater
que Mozart négligeait beaucoup son style depuis qu'il
était mort.

Personne, pour ainsi dire, n'avait encore entendu parler de la magie américaine, que j'avais pu apprécier à
New-York.

Je profitai de mes connaissances acquises sur ce sujet entièrement neuf pour écrire, à propos du fragment
de sonate par l'esprit de Mozart, un premier feuilleton
sur le spiritisme, qui parut dans le *Siècle* le 27 octobre 1859.

S'il entre un jour généralement dans la cervelle des
humains, comme cela est très-possible, que les morts sont
des acrobates et de grands penseurs envoyés par la
Providence des différentes planètes de l'univers pour
jouer du guéridon et nous dicter des lois divines, si le
spiritisme devient une religion reconnue, protégée par
la loi et subventionnée par l'Etat, j'aurai l'éternelle
gloire d'avoir mérité, par ce premier feuilleton sur les

âmes des trépassés, une réponse très-étendue des esprits frappeurs réunis en conseil.

Rien que cela !

Comme les esprits frappeurs n'écrivent jamais euxmêmes, ils ont prié M. Allan-Kardec, en l'honneur de qui je ne serais pas étonné qu'on élevât des temples dans l'avenir, de leur servir de secrétaire. Ce célèbre pseudonyme, qui avait été le secrétaire du non moins célèbre M. Veuillot, connaissait le métier, et il n'eut aucune peine, — toujours sous la dictée des esprits, — à tancer d'importance mon incrédulité (1).

Aujourd'hui, j'en suis sûr, les esprits, désormais assurés de leur succès en France, ne se donneraient point la peine de se réunir en conseil pour répondre à l'auteur d'un simple feuilleton. Ils ne se dérangent plus pour si peu, et M. Allan-Kardec n'a pas assez de tout son temps pour écrire, en collaboration de tous les esprits supérieurs, l'Evangile de l'avenir. M. Allan-Kardec déclare que : le spiritisme étant indépendant de toute forme de culte, n'en prescrivant aucun, et ne s'occupant pas des dogmes particuliers, n'est pas une religion spéciale, car il n'a ni ses prêtres ni ses temples ; ce sont là d'utiles précautions au travers desquelles, il est aisé de voir per-

(1) Les curieux trouveront la réponse dont j'ai été l'objet de la part des esprits dans un volume de l'auteur de ces lignes, qui a pour titre les *Civilisations inconnues*. Pagnerre, éditeur.

cer les véritables aspirations des spirites. Il n'est pas un seul fondateur de religion qui n'ait commencé par déclarer formellement son respect pour la religion dont *in petto* il méditait la ruine. La preuve que M. Allan-Kardec veut faire du spiritisme une secte nouvelle, c'est qu'il combat certains dogmes de la religion catholique. Les esprits l'ont proclamé par la plume divine de l'ex-secrétaire de M. Veuillot.

1° Le péché originel n'existe pas, si l'on croit à une première incarnation des âmes sur la terre. Et cela par cette raison, du reste fort logique, qu'on ne saurait rendre responsable de la faute d'une âme trop friande de pommes, des âmes essentiellement pures qui seraient incarnées pour la première fois et n'auraient jamais servi. Si les hommes naissent entachés, c'est que leur âme s'est rendue coupable dans quelque autre planète.

2° Dieu, étant infiniment bon et infiniment miséricordieux, ne saurait aussi être infiniment méchant et infiniment vindicatif. Donc les peines éternelles de l'enfer n'existent pas.

3° Il est ridicule de penser que l'enfer est une sorte de haut fourneau où les âmes rôtissent toujours sans cuire jamais.

4° Le diable est aboli, comme usé depuis longtemps dans l'opinion générale. Il est avantageusement remplacé par d'autres esprits malins.

5° Enfin le spiritisme, qui est la doctrine fondée sur l'existence, les manifestations et les enseignements des esprits, a pour objet d'adoucir l'amertume des chagrins de la vie, de calmer les désespoirs et les agitations de l'âme, de dissiper les incertitudes et les terreurs, d'empêcher le suicide ; en un mot, de rendre parfaitement heureux ceux qui s'en pénètrent. Il est aussi, comme on sait, un passe-temps fort agréable dans le monde, en petit comité, où la chaîne magnétique entre ces messieurs et ces dames produit toujours le plus agréable effet.

Le spiritisme a pris naissance dans la patrie de Barnum et de Joseph Smith ; cela devait être. On en doit l'invention au nommé Fox, qui s'établit médium avec ses filles en l'an de farfadets 1848.

Ce fut un beau jour et une heureuse inspiration.

Fox vivait médiocrement, d'un travail peu rémunérateur dans le village d'Hysdeville, Etat de New-York. Il avait des filles à marier et point de dot à offrir aux épouseurs.

Les Américains ont l'esprit inventif, c'est une justice à leur rendre. Je ne sais ce qui se passa, mais la maison de Fox, qui jusque-là avait été une maison fort tranquille, devint la maison la plus bruyante du monde entier.

Les esprits frappeurs firent merveille, et les filles de Fox se créèrent en peu de temps ce qu'on appelle de l'aisance.

L'art d'élever des lapins et de s'en faire quatre mille livres de rentes était dépassé par l'art de faire tourner et parler les tables.

Fox forma des élèves, qui tous réussirent.

Tous les morts furent évoqués ; on évoqua même des gens qui, comme Paul et Virginie, Robinson Crusoé, etc., n'avaient jamais existé. Alors la police s'émut et força les médiums à prendre un *brevet d'escamoteur* s'ils voulaient exercer leur profession.

Les médiums prirent un brevet d'escamoteur, et le spiritisme continua ses prodiges.

Les hommes les plus instruits et les plus savants donnèrent dans cette jonglerie ridicule, tant il est vrai que le bon sens ne s'allie pas nécessairement avec l'esprit, et qu'il y a toujours une petite place pour l'absurde dans la cervelle la mieux équilibrée.

Quatorze mille citoyens américains envoyèrent au sénat une pétition pour qu'il eût à se saisir de la question des esprits. La Chambre se moqua des signataires ; mais l'impulsion était donnée, et Fox lui-même et ses demoiselles seraient venus déclarer qu'il n'y avait, en fait de revenants, que les revenants-bons dont les esprits frappeurs étaient la source, qu'on ne les eût pas crus.

Et il se passa des choses qui n'arrivent que dans cet étonnant pays d'Amérique.

Il y eut des gens qui se marièrent avec l'âme des trépassés, et ces gens trouvèrent des prêtres pour bénir de semblables unions, et des témoins pour les assister.

Pour prouver ce que j'avance, je citerai les lignes suivantes imprimées dans le *Weekly Herald*, de New-York, à la date du 17 septembre 1861 :

« Un jeune homme de Bordentown, sur le point d'é-
» pouser une personne de la même localité, mourut su-
» bitement. Les deux fiancés, ainsi que leurs familles
» respectives, étant très-attachés aux croyances spiri-
» tes, on résolut que le mariage aurait lieu malgré la
» mort du jeune homme; et effectivement il fut célébré
» le dimanche même avec toutes les cérémonies. La de-
» moiselle prit pour époux non le corps mais l'esprit de
» son bien-aimé, représenté par son cadavre. Par cet
» acte, elle a pris l'engagement de ne plus se rema-
» rier. »

Au reste le spiritisme n'est point un des signes des
temps, et ses progrès ne sont point dus, comme
on l'a dit, à l'affaiblissement du catholicisme. A toutes
les époques, les hommes se sont montrés avides
de merveilleux, et les contes de fées sont de tous les
âges. Il y a des pestes morales comme il y a des pestes
physiques, et le spiritisme est l'*oïdium* actuel de notre
cerveau, le champignon moral qui s'attache à notre
raison. L'histoire du monde est l'histoire de la sottise
et de la crédulité, depuis les mystères d'Isis jusqu'aux
miracles de la Salette et de Lourdes.

Presque tous les hommes réputés bien pensants dans
l'antiquité ont cru à la magie, à la théurgie, aux devi-
neresses, etc. César croyait aux poulets sacrés, et suivant la manière dont ces volailles picoraient le grain
qu'il leur jetait, il donnait suite à ses projets ou y re-
nonçait.

Pendant tout le moyen-âge, les hommes réputés les plus éclairés, aussi bien que les gens les plus abrutis du peuple hébété de cette époque, ont fait tour à tour usage de l'aéromancie, ou divination par l'air;

De l'alévromancie, ou divination par la farine;

De l'arithmomancie, ou divination par les nombres;

De l'axinomancie, ou divination par la hache;

De la bobomancie, ou divination par la flèche;

De la capnomancie, ou divination par la fumée;

De la catroptromancie, ou divination par les miroirs;

De la cleidomancie, ou divination par des clefs;

De la céromancie, ou divination par des figures de cire;

De la coscinomancie, ou divination par les cribles;

De la dactylomancie, ou divination par les doigts et les mains;

De la géomancie, ou divination par la terre;

De l'hépatoscopie, ou divination par le foie;

De l'hydromancie, ou divination par l'eau;

De la lampadomancie, ou divination par les lampes;

De la lecynomancie, ou divination par les bassins;

De la myomancie, ou divination par les muscles;

De la nécromancie, ou divination par les cadavres;

De la néphélomancie, ou divination par les nuages;

De l'oneiromancie, ou divination par les songes ;

De l'ooscopie ou divination par les œufs ;

De la pyromancie, ou divination par le feu ;

De la rabdomancie, ou divination par les bâtons et les baguettes ;

De la staphylomancie, ou divination par les raisins ;

De la xylomancie, ou divination par le bois, etc., etc,

De la tête d'âne à la queue de chien, toute la création y passe.

On sait que l'Eglise catholique a longtemps admis les *sorts de saints*, à l'instar de l'antiquité qui avait eu les *sorts d'Homère* et les *sorts de Virgile*.

Pendant plusieurs siècles, tout le monde crut aux sorciers, et on en brûla plus de trois cent mille. Pascal croyait aux revenants et assurait qu'il en voyait souvent, ce qui l'effrayait beaucoup. Le pape Paul II consultait les astres avant de rien décider. Charles V (dit le Sage) croyait si bien que l'avenir des hommes était écrit dans le ciel, qu'il institua avec l'approbation du clergé, de la noblesse et de la magistrature, un collége spécial où l'on enseignait les sciences occultes. Sous le pontificat de Pélage II, on traita, dans le concile de Narbonne, la question des sorciers. Le concile de Lestine, trois siècles plus tard, s'occupa de cette même matière. Henri V avait fait tirer l'horoscope de Louis XIII. L'astrologue Jean Marin fut mandé par la reine pour tirer l'horoscope de Louis XIV. Richelieu et Mazarin, tous deux cardinaux et tous deux ministres croyaient sincèrement aux malé-

fices et traitaient de matérialistes ceux qui n'y croyaient
pas. Le père Scott, jésuite et professeur de mathématiques en 1667, écrivait très-sérieusement qu'un juif,
nommé Sédéchias, avalait des charrettes chargées avec
leurs chevaux et leurs conducteurs. Tous les musulmans
crurent et ont encore le devoir de croire que Mahomet
pouvait mettre la lune dans sa poche. On a cru pendant
plusieurs siècles que les deux familles royales de France
et d'Angleterre avaient le don miraculeux de guérir les
écrouelles par la simple imposition des mains. Sous
Louis XV, le comte de Saint-Germain fit fureur, comme
on sait, et chacun resta persuadé que cet adroit cheva-
lier d'industrie surnaturelle était au monde depuis dix-
huit cents ans, et qu'il avait été intime avec Charles-
Quint, François Ier, Nostradamus, Attila et Jésus-
Christ.

Est-il besoin de rappeler les succès de Cagliostro, et
plus tard ceux de Mesmer et de son baquet magique?

« Ses mains, dit Hoffmann, lui servaient à tâter nos
» dames, à provoquer les effluves du fluide magnétique,
» et à palper les cent louis que chaque imbécile lui appor-
» tait pour être initié aux grands mystères. Ces cent louis,
» prix fixe de la science, font assez voir que le doc-
» teur ne s'adressait pas à ce qu'on nommait la canaille. »

S'il fallait ajouter à tous les genres de superstitions que
nous venons de rappeler, à toutes les sectes bizarres qui
se sont produites et se reproduisent chaque jour encore,
les autres absurdités qui ont servi de base aux in-

nombrables théogonies que se sont partagé le monde, et s'il fallait énumérer tous les crimes et toutes les sottises dont elles ont été la cause, on reculerait d'épouvante et on dirait avec Voltaire : « Quand on songe à tous les « maux qu'a produits le fanatisme, on rougit d'être » homme. »

Le spiritisme, qui n'est que l'ancienne évocation des morts, possède aujourd'hui ses dogmes, nous l'avons vu, et les mediums ambitionnent le beau titre d'apôtres. Près de trois millions de victimes sont déjà devenues la proie de cette absurde et grossière jonglerie spiritualiste, qui, après tout, n'est ni plus absurde ni plus grossière que beaucoup d'autres croyances au merveilleux.

Des cercles spirites existent dans toutes les parties du monde, et pour donner une idée du nombre des publications périodiques qui propagent l'invention de Fox et de ses demoiselles, nous citerons Bordeaux, qui ne compte pas moins de quatre revues spirites : la *Lumière*, le *Sauveur*, la *Ruche* et la *Voix d'outre-tombe*. Paris, Marseille, Lyon, etc., ont aussi leurs Revues spirites, au nombre de trente.

Quant aux livres qui ont le spiritisme pour objet, le nombre en est pour ainsi dire incalculable, et les prétendues révélations d'outre-tombe attribuées à Platon, à Confucius, à Aristote, à saint Augustin, à Descartes, à Voltaire, à Napoléon Ier, etc., comprennent au moins trois cents volumes.

Tout cela est rédigé avec le mélange de déclamation et de platitude qui caractérise le style des secrétaires posthumes, usurpateurs de tout ce que l'humanité compte de génies dans les lettres, les sciences, les arts.

J'ouvre un des trois derniers volumes de révélations d'outre-tombe, pr Mme Duzon, *medium* assermenté, et j'y lis ce qui suit :

« *Napoléon Ier* : on m'a évoqué pour juger mon neveu. » Je ne suis pas venu ; je hais les choses sans but.

» Hortense vous dit de communiquer vos révélations à » son fils ; je l'approuve.

» Et je ferai, sans que vous me le demandiez, ce que » j'ai refusé de faire pour d'autres ; car je vois un but » religieux et politique au spiritisme que vous suivez. » L'empereur ne doit pas laisser cette grande pensée ve- » nir sur notre terre sans y prendre part. Qu'il ne fasse » pas pour le spiritisme ce que j'ai fait pour la vapeur. » Etc., etc.

Les gens sérieux, dit très-sérieusement Allan-Kardec ont accueilli la nouvelle doctrine (le spiritisme) comme un bienfait ; et dès lors, loin de décliner, elle a grandi avec une incroyable rapidité, dans l'espace de quelques années, dans tous les pays du monde, et surtout parmi les gens éclairés. D'innombrables partisans l'aug- mentent tous les jours dans une proposition extraordi- naire, de telle sorte qu'on peut dire aujourd'hui que le spiritisme a conquis droit de cité ; il est assis sur des bases qui défient ses adversaires.

Ah ! que les gens qui spéculent sur la bêtise humaine sont donc spirituels !

Heureusement pour la dignité de la raison, de la philosophie et du simple bon sens, les frères Davenport ont apporté en France leur armoire spirite.

Ces deux charlatans ont rendu — bien malgré eux, il est vrai — quelque service en venant à propos fournir à la presse l'occasion de s'élever contre les ridicules manœuvres d'une bamboche spiritualiste qui malgré tout, je le crains, survivra dans les cervelles où poussent les champignons du merveilleux.

Nous aurions voulu, que les grands prêtres du spiritisme affirmassent contre la presse, l'intervention des âmes des trépassés dans le concert que vous savez, de guitare, de triangle, de tambour de basque et de coups de poing dont l'armoire Davenport a été le théâtre. Malheureusement, les grands prêtres ont eu peur et ont habilement tourné la difficulté.

« Ce n'est pas, dit l'*Union spirite*, que nous voulions
» nier toute faculté médianimique chez les Américains,
» ce n'est pas non plus que nous prétendions taxer d'im-
» posture tout ce qui a été écrit sur leur compte par le
» docteur Nichols dans un volume intitulé les *Phéno-*
» *mènes des frères Davenport*; mais si ces messieurs ont
» été jamais doués de la faculté médianimique, il est bien
» évident que les frères Davenport ont dû chercher les
» trucs nécessaires, indispensables, pour produire leurs
» tours sans esprits, si par hasard les esprits venaient à
» leur faire défaut à un moment donné. »

Certes, ils ont eu bien raison de prévoir le cas où «par hasard » les esprits pourraient leur faire défaut. Le hasard est si grand !

Il serait impossible de nier que les frères Davenport aient fortement contrarié momentanément les médiums, les écrivains spirites et tous les cornacs des trépassés qui vivent, et vivent bien, de cette nouvelle industrie. Mais ils ont dû se consoler bien vite en songeant qu'il y a dans la sottise humaine des ressources inépuisables. L'avenir leur a donné raison. Pour renouveler leurs forces, reprendre courage et se préparer à de nouvelles victoires, ils ont peut-être relu les passages suivants qui se trouvent cités par M. Mabru à la page 73 de son intéressant ouvrage sur les magnétiseurs :

« Il ne faut que du babil pour en imposer au peuple,
» écrivait saint Grégoire de Naziance à saint Jérôme ;
» moins il comprend, plus il admire. (*Hier. ad ness.*)

» Le peuple, disait encore l'évêque Synnerius, veut ab-
» solument qu'on le trompe ; on ne peut en agir autre-
» ment avec lui.... Les anciens prêtres de l'Egypte en
» ont toujours agi ainsi. Pour moi, je serai toujours
» prêtre avec le peuple. (*In Calvit.*, p. 510.)

Mais trêve de citation, et écoutez l'historiette suivante, qui n'emprunte rien à l'imagination.

Tout récemment, une personne se trouve subitement affectée d'une maladie de nerfs : un magnétiseur est appelé auprès de la malade et lui dispense pendant trois mois pour quelques centaines de francs de fluide animal.

Néanmoins les crises nerveuses continuent. Par bonheur, un esprit familier, — François Ier ou lord Byron peut-être, — se blottit dans l'oreille de la malade et prononce ces deux noms aimés de la petite et de la grande cabale : Henri Delaage ! M. Delaage est mandé aussitôt. Cet écrivain distingué, qui , personne ne l'ignore, est de première force en spiritisme, en magnétisme, en escargotisme, veut bien se rendre à l'appel qui lui est fait. Il voit la malade et reconnaît immédiatement qu'elle est possédée par l'âme d'un camisard blanc décédé depuis deux siècles.

— Il faut extirper cette âme, dit M. Delaage.

— Ce sera-t-il douloureux ? demanda la possédée.

— Avec tout autre opérateur que moi, oui ; mais j'ai une si grande habitnde de ces sortes d'opérations que vous ne sentirez rien.

Et, après quelques passes savantes, Delaage prit délicatement l'âme maudite entre le pouce et l'index, comme on enlève un cheveu égaré dans un excellent potage.

J'ai vu ce chirurgien spirituel à une des séances des frères Davenport. Il était attendri.

    # XIV.

LE THÉATRE ET LES BALS

CHEZ LES SAINTS DES DERNIERS JOURS.

A M. FRÉDÉRIC THOMAS.

Du monde des esprits frappeurs au Lac-Salé où prêchent
le nouvel évangile, dansent, vont au spectacle et se pu-
rifient dans l'exercice de la sainte polygamie, *les saints
des derniers jours*, il n'y a que la distance de Charenton
à Bedlam.

Il m'arrive fort à propos pour l'ornement de ce volume,
de curieux renseignemens sur les divertissemens nocturnes auxquels, après les austères prières du jour, les
membres d'une famille qui pour quelques-uns ne s'élèvent
pas à moins de vingt femmes et de soixante enfants, se li-
vrent ces néo-chrétiens de la plus grotesque et de la plus
étonnante espèce.

Je cède la parole au voyageur qui, de l'Utach, m'apporte ces renseignements particuliers, assurément fort curieux.

— Je viens, me dit-il, de passer mes vacances dans le pays des Mormons.

Je traversai en quelques heures l'isthme de Panama, cet isthme jadis redoutable, qu'on mettait trois jours à franchir, quand la fièvre jaune, dont c'est la patrie, ne vous y creusait pas une demeure à perpétuité. Maintenant la fièvre jaune est vaincue; les vagons courent plus rapidement que le fléau. Me voilà devant l'océan Pacifique.

Un steamer chauffe pour la Californie; j'y monte.

Quelques milliers de tours de roue, et je touche à ce gigantesque lingot d'or qu'on appelle San-Francisco. La ville est curieuse, et il serait intéressant d'étudier les mœurs de ce peuple formé de tous les peuples, accourus à la curée du précieux métal; mais ce n'est pas mon but, et je n'ai pas de temps à perdre. Je veux voir les Mormons et savoir par moi-même à quoi m'en tenir sur ces mystérieux sectaires.

Vite en route; mais par où passer et comment aller dans ce pays quasi-fantastique, que protége de toutes parts une imposante chaîne de montagnes, défendu contre toute invasion des visages pâles par les Indiens, qu'on a sujet de croire les alliés des Mormons?

Peu importe! marchons toujours; nous verrons plus tard. *Go head*, comme disent les Américains des Etats-Unis.

Je marche en effet à pied et à cheval, tantôt avec un guide et tantôt seul, sur des indications qui me sont fournies par-ci par-là.

Quels chemins et quelle longue excursion ?

Enfin j'arrive, brisé par la fatigue, ayant souffert de la soif et de la faim, dans cet asile tant désiré des *saints du dernier jour*.

A partir d'un certain endroit, qui est réellement le bout du monde, les passages conduisant au Lac-Salé sont aussi rares que difficiles. Aucune habitation sur la route, et aucun bruit, si ce n'est le grognement des animaux féroces. Je serais peut-être mort de frayeur au milieu de ce désert affreux, sans la crainte où j'étais d'être scalpé par les Comanches, passionnés pour les cheveux postiches, autant au moins que les élégantes Européennes. Mais la crainte guérit de la crainte, et la peur de la mort fait qu'on la brave. *Similia similibus*

« Il vaut mieux s'adresser à Dieu qu'à ses saints » est un proverbe bien pensé. Je demandai à voir le grand pontife Brigham Young qui me donna une audience.

C'est un vieillard de soixante-dix à soixante-quinze ans, qui paraît en avoir soixante. Il se tient droit comme un peuplier, paraît robuste et leste ; son regard est intelligent, et toute sa physionomie emprunte à sa position de représentant de Dieu sur la terre ce caractère béat qui sied si bien aux hommes de toutes lés Eglises.

Je lui dis franchement que mon intention n'était point d'embrasser le mormonisme, mes parents ayant eu la précaution de me faire embrasser le catholicisme dès le second jour de ma naissance. J'ajoutai que je venais en simple touriste visiter la nouvelle Jérusalem, et que je me plaçais sous sa protection.

Ce généreux pontife, qui aurait pu me faire tuer impunément, me reçut avec bonté. Après m'avoir interrogé sur certaines particularités de la politique touchant à la religion en Europe, il me fit remettre un sauf-conduit. Muni de cette autorisation, je pus pénétrer un peu partout.

On croit communément que la cité mormonienne du Lac-Salé est bâtie sur les bords du lac fameux de ce nom. C'est une erreur. Le Lac-Salé en est éloigné de dix-huit milles et se trouve enfoui dans une immense cuvette creusée par la nature au milieu de montagnes à pic qui environnent et protègent la vallée des Mormons. L'eau de ce lac est tellement imprégnée de sel, que trois barils de cette eau vaporisée donnent un baril de sel. Aucun animal ne peut vivre dans ce lac, à l'exception d'un insecte, encore innommé, qui saute et pirouette curieusement à la surface.

C'est dans les profondeurs de cette solitude, qu'on aurait pu croire inaccessible à l'homme, que les Mormons, chassés par la civilisation, sont venus avec des efforts inouïs s'établir et pratiquer en liberté leur système d'association mi-civile et mi-religieuse. Parmi les préceptes que doivent suivre les *saints*, un des plus importants est celui qui a trait à la pluralité des femmes.

Chaque Mormon, s'il veut être agréable à Dieu, doit épouser autant de femmes qu'il peut en nourrir, de même que chaque épouse a le devoir de ne rien négliger pour plaire à son mari.

Pour reconnaître leurs épouses au milieu de tant d'autres épouses, les maris mormons les marquent de leur sceau. Grâce à cette sage précaution, il faudrait, que les saints fussent aveugles ou tout au moins archimyopes pour ne pas reconnaître leur bien et s'approprier celui d'autrui.

Je comprends, à la grande rigueur, qu'on puisse se faire Mormon ; mais je ne m'explique pas qu'on consente à être mormone. Et pourtant, il me faut bien l'avouer, les femmes, au Lac-Salé, acceptent avec résignation, sinon avec plaisir, cette vie que nous trouvons, en Europe, justement dégradante. C'est que, hélas ! rien ne fausse autant l'esprit et le cœur que les faux préceptes religieux. Aucun sacrifice ne coûte à ceux qui croient par des sacrifices mériter le ciel, et voilà pourquoi tant de crimes ont été commis un peu partout et à toutes les époques au nom de toutes les religions mal comprises.

Pourtant, comme les malheureuses mormones pourraient bien mourir d'ennui avec leur quart, leur sixième ou leur dixième de mari, et qu'il convient, — toujours pour la gloire du ciel, — de conserver le plus longtemps possible la vie des servantes dévouées au Seigneur, les *saints* ont eu la louable attention de construire, pour récréer leurs épouses, un beau théâtre. En outre, ils donnent assez souvent des bals.

J'ai eu le rare avantage d'assister à une de leurs représentations théâtrales, et la protection de Brigham Young m'a valu d'être invité à un de leurs bals.

Le théâtre des Mormons, sans avoir rien de monumental, est assez vaste pour renfermer deux mille personnes. On y joue généralement des pièces empruntées au théâtre du Palais-Royal de Paris et au théâtre des Variétés. Les Mormons ne tolèrent pas les pièces sentimentales, qui, suivant eux, offusquent la morale.

Par exemple, il existe une pièce dans laquelle on voit un soldat qui, après la guerre, revient chez lui et prodigue à sa femme de tendres paroles, bien naturelles après une longue séparation. Un soir qu'on représentait cette pièce au Lac-Salé, on vit un vieux mormon se lever au milieu de la scène la plus pathétique et sortir du théâtre en ordonnant, par un signe, à ses quinze épouses de le suivre.

Puis il s'établit le petit dialogue suivant entre ce vieux quindécigame et un plus jeune saint, son voisin de stalle :

— Pourquoi vous retirez-vous ainsi, vénérable frère ? (Les Mormons ne s'appellent jamais que frère et sœur.)

— Parce que, répondit-il en baissant dévotement les yeux, il m'est impossible d'assister plus longtemps à une pièce impie dans laquelle on voit un homme faire tant de simagrées pour *une seule femme.*

— Que voulez-vous, mon frère, risqua l'interlocuteur peut-être ce guerrier n'avait-il pas les moyens d'en nourrir plusieurs et rejetait-il sur une seule épouse l'affection que Dieu nous commande d'avoir pour plusieurs?

— De la tolérance, cher frère ! Prenez garde! elle conduit tout droit à la philosophie, qui est la mère de tous les vices, puisqu'elle a pour objet la recherche de la vérité par la science et le libre examen.

— Le mormonisme, mon vénérable frère, n'a rien à craindre de la corruption des hommes puisqu'il est l'œuvre de Dieu.

— Il ne faudrait pas trop s'y fier.

— Vraiment?

— Puis il y a autre chose.

— Quoi donc, mon frère vénérable?

— Entre nous, je trouve au moins maladroit qu'on vienne mettre sous les yeux de nos épouses un homme aussi tendre auprès de sa femme que ce guerrier sentimental. Les femmes ont l'esprit faible et rien n'est contagieux comme le mauvais exemple.

— Vous avez peut-être raison.

— Voyez-vous ma position, par exemple, si chacune de mes quinze épouses exigeait que je lui prodiguasse les mêmes flatteries !

— Le fait est que cela deviendrait monotome.

— Aussi je pars; bonsoir !

La religion n'est pas étrangère à la construction du théâtre des Mormons, dans lequel il est assigné des places particulières pour les hérétiques, c'est-à-dire pour tous ceux qui ne croient pas à l'Evangile apporté par un ange aux habits sans couture.

Le parquet est exclusivement occupé par les Mormons, leurs épouses et leurs enfants. La présence d'un profane y produirait la même sensation que celle d'un serpent. Dans les loges de côté sont les demoiselles et les veuves, et plus haut, dans les galeries, on voit de jeunes Mormons que l'hymen n'a pas encore enrôlés sous sa bannière, à côté de soldats appartenant à l'armée des Mormons ; car, partout où il y a des hommes, règne avec les superstitions religieuses le génie de la destruction. La paix n'est pas de ce monde et la discorde est de partout.

Comme gentil ou hérétique, ce qui revient au même, on me fit asseoir sur un banc spécial, près des galeries. J'étais sur ce banc au même titre que les Juifs dans le Ghetto à Rome ; ce qui, vous le voyez, n'avait rien de flatteur.

Brigham Young, en sa qualité de grand pontife des Mormons, se place ordinairement au centre de l'orchestre, sur un fauteuil d'honneur. Il garde son chapeau sur la tête, et ne se fait jamais accompagner de ses femmes au théâtre. Mais ces dames n'en sont pas pour cela privées ; elles s'y rendent seules, quelques minutes avant l'arrivée de leur mari commun.

Quand la pièce est amusante, le grand pontife, qui aime à rire, rit de bon cœur ; si au contraire la pièce est languissante, l'illustre polygame se livre aux douceurs du sommeil, et ajoute aux instruments de l'orchestre le bruit persévérant d'une respiration qu'on pourrait désirer moins sonore.

Puisque je viens de parler de l'orchestre, je dirai qu'il se compose d'une vingtaine de musiciens allemands ou danois, convertis au mormonisme par les nombreux agents de Brigham-Young dispersés dans toute l'Europe.

Le prix des places se paye, soit en argent, soit en produits naturels du pays, tels que blés d'Espagne, pommes de terre, légumes secs, œufs, etc. L'administration du théâtre envoie tous les jours au marché les denrées qu'elle a reçues en payement, et on assure qu'elle fait d'excellentes affaires.

Le soir où je suis allé au théâtre du Lac-Salé, on y donnait deux pièces du répertoire français : *les Premières armes de Richelieu*, et un vaudeville en un acte, *Edgard et sa bonne*.

Les *Premières armes de Richelieu* eurent du succès. Toutefois quelques Mormons trouvèrent le rôle du jeune Richelieu un peu trop leste. On a une demi-douzaine de femmes et plus très-souvent, au Lac-Salé, mais on n'en est pas moins vertueux pour cela.

Edgard et sa bonne plut surtout aux orthodoxes mormons qui trouvèrent cette pochade du Palais-Royal d'une haute moralité et pleine d'enseignements.

— « Si les Français, dit le mari de sept femmes, ne croupissaient pas dans l'immoralité de la monogamie, si ce jeune Edgard, éclairé par les enseignements du ciel, avait pu épouser sa bonne sans que ce mariage l'empêchât d'en accomplir d'autres, il n'aurait pas succombé à la plus détestable des tentations, et ne serait pas devenu insensiblement le domestique de sa domestique; ce qui est le comble de l'humiliation quand on continue de payer des gages qu'on serait en droit de réclamer pour soi-même. »

J'ajouterai que le théâtre est muni de décors convenables, que les acteurs et les actrices (dont aucun n'est Mormon) jouent d'une façon très-convenable, et que leurs costumes ne laissent presque rien à désirer. Evidemment, les gravures de mode et celles qui représentent les costumes des acteurs dans leurs rôles, pénètrent jusque dans la ville de Lac-Salé.

Vous savez ce qu'est l'art dramatique chez les Mormons, veuillez me suivre à un de leurs bals.

> La danse n'est pas ce que j'aime,
> Mais c'est la fille à Nicolas.

Ce refrain naïf et galant, chanté avec tant d'entrain par le jeune serviteur de Blondel, dans l'opéra de Grétry, ne serait vrai qu'à demi dans la bouche des Mormons. En effet, si, généralement les *saints des derniers jours* aiment la fille à Nicolas, la danse ne les trouve jamais indifférents, et l'étude de l'Evangile en *égyptien réformé* (?) ne paralyse pas leurs mouvements.

Mais ici une question se présente.

Dansent-ils pour plaire au Seigneur, comme faisaient les anciens Juifs? C'est possible, puisqu'ils ont pris pour modèle le peuple d'Israël, qu'ils empruntent à l'Ancien Testament ses idées religieuses et ses doctrines politiques, et qu'ils préludent à la danse par une prière dite en commun. Pourtant ce que j'ai observé par moi-même et entendu dire de la danse, pendant mon court séjour dans l'Utah, me ferait croire que la gloire de Dieu n'est pour rien ou qu'elle est pour fort peu de chose dans les entrechats de cette nation. Mon opinion est qu'ils dansent surtout pour obéir à ce besoin de mouvement dont notre nature nous fait une loi; et aussi, je l'ai dit plus haut, dans le but de récréer leurs nombreuses épouses et de leur faire oublier un peu, si c'est possible, leur misérable condition. Ce qu'il y a de certain, c'est qu'ils cultivent la danse avec une sorte de passion, et affirment qu'il se donne dans le paradis les plus beaux bals du monde.

Pour bien comprendre les Mormons au sujet des bals célestes, il faut savoir que ces amusants sectaires considèrent Dieu comme un roi tout humain., ayant le corps et le visage d'un homme, avec les idées et les passions humaines; le tout infiniment perfectionné, cela va sans dire. C'est un article de foi mormonienne qui se trouve formulé très-clairement dans *The book of doctrine and convenants*, livre sacré écrit par Joseph Smith sous la dictée du Tout-Puissant. Il n'y a pas à discuter sur ce point avec les Mormons, lesquels ajoutent gravement que l'on ne se borne pas, dans le paradis, à donner de beaux bals, mais que Dieu ne dédaigne point d'y figurer; seulement, ajoutent-ils, avec la même gravité, Dieu ne danse

que des quadrilles et condamne la mazurka, la valse et
la polka comme immorales.

Au reste le mormonisme n'était pas encore inventé
qu'un jésuite espagnol éprouva le besoin de nous révéler
sur le paradis les jolies choses que voici dans son *empy-
reologia* publiée à Salamanque en 1652. « Il y aura tou-
» jours dans le paradis, écrit le disciple de Loyola, une
» excellente musique exécutée avec les mêmes instru-
» ments que ceux auxquels nous sommes accoutumés
» ici-bas ; les bienheureux nageront comme des poissons
» dans une onde parfumée ; leur voix surpassera celle
» du rossignol ; les anges s'habilleront en femmes ; ils
» auront les cheveux frisés et porteront des vêtements
» faits d'étoffes du plus grand prix ; il y aura des bals et
» des fêtes. »

Je ne serais pas surpris d'apprendre après cela par
quelque spirite bien informé, que M. Dupin s'occupe
dans le céleste empire où ses vertus ont dû le porter,
d'une brochure nouvelle sur le *luxe effréné des anges*.

Revenons aux Mormons.

Les *Saints du dernier jour*, qui se considèrent comme
autant de petits dieux, puisque le Créateur appartient à
notre espèce, ne dansent jamais que des quadrilles dans
leur petit paradis du Lac-Salé. En outre, ils se croient
autorisés à exécuter la figure du *cavalier seul*, dans laquelle le célèbre Chicard et ses nombreux élèves se sont
montrés si grotesquement fantaisistes et désossés.

Mais les Mormons usent de cet avantage avec une extrême réserve.

De leur côté, les Servantes du Seigneur qui font vis-à-vis à ces danseurs modèles n'empruntent rien aux traditions échevelées de l'école des Frisettes et des Rigolboches. Tout se passe gaiement, mais avec décence, comme il convient à des gens qui agissent par les ordres et d'après l'exemple du Père Eternel.

Le bal auquel j'ai eu l'avantage d'assister était offert par les jeunes gens du Lac-Salé, et s'est donné dans le spacieux local appelé *Social-Hall*. Les frères Stenhouse et Clawson furent mes introducteurs, et je ne fus pas peu surpris de l'aspect de la réunion, qui était en vérité des plus brillantes.

En entrant dans la salle, je lus, écrite en gros caractères et d'une jolie nuance vert tendre, cette devise symbolique : « Notre maison est la montagne ! » En face de cette devise s'élevait l'estrade des musiciens ; j'y vis un piano, quatre violons, deux altos, un violoncelle, une contre-basse, une flûte, une clarinette, un cornet à pistons, deux saxhorns, un trombone et une grosse caisse, à laquelle était attachée une paire de cimbales. Certes, la composition de cet orchestre, même au point de vue de la danse, n'était pas irréprochable, mais en pensant que j'étais dans l'Utah, presque aussi séparé du monde civilisé que si j'eusse été dans la lune, je ne pus qu'admirer les progrès en tous genres accomplis en si peu de temps par ces extravagants, mais très-laborieux et très-intelligents sectaires.

Derrière l'estrade des musiciens était une vaste plate-forme à l'usage de ceux qui ne dansaient pas. Car, malgré leur amour pour l'art de Terpsychore, tous les Mormons ne peuvent pas danser, et il arrive un âge où il faut bien s'amuser simplement de voir les autres se divertir. Sur cette plate-forme étaient assis un assez grand nombre d'invalides mormons et d'épouses à la réforme.

Je ne sais comment s'y prennent les jeunes femmes mormones pour se procurer les étoffes à la mode ; ce que je puis assurer, c'est qu'elles sont habillées aussi élégamment qu'on s'habille à Paris et à Londres. Des pieds à la tête leur toilette est irréprochable.

M. Stenhouse m'assura que Brigham Young, le chef spirituel, qui est aussi le chef temporel, devait venir accompagné de quelques-unes de ses femmes et de plusieurs de ses filles, qu'on disait être fort jolies. J'étais ravi de cette nouvelle, car le grand dignitaire de l'Eglise s'était montré pour moi très-aimable, et j'avais la plus grande envie de le voir faire des pirouettes et des entrechats.

— Vous le verrez danser, me dit M. Stenhouse ; il est d'une agilité remarquable pour son âge.

— Mais, observai-je, est-ce que cette disposition, qui est évidemment une faveur toute spéciale du ciel, ne pourrait pas passer pour un miracle ?

— Nous y avons pensé.

— Pensez-y encore.

— Toutefois, c'est chose grave que de se prononcer sur un miracle.

— Ah bah ! vous croyez ?

— Mais certainement ; du moins parmi nous, qui sommes le peuple du Seigneur, et qui agissons suivant sa loi. Jugez, si nous venions à nous tromper !...

— Permettez : en agissant d'après la loi de Dieu, si vous vous trompez, c'est qu'il désire que vous vous trompiez, et c'est en ne vous trompant pas que voüs le tromperiez réellement.

— Cette observation nous a été faite par un des douze apôtres qui, avec le conseil des soixante-dix, un certain nombre d'anciens, de prêtres, d'enseignants et de diacres, forment notre sacerdoce.

— Et elle ne vous a pas frappés ?

— Un de nos plus savants docteurs en théologie a réfuté cette observation et l'a mise à néant en trois cent soixante pages in-4°.

— N'importe, à votre place je proclamerais le miracle.

— C'est probablement ce que nous finirons par faire un jour.

Voici venir un vieux Mormon avec ses neuf femmes légitimes. C'est un diacre fort riche, dont la physionomie est distinguée, mais dont l'habit est trop court de taille, ce qui donne à sa personne quelque chose de grotesque. Ses neuf femmes sont toutes habillées de blanc, et un long ruban rose, dont un des bouts tombe élégamment sur le côté, leur sert de ceinture. Elles sont toutes jolies, et la moins jeune n'atteint pas à la moitié de l'âge de leur respectable époux. On dirait un pensionnat conduit par le père de la maîtresse du pensionnat.

Sur la plate-forme, assise au premier rang et formant tapisserie, j'aperçois une femme qui flotte entre soixante-dix et soixante-quinze printemps. Elle a la gaieté fébrile des vieilles femmes, et, dans le but évident de se faire remarquer, elle agite bruyamment un bel éventail chinois.

— Quelle est cette dame? demandai-je à M. Stenhouse.

— C'est une nouvelle mariée de la semaine dernière, Mme Erlington.

— Mais elle n'a plus de dents.

— Je vous demande pardon, il lui en reste deux, et très-grandes.

— Ce n'est vraiment pas assez. Elle était donc bien riche cette dame, et son mari bien disgracié du ciel et de la terre ?

— Tout au contraire. M. Erlington est un jeune homme de trente-deux ans, bien fait de sa personne, agréable, spirituel et dans une excellente position de fortune. La nouvelle mariée était dans l'indigence, et on la nourrissait à la cuiller quand on avait de quoi le nourrir. Après la cérémonie du mariage, elle s'est écriée : « Maintenant, grâce à Dieu ! j'aurai mon gruau régulièrement. »

— Voilà qui est incompréhensible.

— Vous allez comprendre. M. Erlington était reçu dans une famille composée de quatre sœurs, de leur mère, veuve de quarante-cinq ans, et de leur grand'-mère. M. Erlington demanda en mariage une des sœurs, la blonde Jane. Jane avait le cœur généreux, elle ne voulut pas se séparer de sa famille réduite à la misère.

— Soit, dit M. Erlington, j'épouserai aussi vos trois sœurs pour vous être agréable.

— Et ma mère? fit l'excellente Jane.

M. Erlington fronça légèrement les sourcils.

Jane leva ses yeux bleus sur le sensible jeune homme.

— Vous le voulez donc absolument? dit M. Erlington.

— Jamais je n'abandonnerai ma mère, répondit d'une voix douce mais décidée la séduisante enfant.

— Ah! Jane, il faut que je vous aime bien pour épouser votre mère!

Jane pourtant ne paraissait pas encore satisfaite.

— Mon ami, lui dit-elle, il y a encore grand'maman...

— C'en est trop! exclama l'infortuné; qu'on me pende! je préfère la mort!

— Erlington! soupira la charmante blonde, vous ne m'aimez pas!

— Comment, Jane, je ne vous aime pas quand, pour obtenir votre main, je donne la mienne à vos trois sœurs et à votre respectable mère! Je ne peux pourtant pas me marier avec tout le monde!

— Ma grand'mère, mon ami, n'est pas tout le monde pour moi. Mais il est des délicatesses de sentiment que les hommes ne comprennent pas. Je me retire, monsieur et vous laisse libre.

— Restez, Jane... Hé bien! va pour la grand'mère!... N'avez-vous pas encore quelqu'un à me faire épouser?... Pendant que j'y suis, il ne m'en coûtera pas plus.

— C'est tout, répondit la jeune fille avec une adorable simplicité.

— Et voilà, ajouta M. Stenhouse, comment il se fait que M. Erlington, jeune, beau, spirituel, aimable et riche, s'est marié la semaine dernière avec une famille entière.

J'avais senti des sueurs froides, au récit de cette histoire mormonienne. Enfin l'on annonça Brigham Young et sa suite.

Le grand pontife fit très-gaiement son entrée au bal. Trois de ses apôtres les plus intimes composaient son escorte avec une dizaine de ses épouses et cinq ou six de ses filles. Celle-ci sont en effet charmantes, et leur instruction est des plus soignées ; elles parlent, avec l'anglais qui est la langue nationale, le français et l'espagnol. Sur un signe de Brigham, tous les assistants se courbèrent pour adresser une prière à l'Eternel. Je me courbai comme tout le monde, mais, n'ayant point l'honneur de connaître le dieu des Mormons et ne désirant pas faire sa connaissance, je m'abstins de lui rien dire. La prière achevée, l'orchestre entonna aussitôt la première figure d'un quadrille de Musard, et les cavaliers allèrent inviter leurs dames. En ma qualité d'étranger et d'hérétique, je ne pouvais prendre part à la danse, et on m'assigna une place sur la plate-forme, presqu'à côté de la vieille grand'mère de June, Mme Erlington.

Le prophète ouvrit le bal avec ses femmes, ses filles et ses apôtres.

Brigham Young est en effet un étonnant danseur ;
mais il est plus agile que gracieux. Le rapide mouvement de ses jambes surprend chez un homme de plus de
soixante-dix ans ; toutefois je ne crois pas qu'il y ait miracle.

Je ne dirai rien des trois apôtres, si ce n'est qu'ils me
parurent des danseurs de salon comme il y en a tant
partout, c'est-à-dire lourds, gauches et distraits.

On ne dansa que des quadrilles, et le bal se prolongea
jusqu'à une heure du matin. Alors on fit en commun
une seconde prière, et on passa dans une vaste salle où
était dressée une table parfaitement servie. Je pris ma
part du souper, qui fut somptueux. A table, comme
pendant le bal, les invités ne se parlèrent jamais qu'en
se qualifiant de frère ou de sœur.

— Frère, me dit un Mormon, acceptez-vous un morceau de castor ?

— Volontiers, répondis-je.

Le castor est, avec l'ours, la nourriture habituelle
dans ce pays.

Je trouvai ces viandes d'un goût parfait, mais je ne
pus manger d'une certaine chenille accommodée à la
sauce blanche, qui fait sous cette latitude le régal des
gourmets.

La conversation s'anima sans jamais devenir bruyante,
et l'eau fut la seule boisson jusqu'au dessert. A ce moment du souper seulement, on servit du champagne. Un

bouchon de ce vin tomba à mes côtés ; je le ramassai et je lus sur le liége le nom du premier importateur de ce vin aux Etats-Unis : *Marc Caussidière.*

Il était près de trois heures du matin lorsque je rentrai chez moi.

XV.

HENRI IV A LIÈGE

—

AU DOCTEUR CHANET.

Liége, 15 mars 1866.

Tout le monde ne va pas à Corinthe, mais moi qui,
évidemment, suis né sous une étoile filante, je n'ai pas
hésité un instant à prendre les bottes de sept lieues de la
vapeur pour aller de Paris entendre un opéra nouveau à
Liége.

J'aime la musique et je savais que celle dont les compatriotes de Grétry allaient avoir la primeur n'a rien de
commun avec les flonflons vulgaires qui empestent si souvent l'atmosphère de notre belle France.

Après le congrès passablement discordant, vous le savez, des étudiants à Liége, le besoin d'un peu de musique se faisait généralement sentir. La musique, a dit

Molière, — qui n'a cru faire qu'un jeu de mots et qui a exprimé une pensée profonde, — la musique est le plus sûr moyen de rétablir la bonne harmonie.

Rien n'est plus vrai, car si l'on a pu dire que la parole a été donnée à l'homme pour déguiser sa pensée, on pourrait sans le moindre paradoxe assurer que le chant lui a été accordé pour conserver et garantir la sincérité de ses sentiments. En effet, on ne ment pas en musique, et ceux qui n'ont rien à dire dans cette langue honnête par excellence de la voix chantée, ne disent rien et ne trompent personne.

J'avais résolu de garder pour moi seul les impressions de cette soirée, mais elles sont trop à l'avantage du compositeur qui vient de se révéler un maître, du poëte qui est tout simplement un esprit ingénieux et charmant pour que je puisse me taire sans commettre une sorte d'injustice.

— L'ouvrage est un opéra en trois actes et quatre tableaux ; le sujet, les amours de l'aimable inventeur de la poule au pot, — sans garantie du gouvernement, — du calviniste converti, du diable à quatre, de l'homme au triple talent, en un mot du royal amant de la belle Gabrielle.

L'histoire qui n'a de poésie que pour les grands événements, nous montre Gabrielle telle qu'elle était, c'est-à-dire la maîtresse de Bellegarde, après avoir été celle de quelques autres galants, et l'impatient et audacieux béarnais marchant à la conquête de ce cœur impressionnable et déjà si souvent impressionné, déguisé en garçon de ferme, une botte de paille sur le dos. Dans l'opéra nouveau, Gabrielle est pure comme l'enfant qui vient de naître, bien qu'elle soit mariée au vieux comte d'Amerval, un vaniteux imbécile de la plus joyeuse espèce, un mari de ceux que Balzac appelle *prédestinés.* Le comte d'Amerval est engagé dans une intrigue politique et tout naturellement il est pour la ligue contre le roi de Navarre. Ce dernier qui se fait passer pour un archer du roi — il ne dit pas lequel, — paraît entrer dans les combinaisons du vieux comte. Il lui offre même de sauver l'armée du duc de Mayenne, coupée en deux, au moyen d'un stratagème aussi simple qu'ingénieux : Une femme servira d'espion, mais il est indispensable qu'elle soit jeune, blonde et jolie. — J'ai votre affaire, s'écrit le comte radieux, prenez ma femme. Et Gabrielle part avec le prétendu archer du roi pour aller raccommoder l'armée du duc de Mayenne toujours coupée en deux.

Au troisième acte, le roi de Navarre revient triomphant sur toute la ligne, et le comte d'Amerval se croit perdu.

— Prenez ma tête, dit-il, au Béarnais qui a la générosité de la lui laisser. Il fait mieux, il le nomme ambassadeur extraordinaire, ce qui est ordinaire en pareil cas.

Cette pièce, qui a pour nom le *Béarnais*, et pour auteur M. Pellier-Quengsy, est un des opéras-comiques les plus intéressants, les mieux conduits, les plus émaillés de mots spirituels et franchement gais que nous ayons entendus depuis longtems. Paris lui eût fait un acceuil au moins aussi flatteur que celui qui lui était réservé à Liège, et M. Théodore Radoux, l'auteur de la partition, a eu la main heureuse pour son début au théatre. Les situations musicales abondent dans ce poëme, et le compositeur les a toutes saisies avec un rare bonheur d'inspiration et une science qui n'a plus à recevoir d'autres conseils que ceux de l'expérience ; ce maitre des maîtres toujours.

Il me faut choisir, pour vous les signaler, les plus jolies fleurs dans ce parterre odorant de la mélodie. C'est d'abord l'ouverture dont le début, sonore et hardi, semble placé ici comme une profession de foi musicale. Le motif principal de cette pièce symphonique est gràcieux et délicat, les développements en sont faits avec goût, les rentrées sont charmantes, néanmoins l'impression générale est la monotonie. Cela tient peut-être à ce que l'orchestration n'est pas assez variée, et que les cors dominent ici un peu trop.

Après l'air d'Henri IV sous le costume d'un archer du roi, air franc et bien rythmé, après les couplets de Florette, d'un caractère original et orchestrés avec beaucoup de relief, le joyau du premier acte est un duo bouffe entre le comte d'Amerval et le roi de Navarre. Toutes les qualités du genre se trouvent ici réunies, et la musique sans cesser un instant de charmer l'oreille, sert à merveille des jeux de scène extrêmement divertissants.

Lé second acte renferme un quatuor délicieux et se termine par un duo d'amour entre le royal Béarnais et Gabrielle, qui est une des plus belles choses que nous ayons entendues au théâtre depuis longtemps. Après ce duo, deux ou trois couronnes et autant de bouquets sont tombés aux pieds du compositeur, que les applaudissements du public avaient forcé de paraitre sur la scène.

Dans le troisième acte, d'une action si vive et si bien soutenue, le ténor (Bellegarde) a chanté ses amours comme devrait chanter l'amour, c'est-à-dire avec des accents partis du cœur. Rien de plus suave, de plus mélodieux, de mieux accompagné aussi que cet *andante* que tous les ténors voudront chanter. La belle Gabrielle (Mlle Singelée), qui est véritablement belle, a brillé dans tout son éclat en chantant un bolero qui, pour n'avoir pas absolument le caractère de la musique espagnole, n'en est pas moins un morceau plein de brio et à grand effet. La cantatrice a jeté avec toute la hardiesse d'une virtuose accomplie les notes les plus aiguës du soprano (des *re* et des *mi*) et le public a crié bravo à chaque fusée de ce feu d'artifice vocal.

Les chœurs, qui sont peu importants dans cette partition, ont pourtant trouvé l'occasion de se faire remarquer dans une belle marche, quand, à la fin de la pièce, le roi de Navarre arrive vainqueur, accompagné de Gabrielle et de madame sa tante.

Nous devons de sincères compliments à tous les interprètes, à l'orchestre d'abord — vaillant entre tous et à son digne chef — à M. Odezenne, qui a eu le tort d'accentuer un peu trop quelques plaisanteries, excellentes quand il les dira plus légèrement ; à Mlle Singelée, une des bonnes élèves de Duprez, dont la distinction est la principale et trop rare qualité ; à Mlle Cèbe, qui, dans son rôle de Florette, s'est révélée pour nous une soubrette vive, spirituelle et de la plus agaçante allure ; à M. Prunet, un ténor d'avenir ; à M. Carman, surtout, qui a créé le rôle du roi de Navarre en grand artiste qu'il est. A plusieurs reprises des propositions fort avantageuses ont été faites par les directeurs de nos théâtres lyriques parisiens à M. Carman, qui les a refusées. Il est liégois et il veut rester chez lui.

A tous les cœurs bien nés que la patrie est chère.

Soit ; mais nous pouvons assurer au baryton liégeois qu'il aura, quand il le voudra, sa place marquée au premier rang parmi nous.

J'aurai fini cette lettre, trop longue et trop courte, quand j'aurai dit que le théâtre royal de Liége est un très-joli théâtre, que les loges et les premières galeries étaient meublées de femmes charmantes en toilettes de bal et que toute la presse belge avait envoyé des correspondants pour rendre compte de cette solennité artistique.

La bonne musique franchit aisément toutes les barrières, et Liége est à deux pas de Paris.

Avis à l'intelligent directeur actuel du Théâtre-Lyrique, à M. Pasdeloup qui n'a qu'un signe à faire pour enrichir son répertoire d'un excellent ouvrage de plus. Avis surtout à M. Martinet, le très-sagace directeur de l'Athènée qui a eu le bon esprit d'engager dans sa troupe la belle Gabrielle liégeoise, la sémillante Mlle Singelée.

Comme Henri IV vainqueur, le *Béarnais*, de MM. Pellier-Quengsy et Théodore Radoux, fera tôt au tard son entrée triomphale à Paris.

XVI.

CAUSERIE SUR L'ÉMIGRATION EN AMÉRIQUE

AU DOCTEUR BÉRIGNY.

Il y a peu de temps, j'étais au Havre. En flânant sur le bord des bassins, mon attention s'arrêta sur un homme de trente-cinq ans environ, à la figure intelligente et ouverte, au corps vigoureusement constitué, et qui, debout, immobile, semblait attendre avec anxiété.

A côté de cet homme, et sur une malle alsacienne de grande dimension, se trouvait assise une jeune femme qui tenait dans ses bras un bel enfant aux chairs blanches, fermes et rosées, aux yeux bleus, aux cheveux blonds et naturellement bouclés. Cet enfant paraissait âgé de trois ans.

La physionomie attentive de l'homme, celle de la femme sur laquelle perçait l'inquiétude, la présence de l'enfant et surtout la présence de l'énorme malle de voyage qui devait renfermer la garde-robe et le linge de toute la famille, me firent présumer que j'avais devant les yeux des émigrans attendant le moment du départ.

Les émigrans ont mes vives sympathies, car pour quitter son pays, ses parents, ses amis, toutes ses affections ; pour rompre avec toutes ses habitudes, s'exposer aux dangers de la mer, aux fatigues et aux nombreuses privations du voyage et aller vivre dans un pays inconnu, toujours triste pour l'étranger, souvent insalubre, il faut tout à la fois être pauvre, honnête et doué d'un certain courage.

Par intérêt pour ces gens, que je soupçonnais Français et sur le point de s'embarquer, je m'approchai d'eux, et j'entendis la conversation suivante :

— Es-tu sûr, mon bon Nicolas, — demanda la femme en regardant l'homme debout auprès d'elle, et qui était son mari, — es-tu sur que notre navire soit parmi ceux que nous voyons ici ? Il est étrange, que nous nous trouvions les seuls émigrants à cette heure de la journée.

— Je commence à croire, — répondit Nicolas, — que je me suis trompé, et que *l'Espérance* se trouve plus loin.

— Vous cherchez le trois-mâts américain *l'Espérance ?* — dit en s'arrêtant un homme d'une cinquantaine d'années, à la figure ouverte et expansive.

— Oui, monsieur, — répondirent en même temps l'homme et la femme.

— Eh bien ! mes chers amis, suivez-moi ; je me rends moi-même à bord de *l'Espérance*. Mais dépêchez-vous si vous partez avec ce navire ; il est onze heures, et vos effets devraient être chargés depuis ce matin huit heures.

Un matelot du port aida Nicolas à mettre la lourde malle sur son dos, et il se rendirent tous à bord du navire américain, qui fort heureusement avait retardé son départ d'un jour et ne devait mettre à la voile que le lendemain matin.

— Est-ce que vous seriez employé à bord de *l'Espérance ?* — demanda Nicolas à l'inconnu quand ils furent revenus à terre.

— Non, mon ami, non, je suis propriétaire à Cincinnati et je me rends chez moi, en Amérique. J'étais venu une dernière fois revoir mon pays natal, la Bourgogne, et admirer pendant quelques jours notre beau Paris. J'ai trouvé la capitale embellie au delà de tout ce que j'avais pu imaginer. Pour retourner en Amérique, j'aurais pu prendre un steamer qui aurait abrégé ma traversée de vingt jours au moins, car en partant d'Europe les vents sont presque toujours contraires ; mais ayant beaucoup navigué dans ma jeunesse, j'aime la mer, et, comme les écoliers, je prends le chemin le plus long.

Il y avait tant de bonhomie dans les allures de l'inconnu qui avait si obligeamment renseigné le maçon, il y avait tant de franchise et de laisser-aller dans ses paroles, que l'ouvrier se sentit à l'aise avec lui et continua en ces termes :

— Moi, monsieur, je suis maçon de mon état, et quoique j'aime bien la France et que ma femme ait tous ses parens ici, nous partons pour New-York afin de nous y fixer. On nous a dit qu'il était toujours très-facile d'y bien vivre en travaillant et même d'y faire des économies : ma femme est blanchisseuse, et nous espérons réussir tous les deux.

— Mes bons amis, vous me paraissez de braves gens, et, dussè-je ne pas vous faire plaisir, je veux vous dire la vérité. Les Etats-Unis ne sont plus aujourd'hui ce qu'ils étaient, il y a peu d'années encore, et les étrangers ont pour vivre de leur travail, dans l'Amérique du Nord, les mêmes difficultés qu'en Europe, à peu de choses près. Le nombre prodigieux d'Irlandais et d'Allemands qui partent tous les ans pour les Etats-Unis rend très-difficile, par la concurrence, la vie de l'ouvrier. Il faut manger avant tout, et pour manger on travaille, au plus bas prix. Vous a-t-on d'ailleurs initié aux dangers qui attendent l'émigrant dans l'Amérique du Nord?

— Non, monsieur, — répondit la femme du maçon ; — on nous a seulement dit que nous trouverions de suite de l'ouvrage, que l'état de maçon et celui de blanchisseuse étaient deux bons états. Il y a donc des dangers pour nous en Amérique?

— Et d'abord vous ne parlez l'anglais ni l'un ni l'autre, n'est-ce pas?

— Non, monsieur.

— Premier danger, et la source de tous les inconvénients pour nous autres Français, infiniment plus rétifs à
l'anglais que les Allemands et que tous les autres peuples. En arrivant dans la rade de New-York, vous serez
entourés de coquins qui, sous prétexte de vous servir
d'interprètes, de vous aider, de vous guider, vous vole-
ront effrontément, vous exploiteront de toutes manières.
Les *runners* (c'est ainsi qu'en nomme l'espèce de filous
qui exploitent l'émigrant), les *runners* se divisent les
rôles. Les uns vous volent directement dans votre poche
pendant que d'autres vous occupent ; il en est qui s'en-
tendent avec certains chefs d'auberges mal famées dans
Greenvich-street, pour faire disparaître vos malles, changer votre argent contre des billets de banques tombées
en faillite, et vous vendre de fau... *tickets* (cartes d'admis-
sion) pour les chemins de fer et les steamboats. Souvent
vous vous apercevez des piéges qu'on vous tend . mais
à qui se plaindre quand on ne sait pas parler la langue
du pays !

— Ah ! mon Dieu ! et que faire pour éviter de pareils
dangers? — s'écria la pauvre femme d'une voix altérée
par la crainte.

— Le mieux serait d'avoir une lettre de recommandation pour un Français habitant le pays qui voudrait bien
se charger de vous piloter. Dans ce cas, il conviendrait
d'attendre qu'il vînt vous chercher à bord. Quant aux
Français qui arrivent en Amérique sans aucune lettre de

recommandation, ils feront toujours prudemment de descendre dans une pension (*boarding-house*) tenue par des compatriotes. Il y en a plusieurs dans toutes les grandes villes de l'Union, et là du moins on peut se faire comprendre et demander quelques conseils. Il y a des pensions françaises depuis trois dollars, et demi par semaine (le dollar vaut cinq francs) jusqu'à six, huit et dix dollars.

— Nos professions, à mon mari et à moi, sont-elles du moins lucratives à New-York, et dans les autres villes des Etats-Unis? — demanda la femme du maçon.

— Votre état de blanchisseuse serait beaucoup plus lucratif au Brésil et dans toute l'Amérique espagnole. A New-York, les blanchisseuses sont payées cinq schellings américains (trois francs quinze centimes) pour chaque douzaine de pièces de linge lavé, gommé et repassé ; les petites pièces telles que mouchoirs de poche, faux-cols, etc., compensent les grandes pièces telles que draps de lit, chemises, etc. Il est bon de vous dire encore que dans toutes les maisons particulières c'est une domestique qui lave et repasse le linge de la famille. Les personnes qui vivent dans les *boarding-houses* donnent seules leur linge à blanchir au dehors. Il est vrai que le nombre de personnes qui vivent ainsi en pension est considérable partout aux Etats-Unis.

— Je sais coudre, — répondit la femme du maçon, — et si mon état de blanchisseuse ne va pas en Amérique, je me ferai couturière.

— Encore une profession médiocrement rétribuée dans l'Amérique du Nord, et beaucoup mieux payée au Brésil, au Chili, au Pérou, à Buénos-Ayres, à l'île de Cuba et au Mexique. Dans les meilleurs ateliers de couture, par exemple chez madame Roullier-Augier à New-York, le gros des ouvrières reçoivent de trois dollars et demi à quatre dollars par semaine, et sur cette somme si minime elles sont obligées de se nourrir. Les ouvrières à la journée, dans les maisons particulières, sont plus heureuses ; elles sont payées quatre schellings par jour et on les nourrit. Mais il faut avoir une clientèle, et pour cela il est presque indispensable de savoir parler un peu l'anglais.

— S'il le fallait absolument, je me ferais domestique.

— Vous ne pourriez, ma pauvre madame Nicolas, vous placer que chez des Français, puisque vous ne savez pas la langue du pays ; cela diminuerait considérablement vos chances de placement, car il n'y a guère plus de quinze mille Français à New-York. Les domestiques se payent généralement six dollars par mois, mais elles sont obligées à un travail beaucoup plus laborieux que le travail des domestiques en France. En somme, les femmes ouvrières ne sont pas beaucoup plus heureuses dans l'Amérique du Nord qu'en Europe. Dans toutes les colonies espagnoles et au Brésil elles trouvent généralement, au contraire, l'emploi lucratif de leur temps. D'une autre part, les Français, qui apprennent l'anglais avec beaucoup de peine, se font assez promptement comprendre en espagnol et en portugais.

— Mais mon mari sera-t-il du moins plus heureux que moi aux Etats-Unis? Je le pense, car dans un pays où les villes poussent partout comme par miracle, à ce qu'on dit, les maçons doivent être recherchés et bien payés.

— Ici encore les apparences sont trompeuses, et le pauvre émigrant sans conseil, qui juge des pays étrangers par la France, ne trouve trop souvent, en arrivant, que déception et misère. Sachez donc, mes amis, que l'état de maçon en Amérique est un tout autre métier que chez nous. Aux Etats-Unis les maisons ne sont pas construites en pierre; elles sont faites de bois dans beaucoup de villes et dans toute la campagne; les plus belles sont bâties en briques; enfin il en est un grand nombre construites toutes en fer, et dans lesquelles ni maçons ni charpentiers n'ont à mettre la main.

— Mais alors que pouvons-nous faire aux Etats-Unis? dit la femme du maçon presque désespérée.

— Hélas! mes pauvres gens, vous ferez comme les neuf dixièmes des ouvriers français, vous lutterez péniblement dans un pays où vous n'aurez pas les compensations que vous trouvez en France, et quand vous aurez comme on dit, mangé de la vache enragée, que vous aurez fait des connaissances, que vous serez casés, en un mot, il vous sera bien difficile encore de mettre quelque argent de côté.

— Mais ce que vous nous dites, monsieur, est désespérant.

— Ma pauvre dame, je ne vous dis que la vérité.

— Jeanne, fit le maçon, qui depuis un moment écoutait en silence les observations de l'inconnu, — Jeanne, nous resterons en France, où, Dieu merci ! l'ouvrier honnête et laborieux trouve toujours à gagner sa vie. Je vous remercie, monsieur, dit-il en s'adressant au propriétaire, des précieuses indications que vous nous avez données sur les ressources que les ouvriers peuvent trouver aux États-Unis. Si plus tard il nous prend envie, à ma femme et à moi, d'aller nous établir en Amérique, nous aurons soin au préalable de prendre nos renseignements auprès de personnes compétentes et désintéressées, afin de mieux choisir l'endroit où nous voudrons exercer notre profession.

Pour nous, qui rapportons cette histoire et qui avons pu juger par nous-même de la valeur des assertions du propriétaire franco-américain, nous ne pouvons qu'applaudir à ces paroles et à la détermination du maçon. La Louisiane seule, dans tous les États-Unis, offrait, avant la guerre, aux ouvriers et aux employés des avantages marqués sur ceux qu'ils trouvent en France. Mais la Louisiane est un pays malsain en beaucoup d'endroits, et il y a danger de mort pour les étrangers non acclimatés qui passent l'été à la Nouvelle-Orléans. La fièvre jaune les enlève par milliers tous les ans.

Nous dirons en outre que, parmi les Français qui vont

s'établir aux Etats-Unis, les seuls qui aient quelque chance de gagner assez d'argent pour faire des économies sont les commerçants qui débutent modestement par un petit commerce, ou ceux qui ont une industrie particulière à notre génie national. Les commerçans qui arrivent avec une forte pacotille risquent fort de la perdre avant d'avoir acquis l'expérience des affaires dans un pays où tous les hommes sont marchands, et les plus hardis comme les plus adroits marchands du monde entier, sans en excepter les Anglais.

Dans les professions manuelles, les couturières habiles, les modistes de goût, les fleuristes, les tailleurs, les chapeliers, les coiffeurs, les cuisiniers, les pâtissiers, les charcutiers, peuvent réussir à s'établir avec avantage aux Etats-Unis.

Les professeurs de langue et de musique sont loin de faire fortune, et s'il y a tant de Français professeurs aux Etats-Unis, c'est que beaucoup, hélas? n'ont pas l'argent nécessaire à leur passage pour revenir en France.

Les médecins peuvent faire de bonnes affaires aux Etats-Unis, quand ils ont du talent, qu'ils parlent bien l'anglais et qu'ils sont munis de fonds suffisans pour se faire annoncer dans les journaux et attendre patiemment les malades.

Quant à nos agriculteurs, ils ont bien de la peine à se faire au régime américain, qui consiste à travailler toujours sans aucune distraction. Ils ont d'ailleurs à lutter contre les Allemands, qui sont partout en grand nombre,

travaillent avec intelligence et opiniâtreté, et ne vont pas
en Amérique, comme nous, pour y faire fortune et revenir. L'Allemand qui émigre quitte son pays pour ne
plus le revoir ; il se fait naturaliser Américain, et travaille
pour ses enfants, Américains comme lui.

Les Etats-Unis sont, par calcul autant que par principe politique, la nation hospitalière par excellence. Mais
si hospitalière que soit l'Amérique du Nord, il est bon de
le faire savoir ici, elle n'en a pas moins interdit l'entrée
de son territoire aux émigrants qui ne peuvent justifier
de la possession d'une certaine somme d'argent propre
à subvenir aux premiers frais de déplacement et d'installation dans les terres. Des émigrants convaincus d'indigence ont été renvoyés dans leur pays par l'intermédiaire de leurs consuls respectifs.

Les émigrants cultivateurs sont assurément de tous les
étrangers en Amérique les plus heureux, quand ils ne
sont pas trompés par des spéculateurs criminels qui leur
vendent des marais pestilentiels ou des terres sablon-
neuses dans des contrées perdues, pour de bonnes terres
à proximité des chemins de fer.

Nulle part au monde, peut-être, l'agriculture n'est
mieux appréciée que dans la grande république américaine. Cette estime qui entoure l'agriculture est une des
principales causes de l'étonnante prospérité de cette république, vivifiée et enrichie par l'émigration européenne.

On se s'abaisse pas de l'autre côté de l'Océan en dirigeant la charrue; on s'élève au contraire aux yeux de tous, et il n'y a que l'Angleterre, croyons-nous, qui puisse se flatter justement de dépasser les Etats-Unis dans l'art de cultiver la terre.

En Amérique, tous les agriculteurs savent lire, depuis le propriétaire des champs jusqu'au garçon de ferme, et tous profitent des bienfaits de l'instruction.

L'émigrant cultivateur, si injustement classé en Europe dans les rangs infimes de la société, se voit au premier rang dès qu'il a touché le sol de l'Union.

Voilà pour le côté moral, et certes il a grandement son importance.

Quant aux avantages matériels que les agriculteurs étrangers peuvent trouver aux Etats-Unis, ils ne sont pas moins positifs.

De deux choses l'une : ou l'émigrant cultivateur possède des économies et il achètera des terrains en Amérique, où il ne possède pas d'économies et travaillera pour le compte d'autrui. Dans ce dernier cas, il ne gagnera pas moins de huit à dix dollars par mois (40 à 50 francs), en sus de la nourriture et du logement accordés à tous les garçons de ferme.

Donnons, pour les émigrants étrangers qui veulent devenir propriétaires aux Etats-Unis, quelques renseignements utiles, qui, nous l'espérons, seront intéressants pour tous nos lecteurs.

Ce sont les terres du domaine public que l'agriculteur devra acheter. Ces terres, plus ou moins fertiles, forment un total, dans le moment où nous écrivons, de 471,982,679 acres, qui se vendent au prix d'un dollar à un dollar et demi l'acre (1).

Ces terres, non encore défrichées, ont été cédées à certaines conditions par les différents Etats de l'Union au gouvernement fédéral, et lui seul a le droit d'en disposer. Ce prix si minime d'un dollar à un dollar et demi est susceptible d'être élevé par le directeur du domaine, pour les terres qui présentent des avantages exceptionnels. Toutefois, le gouvernement reconnaissant les immenses avantages qui résultent pour la nation à attacher les émigrans au sol en les rendant propriétaires, les terrains sont toujours vendus à l'avantage des acquéreurs.

L'office général pour la vente des terres publiques est établi à Washington. Mais d'autres bureaux existent à proximité des terrains à vendre. L'important pour l'acquéreur n'est pas seulement de choisir des terres fertiles, mais plus encore de les prendre à proximité des chemins de fer, qui pourront porter rapidement et à bon compte les produits de l'agriculteur sur les marchés voisins.

Une loi qui a pour effet de graduer le prix des terres publiques que veulent acheter ceux qui les cultivent déjà sans en être pour cela les légitimes possesseurs a passé au congrès le 4 août 1854. Le prix des terres publiques,

(1) L'acre américain correspond à l'arpent français.

dit la loi, ayant été mises en vente depuis dix ans et plus, à partir du moment où les personnes qui les occupent et les cultivent demandent à les acheter, ce prix est fixé à un dollar l'acre ; si elles ont été mises en vente depuis quinze ans et plus , le prix est de 3 fr. 75 cts. ; depuis vingt ans et plus, le prix est de 2 fr. 50 c. l'acre ; depuis vingt-cinq ans et plus , le prix est de 2 fr. 25 c. l'acre ; depuis trente ans et plus , le prix est de 62 centimes et demi l'acre ; toute personne qui demande à acquérir des terres publiques doit s'adresser au bureau du ressort duquel elles se trouvent. Cette mesure est prise pour éviter toute confusion. En outre, l'acquéreur doit affirmer, sous serment et la main sur la Bible , qu'il désire acheter les terres pour son propre usage, c'est-à-dire pour les occuper et les cultiver ; ou bien encore pour agrandir une ferme ou plantation contiguë et déjà cultivée. L'acquéreur doit jurer aussi qu'avec cette nouvelle acquisition il n'a pas acheté du domaine public plus de trois cent vingt acres de terre , maximum qu'on ne peut dépasser en aucun cas.

La législature du territoire de Nebraska, qui sans aucun doute s'adjoindra bientôt à titre d'Etat à la confédération américaine , vient de passer une loi par laquelle tout émigrant, mâle ou femelle, a droit, à titre de propriété, à cent soixante acres de terre. La seule condition imposée est de résider sur le territoire et d'y défricher le terrain.

Les femmes mariées sont naturellement en dehors de

cette mesure, par la raison que tout ce qui appartient à la femme appartient légalement au mari, suivant la loi du pays ; or, si les femmes mariées avaient aussi droit à un lot de terrain, ce serait le mari qui en profiterait légalement, et il se trouverait ainsi favorisé contrairement à la loi, qui veut être égale pour tous.

Il s'est produit dernièrement à ce propos un fait que je demande la permission de raconter épisodiquement, pour donner un échantillon de ce qu'on appelle en Amérique un *yankee trick*, c'est-à-dire une ruse de Yankee.

Deux Yankees, mari et femme, furent s'établir dans le Nebraska, et reçurent pour tous deux, aux termes de la loi, cent soixante acres de terrain.

— C'est injuste, — dit le Yankee, — qu'un homme marié, vivant avec sa femme, n'ait pas droit à plus de terrain qu'un simple célibataire ou qu'une femme seule.

— C'est révoltant, — dit à son tour la femme, — car c'est encourager le célibat, qui conduit trop souvent à tous les désordres de la vie.

— Il faut se résigner, puisqu'il n'y a pas de remède à cela.

— Peut-être y en a-t-il un, — ajouta la femme après un moment de réflexion.

— Vraiment ! — dit le mari ; — quelle est ton idée ?

— Voilà. Nous formulerons d'un commun accord une demande en divorce, motivée sur une incompatibilité d'humeur. Nous divorcerons, et dans cette nouvelle position j'aurai droit, comme toute femme seule, au lot de cent soixante acres de terrain que je demanderai.

— Et après ? — dit le mari, un peu inquiet, et qui trouvait peut-être que sa femme avait trop d'imagination.

— Après, mon bien-aimé, ce sera tout simple : nous nous remarierons, et nous aurons ainsi, par un *trick*, légalement acquis ce que l'on nous refuserait aujourd'hui.

Le mari approuva un si ingénieux moyen d'arrondir sa propriété, et les choses se passèrent comme cela avait été convenu, la loi ne pouvant s'y opposer.

On sait que plusieurs années avant la guerre d'Amérique la législature de Nebraska a voté définitivement et par un acte solennel, un bill qui abolit l'esclavage dans ce territoire, ainsi que cela a été fait plus tard pour un autre territoire, celui du Kansas. Cette mesure politique, indépendamment des hautes considérations morales qui militaient en sa faveur, était commandée par la nature particulière du climat du pays. La température de Nebraska est généralement peu élevée ; les hivers y sont longs et rigoureux ; aucune raison sérieuse, aucun prétexte ne semblait pouvoir être mis en avant par les *esclavagistes* pour y établir le travail forcé. Evidemment, dans l'intérêt de l'avenir du territoire, pour son développement agricole, celui de sa population, le système du travail libre était de beaucoup préférable. On sait la répugnance profonde des émigrants européens, et particulièrement des Allemands, cultivateurs intelligents et infatigables, admirablement organisés pour supporter les privations de la vie du pionnier, à aller se fixer dans un pays à esclaves.

† Malgré les bonnes dispositions de la législature du Nebraska et les excellentes terres qui s'y trouvent, nous n'engageons aucun de nos compatriotes à aller se fixer sur ce territoire. Il a de l'avenir sans doute ; mais dans le moment présent on s'y exposerait à de cruelles déceptions : dans tous les cas, ce serait se condamner sûrement à vivre péniblement ; à moins d'avoir dans le pays un parent ou un ami qui fasse pour vous ce qu'on pratique souvent aux Etats-Unis à l'égard des émigrants qu'on veut favoriser.

« Il est assez commun, » écrit M. Etourneau dans un livre destiné aux émigrants, « de voir des cultivateurs quitter l'Europe pour aller se fixer en Amérique près d'un parent ou d'un ami, ancien voisin. Ces parents ou ces amis lui ont acheté à l'avance un lot de terre dans leur voisinage : de sorte que le nouveau venu n'a qu'à prendre possession de sa ferme en arrivant dans sa patrie adoptive, et son installation se fait avec autant de célérité que d'économie.

» Voici comment on procède à l'égard de l'émigrant qui est attendu :

» Après avoir visité attentivement le lot de terre acheté pour le compte de l'étranger, et choisi le point le plus convenable pour y élever sa demeure, on invite un certain nombre de voisins à venir, à un jour indiqué, coopérer à l'érection du *log-cabin* du nouveau citoyen cultivateur. Personne ne manque au rendez-vous ; car ces installations rustiques sont considérées comme des parties de plaisir par ceux qui y prennent part. Les arbres tombent par centaines sous les coups de la cognée, et le *logcabin* s'élève comme par enchantement. On ne se donne pas la peine de façonner le bois ; on se borne seulement à superposer les arbres bruts les uns sur les autres pour former le mur et mêmes les cheminées de cette humble demeure champêtre ; car on n'a ni le temps ni les moyens pécuniaires de se procurer d'autres matériaux. Les écuries sont construites de la même manière ; et, pour intercepter l'air qui circule entre ces arbres ainsi superposés, on met du mortier fait de terre dans les interstices de ces grossières murailles. Puis, quand la prospérité a couronné les efforts du nouveau débarqué, il abandonne sa *log-cabin* pour une confortable maison en briques ou en pierres, et ne garde que le souvenir de la chaumière qu'on lui avait improvisée à son arrivée en Amérique. Les amis ne se bornent pas à l'installer : ils lui donnent des bestiaux et des provisions que le nouveau venu ne rendra que lorsque sa position lui permettra de le faire sans nuire à sa prospérité naissante :

Quand un cultivateur s'expatrie avec la certitude de trouver un tel appui dans le nouveau monde, il est rarement exposé aux déceptions, qui remplacent trop souvent les illusions de l'émigrant, toujours disposé à voir les choses trop en beau. Exemple, les déceptions qu'ont éprouvées en arrivant à l'Amour (possession russe) les émigrants qu'on y avait appelés en leur promettant des merveilles. La plupart des émigrants qui s'étaient dirigés vers ces parages avec des bestiaux et des instruments d'exploitation ont eu à vaincre les plus grandes difficultés quand il s'est agi de se transporter du port d'embarquement aux lieux fixés pour leur établissement. Les bateaux à vapeur et les autres moyens de transport étaient insuffisants : rien n'avait été prévu, en sorte que les pauvres gens ont été obligés de céder à vil prix une grande partie des objets encombrants qu'ils emportaient avec eux. Grande a été leur désillusion; on eût dit qu'on les avait attirés dans un guet-apens au profit de ces trafiquants d'aventure qui se rencontrent partout dans les quatre parties du monde.

Les ouvriers étrangers qui restent dans les villes sont on le comprend par ce qui précède, généralement moins heureux que les agriculteurs, et se trouvent exposés à manquer d'ouvrage. Les bureaux du consul de France, à New-York, sont souvent visités par des ouvriers français appartenant à toutes les professions, qui, ne trouvant pas à s'employer et ignorant jusqu'où peut s'étendre la protection des consuls français en Amérique, viennent demander leur passage pour retourner en France.

On ne saurait croire le nombre prodigieux d'étrangers, ouvriers, agriculteurs, employés, médecins, artistes, commerçants, etc., qui émigrent aux Etats-Unis. Nous avons vu, durant notre séjour à New-York, les paquebots apporter dans l'espace d'un mois , et dans cette ville seulement, jusqu'à quarante mille Allemands et Irlandais, qui, d'abord installés au *Castle-Garden*, se dirigeaient ensuite vers les différents points de l'Union qui demandent encore des bras.

La Californie , qui sous la domination espagnole et mexicaine était restée improductive et inhabitée, est devenue en quelques années avec les Américains du Nord, l'un des plus riches pays du continent américain. L'or qu'on y trouvait en abondance excita d'abord la convoitise des hommes de tous les pays, qui improvisèrent des villes , établirent un commerce et préparèrent la véritable richesse de la Californie et son avenir, en commençant la culture des terres. Les Chinois , au nombre de cinquante mille hommes en Californie, ne contribuèrent pas peu au développement agricole de ce beau pays. Les mines d'or s'épuiseront , mais la terre sera toujours fertile , et le moment n'est pas éloigné où ce grand territoire exportera ses produits dans le monde entier.

Le vin et le pain sont le sang et la vie de l'homme, a dit Plutarque ; les terres de la Californie ont dans leurs entrailles le principe inépuisable de ces généreux produits.

Ce pays offre donc aux agriculteurs des avantages certains, que les mines sont loin de présenter toujours.

Dans ces derniers temps, le gouvernement de la confédération argentine, comprenant tout l'intérêt qu'il y a pour la prospérité du pays à attirer les ouvriers et les agriculteurs étrangers, a fait de grands efforts pour atteindre ce but.

Mais avant de quitter la patrie, où tant de liens vous attachent,pour traverser les mers et aller vivre à l'étranger, il est indispensable d'avoir sur le pays dans lequel vous voulez aller vous établir, au moins quelques notions générales.

Nous devons les détails qu'on va lire à monsieur le docteur Martin de Moussy, qui a passé ces dix-huit dernières années dans le bassin de la Plata. Notre compatriote prépare sur la république argentine, si peu connue encore en Europe, un ouvrage des plus importants, et qui aura pour titre : *Description géographique et statistique de la confédération argentine.*

Parlons d'abord du point le plus important, du climat. Le climat de la confédération argentine, y compris l'Etat oriental de l'Uruguay et le Paraguay , est parfaitement sain pour les natifs du pays aussi bien que pour les étrangers. Il n'y a d'autre maladie épidémique que la petite vérole, qui parcourt ces régions tous les huit ou dix ans. Mais elle n'est pas redoutable pour ceux qui ont été vaccinés. Toutes les maladies qui rendent l'acclimatation de l'étranger difficile et si périlleuse sous la zône torride sont inconnues dans la Plata. La fièvre jaune, qui est devenue endémique dans certains ports du Brésil depuis douze ans, par une de ces causes mystérieuses qui échappent à la science , la fièvre jaune ne s'est montrée qu'une seule fois à Montevideo, en 1857.

Cette partie de l'Amérique est si saine que les premiers colons qui allèrent au seizième siècle s'y établir, donnèrent à la ville principale le nom qu'elle porte encore aujourd'hui, celui de Buenos-Ayres, qui signifie *airs salubres*. Le ciel y est d'une pureté admirable, et la température moyenne de Montevideo et de Buenos-Ayres est de 17 degrés centigrades, — la température de Naples.

En remontant vers le nord, la température de la Plata croît d'un demi-degré thermométrique par chaque degré de latitude.

Bien que le ciel soit presque toujours pur, il pleut dans tous les mois de l'année, dans la région littorale, ce qui favorise et entretient les vastes et riches pâturages, où paissent d'innombrables troupeaux.

Les saisons, si peu marquées qu'elles soient, sont dans la Plata à l'inverse de celles d'Europe. En général, le climat de cette contrée ressemble beaucoup à celui de l'Algérie; mais il n'y a pas là-bas, comme dans notre colonie, de grandes chaleurs et le *siroco*.

Du climat qui assure l'existence, passons à l'industrie qui fournit les moyens de vivre.

L'industrie capitale, dans la plus grande partie du bassin de la Plata, mais particulièrement dans les provinces de Santa-Fé et de Buenos-Ayres, est l'élevage du bétail.

C'est le bétail qui fournit les objets d'exportation, objets dont la valeur peut s'évaluer à trois cents mil-

lions de francs. Cette somme est égale à celle que représentent les objets de fabrication européenne introduits dans le pays.

Les laines de Santiago sont fort belles, et Tucuman possède des tanneries renommées.

Depuis quatre ans, beaucoup d'étrangers y sont établis et y forment une colonie européenne, implantée au milieu du continent sud-américain.

Toutefois, l'industrie agricole élargit le cercle de ses productions dans quelques autres provinces. Il en est où la récolte du sucre est le principal revenu avec la culture des vers à soie et du coton. La *sierra* de San-Luis renferme des mines d'or qui sont exploitées fructueusement, et celle de Cordova est riche en mines de cuivre ; enfin la vallée de Lamertona recèle dans ses flancs d'abondants minerais d'argent d'un excellent rendement.

Voilà en quelques mots les ressources que présente le pays en dehors des villes. Dans les villes, dont quelques-unes, notamment Buenos-Ayres et Montevideo, sont de magnifiques cités, comparables aux plus belles villes européennes, l'étranger, ouvrier, employé, négociant, industriel, ou exerçant une profession libérale, trouve généralement à s'employer d'une manière satisfaisante.

Mais comme, avant tout, le gouvernement de la république tend à l'exploitation de l'agriculture, il a dans ces derniers temps établi trois colonies agricoles, composées de Français, de Suisses et d'Allemands. L'une de ces colonies se trouve à Coriente, l'autre à Santa-Fé, la troisième près de la ville de Parana. Le général Urquiza en a établi une quatrième dans ses domaines à San-Po-lo-del-Uruguay, sur le fleuve de ce nom. Tous ces établissements, qui ont offert et qui offrent peut-être encore de grands avantages aux colons, sont en pleine voie de prospérité.

Là encore on ne saurait en douter, l'agriculture sera avant toute autre chose, la source de prospérité. Et comme les intérêts de l'agriculture sont aussi ceux des agriculteurs, c'est dans les cultures industrielles, telles que la culture du coton, du mûrier, du tabac, des plantes sucrières et tinctoriales, que les colons trouveront plus sûrement la fortune qu'ils iront chercher au loin.

N'oublions pas de rappeler que la langue nationale du bassin de la Plata est l'espagnol, que les Français comprennent et parlent facilement au bout de quelques mois.

Mais quels que soit les avantages matériels que la confédération argentine, le Brésil, le Mexique, le Pérou et le Chili offrent aux émigrants, longtemps encore on se portera généralement dans les Etats-Unis, qui sous certains rapports, méritent grandement la préférence. En effet, aux Etats-Unis, l'émigrant n'a pas à craindre les abus de pouvoir, et les dissensions politiques et sociales paraissent calmées à cette heure et pour longtemps. Les personnes sont sacrées aux Etats-Unis plus que partout ailleurs en Amérique, et la liberté dont on jouit n'est pas un des moindres avantages offerts aux étrangers par cette grande république. En outre, l'Union américaine présente plus que toutes les autres parties de l'Amérique des moyens de transports à bon marché, et par conséquent la possibilité de revenir dans la mère-patrie si l'absence est un jour trop douloureuse.

Pour le Français, l'Algérie, qui est encore la France, offre naturellement des avantages précieux, et l'emportera peut-être un jour sur les pays du Nouveau-Monde. Notre belle et fertile colonie assure aux émigrants des ressources sur lesquelles ils pourront être facilement renseignés sans risquer d'être induits en erreur. Nos compatriotes qui veulent porter ailleurs que dans la mère-patrie leur profession et leur industrie seront là, à quelques heures du pays natal, dans l'admirable contrée qui fut autrefois le grenier de l'empire romain.

Que manque-t-il à l'Algérie ?

Un gouvernement civil. Mais... passons...

Les cultivateurs sont la fortune de toutes les colonies, et les Américains, qui, mieux que tous les autres peuples du monde, savent calculer, estiment en moyenne à 1,500 dollars (près de huit mille francs) la valeur de de chaque émigrant, riche seulement de ses deux bras. En évaluant en moyenne à 150,000 émigrants ceux que les Etats-Unis reçoivent annuellement, cela fait 205 millions de dollars, soit environ un milliard vingt-cinq millions de francs, fournis en excédant de richesse à l'Amérique du Nord par la seule présence des étrangers dans ce pays.

Il est incontestable que la facilité de voyager donne le goût des voyages. On faisait son testament sous Louis XIV lorsqu'on partait de la Provence pour Paris, ou de Paris pour la basse Bretagne ; aujourd'hui on s'embarque d'Europe pour l'Amérique avec un sac de nuit pour tout bagage, et l'on dit négligemment à l'ami qu'on rencontre la veille du départ : « Au revoir, cher ; je vais à New-York, où quelques petites affaires m'appellent, je serai de retour à Paris pour la première représentation de l'opéra, qu'on répète en ce moment. »

Les lieues sont devenues des pas et les jours des heures par la vertu de la vapeur, cette souveraine de la terre et des mers.

Mais si les voyages, tant longs qu'ils soient, ne comptent plus dans la vie des gens riches que comme une partie de plaisir, ils restent toujours un fait considérable dans l'existence du travailleur, surtout lorsque ce travailleur est père de famille et qu'il se déplace avec tous les siens.

On ne saurait trop le répéter, le temps où l'on faisait sûrement fortune dans les colonies est à jamais passé. Que vous soyez habile ouvrier, bon docteur, artiste distingué, professeur savant, industriel actif, commerçant expérimenté, etc., partout où vous pourrez aller dans les cinq parties du monde, vous trouverez des rivali-

tés redoutables avec lesquelles il vous faudra nécessairement entrer en lutte.

Or, la lutte, en établissant la concurrence, oblige à
l'abaissement des salaires, à la réduction de tous les
genres de bénéfices, et aujourd'hui, en Amérique comme
en Europe, en Asie comme en Afrique, les profits, à peu
de chose près, sont en rapport avec les dépenses nécessi-
tées par les besoins indispensables de la vie. Ah ! qu'il est
loin de nous ce temps de l'âge d'or de l'émigration où
un Français établi au Mexique disait à un autre Français
nouvellement débarqué :

— Quand on joue comme vous un peu de clarinette
et qu'on sait écrire passablement sa langue, on n'est jamais en peine en Amérique.

De sérieux motifs doivent donc seuls déterminer les
hommes convenablement établis dans leur pays natal à
le quitter pour tenter la fortune à l'étranger.

Toutefois, en principe, nous ne pouvous qu'encourager fortement le mouvement de l'émigration européenne
vers les parties de l'Amérique qui demandent encore
des bras, et surtout dans notre belle colonie de l'Algérie, dont la prospérité complète, dans un temps donné,
ne saurait être mise en doute. Il est incontestable que
l'émigration est une source immense de prospérité pour
la grande association humaine, et le remède le plus énergique, le plus efficace pour la réalisation de ce problème
sacré : l'extinction du paupérisme.

L'homme ne sera complètement le roi de la création

que lorsque, après avoir pris possession du globe entier,
il verra les timides barrières des nations méfiantes et
craintives s'ouvrir librement à l'industrie, au commerce,
aux sciences et aux arts de tous, au profit de tous. Le
bien-être, la paix et l'accroissement de l'humanité naîtront
de l'émigration des peuples trop nombreux sur les points
de la terre où les richesses de la végétation restent inex-
ploitées, faute d'agriculteurs. La race humaine se compose d'un milliard de personnes, dont la majeure partie,
ne trouvant à utiliser qu'une portion de leurs forces vives, c'est-à-dire de leur temps de travail, végètent tristement dans les privations de tous genres. Si les hommes étaient mieux répartis sur toute la terre, ils pourraient s'accroître dans la proportion du double et même
dans une proportion beaucoup plus considérable, et
trouver dans un travail modéré mais constant le repos de l'esprit avec les satisfactions du corps. Qu'on exa-
mine une mappemonde, et l'on verra l'homme à l'état
de fourmis dans les fourmilières, s'entassant péniblement
les uns sur les autres, se disputant le plus petit espace
de terrain, le moindre brin d'herbe, le plus chétif ver-
misseau, pendant que tout autour de lui le Créateur a
multiplié les richesses sur un espace immense accessible
à tous. Chaque jour les tribunaux retentissent de plaintes
qui ont un pied de terre pour objet ; sortez de votre four-
milière, et vous trouverez des milliers d'arpens d'excellent terrain à votre disposition.

Mais, direz-vous, je ne serai plus là dans mon pays et,

A tous les cœurs bien nés que la patrie est chère.

Soit, restez dans votre pays si vous pouvez contribuer à sa prospérité et s'il contribue à la vôtre ; mais éloignez-vous de lui si vos services lui sont superflus. En allant au loin porter, avec votre famille, les connaissances acquises dans la mère-patrie, la langue, les habitudes, les mœurs, la civilisation de votre pays, vous travaillerez encore à sa prospérité, à sa grandeur, à son influence ; et si vous êtes femme, rappelez-vous cette pensée si touchante et si vraie de Théodore Sauvage : « La patrie d'une femme est le pays où elle devient mère : rien n'acclimate comme un enfant. »

La répartition sagement combinée des hommes sur les divers points de la terre favorables à son bien-être, et par conséquent à sa propagation, est donc sous tous les rapports une mesure désirable. Et comme cette mesure ne peut, en grande partie, se réaliser qu'au moyen de l'émigration européenne, nous sommes, en principe, nous le répétons, et sous les réserves que notre conscience nous a commandé de faire, favorable à cette émigration.

XVII.

LETTRE D'UN CHARMANT ENFANT

A M. EDMOND ABOUT.

Cet enfant appartient à la religion de Bouddha. Il n'y a pas de mal à cela, n'est-ce pas?

Il a vu le jour dans le *pays du soleil levant* et compte parmi les sujets du taïschi de Satzouma, roi des îles Liou-Kiou. Il avait quatorze ans et promettait au Japon un homme distingué, quand la nouvelle arriva en Asie qu'une exposition universelle de tous les produits humains s'organisait à Paris. Le taïschi de Satzouma voulut fournir son contingent à cette grande manifestation industrielle, et il donna l'ordre d'expédier pour la France quelques ballots de produits indigènes. Il envoya aussi à Paris un certain nombre de ses sujets avec mission de voir l'exposition, de lui en rendre compte, et d'étudier les mœurs, les lois, les usages, la religion des Français dont on dit tant de choses contradictoires dans toute la confédération japonaise.

Le jeune fils des îles Liou-Kiou fit partie de l'expédition, et son père le confia à un de mes amis, M. M..., pour qu'il le plaçât dans une maison où il pût recevoir une instruction solide et libérale.

— Faites un homme de mon fils, lui dit-il. Qu'il s'instruise dans votre industrie, dans vos sciences, dans votre littérature et dans vos arts. Je désire qu'il se mette ainsi à même de servir plus tard son pays. Il est né dans le culte de Bouddha ; qu'il conserve sa religion. Ce n'est pas que j'estime plus cette religion qu'une autre, bien qu'elle soit la plus ancienne et qu'elle ait fourni des éléments à toutes celles qui se partagent les âmes aujourd'hui : elles ont toutes fait du bien et du mal. D'un autre côté, je connais à Kiouhiou, à Sikokou, à Nipponne, à Jesso et même à Saghaline, des hommes indifférents en matière de culte, qui n'en sont pas moins de très-honnêtes gens, et je sais des dévôts bouddhistes et de fanatiques brahmanistes à qui je ne confierais pas un *tempo* de notre monnaie qui vaut douze centimes de la vôtre. Mais précisément parce qu'à mes yeux les religions se valent, il me parait inutile d'en quitter une pour en prendre une autre ; d'autant qu'il n'y a qu'un Dieu. Toutefois, si la religion de la majorité des Français, dont le pontife n'est point en France, mais vit en roi dans l'ancienne ville des Césars, paraissait à mon fils plus propre que le bouddhisme à former de bons ci-

toyens, à hâter les progrès de la civilisation par l'amour
de la science et l'horreur de la superstition , je le laisse
libre d'obéir à son jugement et de se faire baptiser.

Ainsi parla très-sagement le père de ce jeune Asiatique,
qui est aujourd'hui placé dans un de nos meilleurs pen-
sionnats. Sa gentillesse autant que son esprit l'ont fait
surnommer de ses camarades le *charmant enfant.* J'ai eu
plusieurs fois occasion de le voir et de lui parler, car
il parle déjà très-couramment notre langue. Sa physionomie originale, son teint cuivré, ses yeux doux et taillés
obliquement , ses façons caractéristiques inspirent tout
d'abord l'intérêt et la sympathie. Ses professeurs en sont
ravis, car il n'est pas dans toute la classe un écolier plus
attentif que lui et qui sache mieux profiter des leçons.
Tous les quinze jours il écrit au Japon pour faire part à
son père de ses impressions sur la France et le mettre
au courant de ses études.

Par exemple, voici de quelle manière, après avoir lu
l'Evangile , il a jugé que devait être Rome et son gouvernement, soumis à l'Evangile plus qu'aucun autre pays
du monde. J'ai été assez heureux pour obtenir une traduction fidèle de ce passage de sa lettre que je livre
comme un spécimen de raisonnement enfantin, de simple
bon sens et de logique sur des choses auxquelles n'ont
rien à voir ni le bon sens ni la logique. Je laisse parler
le *charmant enfant* :

« J'ai lu ces jours passés l'Evangile d'après un saint
qui se nommait Matthieu, Rien encore ne m'avait aussi

délicieusement impressionné que cette lecture. C'est qu'il y a dans l'enseignement du Vichnou de la Judée une douceur passionnée, un amour ardent de l'humanité et une abnégation de soi-même qui seraient de la folie s'ils n'étaient sublimes et véritablement divins. Laissez-moi, mon père très-aimé, vous citer quelques préceptes de cet admirable enseignement.

« Bienheureux ceux qui sont doux, parce qu'ils possé-
» deront la terre.

» Bienheureux ceux qui sont miséricordieux, parce
» qu'ils obtiendront eux-mêmes miséricorde.

» Bienheureux les pacifiques, parce qu'ils seront ap-
» pelés enfants de Dieu.

» Vous serez heureux lorsque les hommes vous char-
» geront des malédictions, et qu'ils vous persécuteront,
» et qu'ils diront faussement toute sorte de mal contre
» vous à cause de moi.

» Vous avez appris qu'il a été dit aux anciens : Vous
» ne tuerez point, et quiconque tuera méritera d'être
» condamné par le jugement. Mais moi je vous dis que
» quiconque se mettra en colère contre son frère méri-
» tera d'être condamné par le jugement.

» Vous avez appris qu'il a été dit : Œil pour œil et
» dent pour dent. Et moi je vous dit de ne point résister
» au mal que l'on veut vous faire ; mais si quelqu'un
» vous a frappé sur la joue droite, présentez lui encore
» l'autre.

» Et si quelqu'un veut plaider contre vous pour vous

» prendre votre robe, abandonnez-lui encore votre
» manteau.

» Vous avez appris qu'il a été dit : Vous aimerez votre
» prochain et vous haïrez votre ennemi. Et moi je vous
» dis : Aimez vos ennemis, faites du bien à ceux qui
» vous haïssent, et priez pour ceux qui vous persécutent
» et qui vous calomnient.

» Car, si vous n'aimez que ceux qui vous aiment, quelle
» récompense en aurez-vous? Les publicains ne le font-
» ils pas aussi? »

» Quel code, mon père très-aimé, et que les hommes
qui le suivent doivent être vertueux dans cette ville de
Rome que l'homicide n'attrista jamais, qui ne connaît
ni la haine, ni la vengeance, ni l'intérêt, ni l'orgueil, ni
l'ambition, ni aucune des méchantes passions humaines.
Rome! ce doit être le paradis ici-bas, car aucune des
saintes ordonnances du divin législateur n'a pu y être
violée en vertu même de cette autre ordonnance :

« Celui donc qui violera l'un de ces moindres com-
» mandements et qui apprendra aux hommes à les vio-
» ler, sera regardé dans le royaume des cieux comme le
» dernier. . . . .
. . . . »

» J'en étais là de ma lettre, mon père très-aimé, quand
mon correspondant, M. M..., est venu me voir. Il m'a
assuré avec un malin sourire qu'il se trouve dans Rome
comme ailleurs des soldats qui tuent leurs frères toutes

les fois qu'on le leur commande, que ces soldats s'appellent les soldats du pape, que ce dernier les bénit quand ils vont tuer leurs frères et qu'il les bénit de nouveau après qu'ils les ont tués ; que dans cette même ville sainte on fait des procès comme ailleurs, et plus mal jugés qu'ailleurs ; qu'il y a des prisons, des gendarmes, des bandits, — et beaucoup même, — des potences, des bourreaux, un ministre de la guerre, et qu'on y guillotine des condamnés politiques ; que quand on reçoit un soufflet sur la joue gauche on tâche d'y répondre par un coup de poing du bras droit ; qu'on hait ses ennemis, et que souvent même on n'aime que médiocrement ses amis et ses alliés. En un mot que tout se passe par les ordres du gouvernement du représentant du Christ absolument comme si le Christ n'avait jamais édicté ces lois. Il a été jusqu'à me dire, mon correspondant, qu'il était de bon goût et fort à la mode en ce moment dans un certain monde d'offrir des zouaves au pontife de Rome, comme on offre des pralines aux dames à l'occasion du jour de l'an.

» Et il a tiré de sa poche un journal vieux de quelques semaines qui renfermait les lignes suivantes :

« On assure que M. le duc de Chevreuse, héritier du
» nom et de la fortune de son grand-père, M. le duc de
» Luynes, qui est mort le mois dernier à Rome, vient
» de faire don au saint-père de douze magnifiques pièces
» d'artillerie. Ce présent a rempli de reconnaissance le
» cœur évangélique du vicaire de Notre-Sauveur. Après

» avoir remercié le jeune duc de Luynes, il s'est enquis de
» la manière dont il pouvait bien reconnaître ce cadeau,
» véritablement céleste : *En me permettant*, aurait répon-
» du le duc , *de donner douze autres canons à Sa Sainteté,
» si ceux-là ne sont pas suffisants.* »

» Vous voyez, a plaisamment ajouté mon correspondant, que les canons de l'Eglise se chargent aujourd'hui
par la culasse, et que nous sommes en progrès sur le
temps où Jésus ordonna à Pierre, qui voulait le défendre,
de remettre l'épée dans le fourreau. C'est, m'a dit encore
mon correspondant, qu'il y a incompatibilité entre le
pouvoir spirituel et le pouvoir temporel , entre le désintéressement de ceux qui n'ont que le ciel en vue, et l'ambition de ceux qui veulent régner en maîtres sur les hommes en recherchant les honneurs avec la fortune.

» Je vais, mon père très-aimé, prendre de nouvelles
informations, et si tout ce que m'a dit mon correspondant est vrai, je me hâterai de vous en instruire. Mais je
ne puis le croire , car enfin on ne saurait être le représentant de certains principes fondamentaux , les recom-
mander comme divins, les imposer à tous comme un devoir sacré et les méconnaître absolument soi-même. On
ne saurait se montrer impitoyable, signer l'arrêt de mort
de malheureux égarés qui demandent grâce et redire
avec conviction cette prière de tout bon catholique :
« Mon Dieu, pardonnez-nous nos offenses comme nous
« pardonnons à ceux qui nous ont offensés. » A mon

humble avis, ce serait là un des faits les plus bizarres dans cette Europe qui n'est pas aussi parfaite qu'on le pense à Liou-Kiou.

» Je baise respectueusement la main de mon père très-aimé et prie Bouddha qu'il le conserve de longues années. »

Ne trouvez-vous pas comme moi, cher lecteur, que c'est plaisir d'entendre quelquefois raisonner les enfants, qu'ils soient Japonais ou Français ? Leur petit entendement semble si juste, ils dissertent si logiquement au premier abord et avec tant de naturel et d'honnêteté, qu'en vérité ce n'est pas trop de la science de certains théologiens pour les mettre dans la bonne voie. Heureusement Dieu a permis que, pour redresser dès l'enfance les sentiments naturels du cœur et les facultés de l'esprit que nous tenons de sa bonté, il y eût partout des théologiens zélés qui dérangeassent ce qu'il avait fait, en perfectionnant tout au moyen d'une science aussi simple que facile à comprendre, comme chacun sait.

Il est donc grandement temps qu'un de ces théologiens vienne au secours du *charmant enfant* dont les tendances philosophiques ne sont plus un mystère pour personne dans son pensionnat.

XVIII.

UN SAVANT A QUATRE PATTES

A M. HENRY BERTHOUD.

Cé savant est une savante, cette savante se nomme mademoiselle Bianca, et mademoiselle Bianca est une chienne de la race des caniches, qui, pour la lecture et l'orthographe, en remontrerait à un bon quart de la nation française.

La plupart de nos confrères de la presse parisienne s'étant occupés de ce petit phénomène, qui rappelle les prouesses de l'illustre Munito, j'ai voulu à mon tour connaître mademoiselle Bianca, et elle m'a fait l'honneur de m'admettre chez elle, en petit comité, ce dont je lui suis très-reconnaissant.

Voir les artistes sur le théâtre de leurs exploits, c'est fort agréable sans doute, mais être admis dans leur intimité est chose précieuse.

17

Si ces lignes tombent sous les yeux de mademoiselle Bianca, ce qui est probable, les artistes ne dédaignant point généralement de lire les écrits où leurs mérites sont vantés, elle verra que, quoique je ne sois qu'un homme, tout sentiment de reconnaissance n'est pas banni de mon cœur.

Disons d'abord, à l'avantage de notre héroïne, qu'elle est d'une modestie qui va jusqu'à dépasser celle de toute la gent lettrée, — hommes et femmes, — pourtant si modeste, comme chacun sait.

La vanité, ce vilain défaut que certains observateurs ont cru constater chez quelques sujets de l'espèce humaine, heureusement fort rares, n'est point un vice de l'espèce canine, et mademoiselle Bianca, malgré tous ses talents, est restée ce que la nature l'a faite : simple et bonne autant que spirituelle et belle. Son œil reflète les sentiments, qui sont peu de chose quand ils existent chez les bêtes, mais qu'on appelle vertus quand les hommes en sont doués. Avec des airs souvent insouciants et légers, elle sait tout observer et sa mémoire est prodigieuse. La nature a jeté sur son dos une riche fourrure blanche de poils longs, fins et frisés, que les ciseaux de son maître, — je devrais dire de son précepteur, — ont dessinés en forme de caraco d'astrakan, suivant les modes du jour. Madame Alice de Savigny elle-même n'y trouverait rien à reprendre.

Elle lit couramment, écrit à sa manière, corrige les fautes d'orthographe, fait sa partie d'écarté, compose un bouquet suivant le nom des fleurs ou leurs couleurs ; et, d'après un programme que j'ai sous les yeux, parle ou du moins connaît dix-neuf langues.

En supposant que l'affection bien naturelle du professeur de mademoiselle Bianca pour son excellente élève lui ait fait exagérer d'une quinzaine de langues les talents de celle-ci, elle serait encore une polyglotte des plus distinguées.

Ce que je puis affirmer, c'est que, lui ayant donné le mot anglais *God* à traduire en latin, elle a composé sans aucune hésitation le mot *Deus*. Voici comment elle opère :

Elle est montée sur une table assez grande pour qu'elle puisse y circuler à l'aise. Autour de la table, dont elle occupe le centre, sont de petits cartons sur lesquels se dessinent les différentes lettres de notre alphabet. Un mot étant donné, une traduction étant proposée, mademoiselle Bianca semble réfléchir un instant, ferme les yeux à demi comme un poëte qui cherche une rime, et circule autour de la table, prenant à son aise, sans jamais se presser, les lettres, une à une, jusqu'à ce que le mot soit formé. Alors elle s'assied gravement et jappe, comme on met un point à la fin d'une phrase.

Elle joue aux cartes par le même procédé, et c'est de même qu'elle compose des bouquets. Pendant le travail de cette spirituelle bête, son maître se tient immobile à trois ou quatre pas de distance de la table et ne dit pas un mot. Il fait mieux, il disparaît entièrement derrière une porte, et l'artiste à quatre pattes, non-seulement opère elle-même, comme l'excellent photographe Pierre Petit, mais opère seule.

— Ainsi, dis-je à l'instructeur de cet animal, votre chienne lit réellement et comprend ce qu'on lui dit?

— Comment pourriez-vous en douter, puisque vous la voyez agir en mon absence?

— Elle est bien, comme l'a dit M. Roqueplan, la digne rivale de Munito, le Newton de la race canine.

— Munito, monsieur ! s'écria vivement et avec mépris le professeur de mademoiselle Bianca, Munito n'était qu'un insigne charlatan, un de ces chiens qui abusent de la crédulité publique, comme il y en a tant.

— Munito, un charlatan? Vous m'étonnez !

— Oui, monsieur, et je le lui dirais en face. Il ne faudrait pas confondre l'imposture avec le vrai talent. Munito était de la dernière ignorance; ma chienne Bianca, au contraire, a tout appris par principes, et ce qu'elle sait, elle le sait bien.

— Ainsi Munito ne savait rien et s'entendait avec son maître pour paraître savant ?

— Vous l'avez dit, monsieur.

— Il y a donc parmi les chiens de faux savants comme parmi les hommes ?

— Il y en a, monsieur.

— A qui se fier désormais ! Contez-moi cela, monsieur, et si je dois perdre encore une illusion, que cette perte, au moins, tourne au profit de mon instruction.

— Moi aussi, monsieur, j'ai été longtemps abusé sur

les mérites de Munito ; mais un beau jour mes yeux se sont dessillés, et la vérité m'est apparue. J'avais tout découvert. Comme ma chienne Bianca, — qu'elle me pardonne ce rapprochement, — Munito se plaçait dans un cercle formé de cartons sur lesquels étaient tracés, soit des lettres, soit des chiffres, peints de couleurs différentes. Munito, qui, j'en conviens, ne manquait pas d'un certain esprit naturel, avait en outre l'ouïe d'une délicatesse exquise. Bien dirigé,. il eût fait un sujet remarquable, mais son maître, un Italien, aima mieux exploiter en lui sa finesse d'ouïe que de diriger son instruction suivant les lois de la méthode.

— Munito n'était pas classique... Etait-il du moins romantique ?

— Non. Tout son talent consistait à obéir à un signal de son maître. Munito se promenait gravement avec des airs d'académicien autour de la table ; mais incapable de lire ni de distinguer les couleurs, il ne s'arrêtait pour saisir les cartons que quand son compère l'avait averti. La main cachée dans le gousset du pantalon, le maître de Munito faisait claquer son ongle, quelquefois un cure-dent, et ce bruit si léger, inappréciable pour tous les assistants, était saisi par le chien qui jouait son rôle de savant et recevait à l'instant le prix de cette coupable comédie. Une petite boulette de pain et de viande hachée lui était offerte sous le nom de bonbon. De semblables jongleries méritent les flétrissures de l'histoire, et, si je me montre aussi sévère pour Munito, c'est qu'il n'est plus et qu'on doit la vérité aux morts.

Comprenant après cette explication dont j'ai pu modifier la forme, mais dont j'ai respecté le fond, tout le parti que je pouvais tirer pour la satisfaction de ma curiosité des communications du maître de mademoiselle Bianca, je le priai de me donner un aperçu des études suivies par son élève.

— Monsieur, me dit-il, on procède envers les animaux qu'on veut instruire comme on procède envers les hommes, du connu à l'inconnu. Il est un livre que je sais par cœur, parce qu'il est pour moi la loi et les prophètes, c'est le traité de M. Emile de Tarade, professeur de physiologie comparée sur l'éducation du chien. J'ai suivi à la lettre la méthode indiquée par cet auteur, et il n'en est point de meilleure. Avant toute autre chose, il faut se faire aimer de l'animal dont on veut développer l'intelligence, et non point s'en faire craindre, comme trop de personnes sont disposées à le croire. La brute s'abrutit par les coups, tandis qu'on est surpris des progrès de son intelligence quand on se montre envers elle doux et patient. N'en est-il pas de même vis-à-vis des enfants, particulièrement de ceux dont l'esprit est peu développé ; plus vous les rudoyez, plus vous les rendez stupides.

— Vous avez raison.

— La bonne volonté du chien n'a d'égale, le plus souvent, que son envie de vous plaire. Dès qu'il a compris ce que vous exigez de lui, il obéit. Pourtant, et comme rien ne se montre parfait en ce bas monde, pas même le chien, quoiqu'il soit, d'après Charlet, ce qu'il y a de meilleur chez l'homme, il arrive que votre élève, mal disposé, *fait semblant* de ne pas vous comprendre pour né pas se donner la peine de vous obéir. Corrigez-le alors, mais comme Michelet voudrait qu'on corrigeât une épouse infidèle, en lui faisant de gros yeux et en la frappant légérement avec une rose.

— Sans épines ?

— Sans épines. Une chiquenaude sur le nez de l'animal rebelle à vos leçons est la meilleure punition corporelle en pareil cas. La bête qui, croyez-le bien, a une conscience très-nette de ses actes et sait apprécier votre modération, revient aussitôt à de meilleurs sentiments et se fait pardonner en redoublant de zèle.

Les commencements de l'instruction du chien sont difficiles, et il faut de la part de l'instructeur une patience à toute épreuve. Mais, après vingt ou vingt-cinq jours de leçons, suivant les règles d'une méthode rationelle, on est surpris des progrès de l'animal et de son intelligence, qui dépasse de beaucoup les limites qu'on lui assigne généralement.

Je fais grâce au lecteur des moyens souvent fort ingénieux que le maître de mademoiselle Bianca me dit avoir employés auprès de son élève. Le professeur travaille en ce moment à l'éducation d'un autre caniche, écolier de la plus belle espérance, et d'un chien de berger qu'il dresse à jouer un rôle dans un drame pastoral.

— Votre dernier caniche est-il déjà avancé ? demandai-je à ce curieux maître d'école.

— Il connaît toutes ses lettres et commence à épeler.

— En vérité ! Et comment le faites-vous épeler ?

— Comme on fait épeler *tout le monde*, me répondit-il. Voyez plutôt.

Et il tira de sa poche un syllabaire à l'usage des écoles primaires ; l'élève prit sa leçon devant moi. Des cartons, sur lesquels étaient tracées toutes les lettres de l'alphabet, furent mis autour d'une table, et le chien en occupa le centre. Le maître, muni de son syllabaire, indiquait du doigt une lettre au hasard, et le chien, après l'avoir regardée, allait chercher la même lettre parmi les cartons. Puis vinrent les exercices syllabiques. *B, a ba*, disait le maître. Et l'animal composait avec les cartons la syllabe énoncée. Quelquefois il se trompait, et le professeur le reprenait avec douceur, comme on reprend un enfant.

— Un chien, ajouta-t-il, doit, pour mériter le titre de savant, non-seulement savoir lire, dans une certaine mesure, ce qui équivaut chez l'animal à savoir comparer, mais encore distinguer les couleurs, connaître les chiffres, les cartes à jouer, un certain nombre de substantifs, et être fixé sur la valeur des prépositions : dessus, dessous, devant, derrière, etc., etc. Voilà pour l'agrément. Si vous voulez, suivant le précepte d'Horace, y joindre l'utile et faire de votre chien un domestique, rien ne sera plus aisé, son intelligence étant cultivée. Vous n'avez qu'à lui apprendre le nom de vos amis et leur demeure, à connaître le boulanger, le boucher, l'épicier, le fruitier, de manière à ce qu'il puisse faire vos commissions. Là s'arrêtent les facultés intellectuelles du chien qui, après l'orang-outang et le chimpanzé, est de tous les animaux le plus intelligent. »

Voilà ce que j'ai vu et entendu, et j'avoue que ma visite chez mademoiselle Bianca a été pour moi une excellente leçon de philosophie.

Il est inconcevable que, devant de semblables preuves d'intelligence données par le chien, dont chacun a pu être à même d'étudier les aptitudes, un esprit de la trempe de Descartes ait osé refuser aux animaux un degré quelconque d'intelligence pour en faire de simples machines vivantes. Cette théorie du *pur automatisme* des bêtes, exposée dans le *Discours sur la méthode*, fit merveille : « On commençait, dit M. Flourens, à se lasser des vieilles querelles sur Aristote. Il fallait à la dispute, ce besoin éternel des écoles, des sujets nouveaux. »

Ajoutons que la métaphysique de Descartes avait surtout pour but de venir en aide au spiritualisme chrétien. Il fallait donner, en dépit des faits et du sens commun, satisfaction à cette opinion singulièrement orgueilleuse que tout a été créé par Dieu pour l'usage et l'agrément exclusif de l'homme ; tout : bêtes et choses, la lune, le soleil et le firmament, par-dessus le marché. L'homme seul devait avoir une âme, c'est-à-dire la pensée, et en cette qualité dominer sur tous les êtres de la création, ses très-humbles esclaves.

C'est fort bien assurément, mais puisque tous les animaux ont été créés uniquement pour servir à l'agrément ou à l'utilité de l'homme, comment ne pas s'étonner, quand on voit sur les bords du Nil, par exemple, les crocodiles avaler leur seigneur et maître toutes les fois qu'ils en trouvent l'occasion? Dans ce cas, il me semble, sauf meilleur avis, que l'agrément et l'utilité que l'avalé retire de celui qui l'avale sont médiocres.

Il n'est que trop évident que, lorsqu'un crocodile, un requin, un tigre, un lion, un ours, un loup dévorent un homme, c'est l'homme qui, en cette circonstance, est fait pour la bête, et non celle-ci pour celui-là.

Personne aujourd'hui ne croit plus que les animaux sont de pures machines dénuées de connaissance et de sentiment. Déjà même, au temps de Descartes, cette théorie qu'on peut appeler immorale, car elle justifie les mauvais traitements exercés envers les animaux domestiques qui nous sont les plus utiles et les plus dévoués, était victorieusement combattue par des écrivains en grand nombre.

La plupart de ces livres, dit M. Flourens, méritent d'être lus. Une certaine force philosophique règne dans celui du P. Pardies, dans celui de Borellier; il y a de l'esprit dans celui du P. Daniel; celui du P. Boujeaut, qui veut que les bêtes ne soient que des diables, et qui explique par là comment elles pensent, connaissent et sentent, est un badinage ingénieux.

C'est le contre-poids le plus formel et la critique la

plus fine de l'opinion de Descartes. Descartes refuse aux bêtes tout esprit ; le P. Boujeaut leur en trouve tant, qu'il veut que ce soient des diables qui le leur fournissent.

Il ne faudrait pas s'y tromper ; jusqu'à ce que la philosophie eut éclairé les esprits troublés par la superstition, la croyance aux contrats infernaux était universelle et le diable, en ce temps-là, prenait souvent la forme d'une bête.

C'est bien si je ne me trompe, sous les traits d'un chat noir que le démon se glissa, en l'année 1613, dans le couvent des brigittides (de Lille), fondé par Nicolas de Montmorency. Les religieuses prirent en horreur la confession, nous disent les chroniques du temps, et se livrèrent à la colère et au désespoir. Toutes languissaient dans l'intérieur du cloître.

Deux bons pères se mirent en devoir d'exorciser les religieuses. La lutte fut longue entre le pouvoir divin et Belzébuth. Une d'elles, Simonne Dourlet, impatientée de voir la victoire indécise, prit le parti héroïque de se sauver à Valenciennes, où elle épousa en cachette un jeune homme de Lille. Mais, tombée entre les mains du père Dooms, un redoutable dominicain, elle fut mise à la question ; on lui disloqua les membres et on finit par la brûler.

Après Descartes, qui fait des animaux de purs automates, vient Buffon, qui en fait des *automates mixtes.* « J'accorde tout aux animaux, dit-il, à l'exception de la pensée et de la réflexion : ils ont le sentiment, ils l'ont même à un plus haut degré que nous ne l'avons ; ils ont aussi la conscience de leur existence actuelle, mais ils n'ont pas celle de leur existence passée ; ils ont des sensations, mais il leur manque la faculté de les comparer, c'est-à-dire la puissance qui produit les idées ; car les idées ne sont que des sensations comparées, ou, pour mieux dire, des associations de sensations. »

On ne saurait, en si peu de lignes, se montrer moins observateur et moins logique.

Comment, en effet, concilier chez un animal la conscience de son existence actuelle avec l'absence de pensée ? Peut-on discerner quoi que ce soit sans penser ? D'un autre côté, qui n'a vu des chiens montrer de l'hésitation ? Hésiter n'est-ce pas comparer, peser les avantages et les inconvénients des choses, en un mot réfléchir ? N'est-il pas de toute évidence qu'en dehors des mouvements instinctifs un animal ne saurait agir s'il n'est mû par une idée.

Voilà deux chiens cités par M. de Tarade, Braque et Philax, appartenant à M. Léonard, inspecteur des douanes. On disait à l'un : « Va te placer près de la dame en rose. » Le chien alloit trouver cette dame, dirigé par la couleur de sa robe. « Demande à cette dame son dé. » La dame offrait successivement au chien son mouchoir, ses gants, un étui, etc.; l'animal ne bougeait pas. On lui présentait enfin le dé, et le chien le prenait, etc. Chacun des deux chiens savait jouer aux dominos. Si l'animal

avait dans son jeu (on ne lui donnait que quatre dominos à la fois) un domino qui s'assortît avec celui que
vous veniez de placer, il ne manquait pas de le prendre
et de le mettre du côté convenable. S'il boudait, on l'entendait aussitôt gémir d'une manière risible. Notez, ajoute
M. de Tarade, qui a vu ces chiens, que ces diverses opérations s'obtenaient très-bien de ces animaux loin de
leurs maîtres.

Oserait-on, après de pareils exemples, se montrer
assez absurde pour soutenir que ces chiens agissaient
sans penser ? Cela reviendrait à dire que les caniches
jouent aux dominos instinctivement.

Voltaire, ce grand redresseur des travers de notre esprit, parle quelque part de l'âme des bêtes, et en cette
circonstance, comme toujours, il donne à tous les fai-
seurs de systèmes une excellente leçon de bon sens. Ecoutons ce maître en esprit et en raison :

« Avant l'étrange système qui suppose les animaux de
pures machines sans aucune sensation, les hommes
n'avaient jamais imaginé dans les bêtes une âme immatérielle, et personne n'avait poussé la témérité jusqu'à
dire qu'une huître possède une âme spirituelle. Tout le
monde s'accordait paisiblement à convenir que les bêtes
avaient reçu de Dieu du sentiment, de la mémoire, des
idées, et non pas un esprit pur. Personne n'avait abusé
du don de raisonner au point de dire que la nature a
donné aux bêtes tous les organes du sentiment pour
qu'elles n'eussent point de sentiment. Personne n'avait

dit qu'elles crient et quelles fuient quand on les poursuit, sans éprouver ni douleur ni crainte.

« ... Pour répondre à la chimère de Descartes, je ne sais quels prétendus philosophes se jetèrent dans la chimère opposée ; ils donnèrent libéralement de l'esprit aux crapauds et aux insectes ; *in vitium ducit culpæ fuga*.

« Entre ces deux folies, l'une qui ôte le sentiment aux organes du sentiment, l'autre qui loge un pur esprit dans une punaise, on imagina un milieu : c'est l'instinct ; et qu'est-ce que l'instinct ? Oh ! oh ! c'est une forme subs-tantielle ; c'est une forme plastique ; c'est un je ne sais quoi ; c'est de l'instinct. Je serai de votre avis tant que vous appellerez la plupart des choses; *je ne sais quoi* ; tant que votre philosophie commencera et finira par *je ne sais* ; mais quand vous affirmez, je vous dirai avec Prior, dans son poëme sur la vanité du monde :

> Osez-vous assigner, pédans insupportables,
> Une cause diverse à des effets semblables ?
> Avez-vous mesuré cette mince cloison
> Qui semble séparer l'instinct de la raison ?
> Vous êtes mal pourvus et de l'un et de l'autre,
> Aveugles insensés, quelle audace est la vôtre !
> L'orgueil est votre instinct. Conduirez-vous nos pas
> Dans ces chemins glissants que vous ne voyez pas ?

La *mince cloison* qui séparait l'instinct de la raison au temps de Voltaire et de Prior, la physiologie moderne l'a renversée, et les *chemins glissants* sont devenus des chemins explorés et sûrs. On comprend parfaitement que Voltaire, qui ne se payait pas de mots, se soit moqué de ceux-ci : *forme substantielle* et *forme plastique*, au moyen desquels on voulait lui prouver la différence existante entre l'instinct et la raison. Des expériences ont remplacé les définitions, et la preuve s'est faite claire pour tous.

L'instinct et l'intelligence sont deux facultés parfaitement distinctes, mais que les naturalistes ont souvent confondues entre elles. De là les contradictions des philosophes sur l'esprit des bêtes.

Dans son *Traité des animaux*, dirigé principalement contre Buffon, Condillac, cet esprit si lumineux et si sûr, nous dit l'auteur de *L'instinct et de l'intelligence des animaux*, se montre sous deux aspects différents : admirable de clarté et de précision tant qu'il ne s'agit que des opérations intellectuelles des bêtes, subtil, embarrassé, confus, dès qu'il s'agit de leurs *opérations instinctives*.

Buffon convient, comme nous l'avons vu, que les animaux sentent. Condillac n'a pas de peine à lui prouver que, si les bêtes sentent, elles sentent comme nous sentons. Les bêtes sentent et l'homme sent, ceci doit s'entendre de la même manière, ou *sentir*, lorsqu'il est dit des bêtes, est un mot auquel on n'attache point d'idée ; mais dès que ce philosophe veut traiter de l'instinct qu'il définit *l'intelligence par l'habitude*, il perd tous ses avantages.

G. Leroy n'observe pas mieux que Condillac lorsqu'il croit que « l'instinct des animaux s'élève jusqu'à l'intelligence par l'action répétée de la sensation et l'exercice de la mémoire. » Il va jusqu'à dire, pour soutenir son système, que les voyages des oiseaux « sont le fruit d'une instruction qui se perpétue de race en race. » Non, les voyages des oiseaux ne sont que l'effet de l'instinct chez eux. Voulez-vous une preuve d'intelligence chez l'animal ? Voici :

Cuvier fit un jour semblant de monter à un arbre où un jeune orang-outang qu'il étudiait au jardin des plantes se tenait juché.

Que fit le singe ? Il se mit à secouer l'arbre de toutes ses forces pour effrayer celui qui venait ainsi le troubler.

Cuvier s'éloigna.

L'orang-outang cessa de remuer l'arbre.

Cuvier se rapprocha de l'arbre, le singe recommença son manége.

« De quelque manière, dit Cuvier, que l'on envisage cette action, il ne sera guère possible de n'y pas voir le résultat d'une combinaison d'idées, et de ne pas reconnaître dans l'animal qui en est capable la faculté de généraliser. En effet, l'orang-outang concluait évidemment de lui aux autres : plus d'une fois l'agitation violente des corps sur lesquels il s'était trouvé placé l'avait effrayé ; il concluait donc de la crainte qu'il avait éprouvée à la crainte qu'éprouveraient les autres, ou, en d'autres termes, d'une circonstance particulière il se faisait une règle générale. »

Que nous voilà loin du *pur automatisme* cartésien !

Mais aucun physiologiste, suivant nous, n'a aussi bien que M. Flourens déterminé la limite qui sépare l'intelligence de l'homme de celle des animaux, en assignant à l'instinct son véritable caractère.

« Tout dans l'instinct, dit-il, est aveugle, nécessaire, invariable; tout dans l'intelligence est électif, conditionnel, modifiable. Tout ce que l'animal fait par instinct, il le fait *sans l'avoir appris.* Qui apprend au ver à soie à faire son cocon? Il n'a point vu ses parents. Une génération ne voit pas l'autre. Qui apprend à l'araignée à tisser sa toile? Pourquoi fait-elle bien du premier coup? Pourquoi fait-elle toujours bien? Pourquoi ne peut-elle faire mal? Qui a appris à l'enfant nouveau-né à chercher le sein de sa mère et à téter? »

Voilà pour l'instinct de la bête et de l'homme.

Passant à l'intelligence des animaux, M. Flourens nous dit :

« Les animaux reçoivent par leurs sens des impressions semblables à celles que nous recevons par les nôtres; ils conservent comme nous la trace de ces impressions; ces impressions conservées forment pour eux comme pour nous des associations nombreuses et variées; ils les combinent, ils en tirent des rapports, ils en déduisent des jugements; ils ont donc de l'intelligence. Mais cette intelligence ne se considère pas elle-même, ne se voit pas, ne se connaît pas. Ils n'ont pas la *réflexion*, cette faculté suprême qu'a l'esprit de l'homme de se replier sur lui-même et d'étudier l'esprit. La réflexion ainsi définie est donc la limite qui sépare l'intelligence de l'homme de celle de l'animal... C'est là, si l'on peut ainsi dire, le monde purement intellectuel, et ce monde n'appartient qu'à l'homme. »

Soit. Nous admettons, c'est évident, qu'une ligne profonde de démarcation sépare, sous le rapport de l'intelligence, l'homme de la bête. Il y a peut-être, à ne considérer que le mécanisme de l'esprit, entre le plus intelligent des animaux et le plus stupide des hommes, la différence qui existe entre une morue et un chimpanzé; mais ne soyons pas trop orgueilleux de cette différence.

Si la nature, dans l'échelle de l'animalité, nous a placés, spirituellement parlant, — nous, Européens, au-dessus des nègres de l'Afrique, ceux-ci au-dessus des aborigènes de la Polynésie, petits, ventrus, aux bras disproportionnellement allongés, et si bornés dans leur pensée que leur langue n'a que quatre-vingt mots, les Polynésiens au-dessus des orang-outangs, les orang-outangs au-dessus des chiens, les chiens au-dessus de tous les autres mammifères, les mammifères au-dessus des oiseaux, les oiseaux au-dessus des poissons, etc., etc., jusqu'aux matières animales les moins organisées, — n'oublions pas que la raison humaine est impuissante à expliquer la presque totalité des effets que nous voyons se produire, et qu'elle ne sait absolument rien d'aucune cause première. Disons avec la philosophie du bon sens que nous n'avons pas le moindre degré où nous puissions poser le pied pour arriver à la plus légère connaissance de ce qui nous fait vivre et de ce qui nous fait penser.

Comment en aurions-nous?

Il faudrait avoir vu la vie et la pensée entrer dans un corps.

Quelqu'un a-t-il jamais pu deviner comment il agit, comment il veille et comment il dort?

Quelqu'un sait-il comment ses membres obéissent à sa volonté?

Quelqu'un a-t-il découvert par quel art des idées se tracent dans son cerveau et en sortent à son commandement?

Faibles automates mus par la main invisible qui nous dirige sur la scène du monde, qui de nous a pu apercecevoir le fil qui nous conduit?

Descartes, génie métaphysique puissant, mais nécessairement obscur souvent, et souvent en contradiction avec lui-même, écrit à la princesse palatine Elisabeth :

« Je confesse que par la seule raison naturelle nous pouvons faire beaucoup de conjectures sur l'âme et avoir de flatteuses espérances, mais non pas aucune assurance. »

Les Pères des premiers siècles de l'Eglise, tout en croyant que l'âme est immortelle, la croyaient en même temps matérielle. Saint-Irénée dit que *l'âme conserve la figure du corps afin qu'on la reconnaisse.* Tertullien l'assure : *Corporalitas animæ in ipso evangelio relucescit.* Saint-Hilaire avance que : *Il n'est rien de créé qui ne soit corporel, ni dans le ciel ni sur la terre, ni parmi les visibles ni parmi les invisibles : tout est formé d'éléments ; et les âmes, soit qu'elles habitent un corps, soit qu'elles en sortent, ont toujours une substance corporelle.* De son côté, saint Ambroise dit formellement : « Nous ne connaissons rien que de matériel, excepté la seule vénérable Trinité. » L'église ayant décidé que l'âme est immatérielle, il faut le croire. Mais si de grands saints se sont trompés sur la nature de l'âme, combien est excusable le philosophe anglais lorsque ses méditations s'arrêtant sur le sujet difficile de la cause de nos pensées, il dit : « Nous ne serons peut-être jamais capables de connaître si un être matériel pense ou non, par la raison qu'il nous est impossible de découvrir par la contemplation de nos propres idées, *sans révélation*, si Dieu n'a point donné à quelque amas de matière, disposé comme il le trouve à propos, la puissance d'apercevoir et de penser, ou s'il **a** joint et uni à la matière ainsi disposée une substance immatérielle qui pense. Car, par rapport à nos notions, il ne nous est pas plus malaisé que Dieu peut, s'il lui plaît, ajouter à notre idée de la matière la faculté de penser ; puisque nous ignorons en quoi consiste la pensée, et à quelle espèce de substance cet être tout-puissant a trouvé à propos d'accorder cette puissance qui ne saurait être créée qu'en vertu du bon plaisir et de la bonté du Créateur. Je ne vois pas quelle contradiction il y a que Dieu, cet être pensant, éternel et tout-puissant, donne, s'il le veut, quelques degrés de sentiment, de perception et de pensée, à certains amas de matière créée et insensible qu'il joint ensemble comme il le trouve à propos. »

Concluons :

Entre ce que notre raison nous permet de comprendre, et ce que sa faiblesse nous défend d'observer et même, très-probablement, de soupçonner à un degré quelconque, la distance est infinie.

Disons aussi que de l'intelligence de l'homme est né le crime.

L'homme seul sur la terre est criminel, puisqu'il est le seul animal *libre*, c'est-à-dire agissant suivant les lois de sa conscience.

C'est beau, l'intelligence, mais entre un homme qui *réfléchit* la nuit, dans ma maison, au moyen de m'assassiner pour me voler, et mon chien qui, par *instinct*, se précipite sur le malfaiteur, j'avoue très-humblement donner la préférence au chien.

XIX.

DE L'ORIGINE DE LA SIGNATURE

A MON JEUNE AMI

LEIGH HUTCHINS.

Au moment d'apposer ma signature au bas de la dernière page de ce léger volume, quelques mots sur l'origine de la signature ne seront pas déplacées, je l'espère.

Il y a des juges à Berlin, comme on dit, et ces juges ont récemment condamné un grand personnage, M. le comte Truck de Finkenstein, à dix ans de prison, outre dix années de surveillance et mille thalers d'amende.

M. le comte Truck (un nom significatif) avait le vilain défaut de contrefaire la signature de certaines gens plus solvables que lui, et de se procurer par ce moyen, d'une grande simplicité, des revenus assez importants.

Malheureusement le truc de M. le comte Truck vint à se découvrir, au grand scandale de la bonne ville de Berlin, qui en est peut-être encore émue, et ce noble étourdi fut jeté en prison, où il a pu longuement réfléchir aux inconvénients de changer de paraphe.

Ce procès m'a donné l'idée de rechercher l'origine de la signature, dont l'usage est beaucoup plus récent qu'on ne le croit généralement.

En faisant des recherches à ce sujet, le hasard (le hasard est toujours favorable aux chercheurs) m'a mis la main sur l'ouvrage de M. Guigne savant élève de l'école des chartes. Dans ce livre, un trésor pour moi en cette circonstance, je trouve, avec un texte des plus curieux, cinquante planches représentant un *fac simile* des seings, souscriptions, monogrammes historiques, depuis l'empreinte de l'anneau à signer de Charlemagne, jusqu'à la signature des plus grandes illustrations de notre temps.

J'ai ouvert ce volume et j'y ai vu à la première page ces mots piquants, parce qu'ils ont l'air d'un paradoxe et ne peuvent être qu'une vérité sous la plume d'un élève de l'école des chartes : « La signature a été inventée par ceux qui ne savaient pas écrire ; telle est la thèse que je soutiens. »

Bravo ! au premier abord cela semble presque aussi hardi que si l'on disait : « Les noms ont été inventés par ceux qui ne savaient pas parler. »

Sans remonter au déluge, qu'il nous soit permis de jeter un coup d'œil rapide sur les peuples de l'antiquité.

Aux époques lointaines, c'est un signe gravé, en creux, ou en relief, sur le chaton d'un anneau porté au doigt, qui tient lieu de signature.

On trouve l'usage de ces anneaux chez les Égyptiens, chez les Perses, chez les Hébreux. Quand un ambassadeur agissait officiellement, il avait l'anneau de son maitre qui, porté à son doigt, parlait avec toute la force probante attachée au caractère dont il était revêtu.

C'est ainsi que Pharaon donna son anneau à Joseph ; qu'Aman signa du seing du roi l'expulsion des Juifs ; que Jézabel apposa l'empreinte de l'anneau d'Achab au bas d'un ordre supposé qu'elle avait tout entier écrit en son nom, faisant de cette manière, sinon une fausse signature, du moins un faux.

Des peuples de la haute antiquité l'usage des anneaux à empreinte passa aux Romains. Tout citoyen romain avait son anneau et son *signum*, et le droit de le porter fut étendu aux femmes et aux affranchis par une novelle de Justinien.

Les chatons des anneaux à signer donnaient carrière à l'imagination en figurant des sujets de toute nature. Sylla se servait d'un cachet où était représenté Jugurtha livré aux romains par Bocchus roi de Gétulie. L'anneau de Darius dessinait un aigle tenant un dragon dans ses serres. L'anneau de César était moins dramatique et beaucoup plus gracieux : il représentait Vénus, dont César prétendait descendre. L'anneau de Pompée imprimait un lion tenant une épée, position très-incommode pour le roi des animaux. L'empereur Auguste se servit d'un cachet où était gravé la figure d'un sphinx. Mécène avait sur son anneau à signer une grenouille que les Romains regardaient d'un mauvais œil, parce qu'elle servait à cacheter les édits du maître pour la levée des impôts. De là, peut-être l'emploi du mot *grenouille*, pour désigner certains dépôts d'argent. Le cachet de Néron figurait Apollon et Marsyas.

Les premiers chrétiens s'envoyaient des missives cachetées qui les faisaient se reconnaître entr'eux. Sur ces cachets on voyait tantôt une colombe, tantôt un poisson, quelquefois une ancre et le monogramme de Jésus-Christ.

Environ un siècle auparavant, vers le temps de Cicéron l'empreinte des anneaux ne suffit plus lorsqu'il s'agissait de la validité de certains testaments. Le droit prétorial exigeait la souscription autographe (*suscribtio*) du testateur et des témoins.

Au Bas-Empire la souscription s'étend des testaments à d'autres écrits, et elle devient exigible pour tous les actes.

Les personnes illettrées étaient seules autorisées à ne tracer à l'encre qu'un signe quelconque appelé seing manuel (*signum manuale*) et qui tenait lieu de signature.

La décadence de l'empire romain a lieu. Les dieux du paganisme sont mis en disponibilité d'emploi. Partout la barbarie est victorieuse.

La nuit de l'ignorance s'étend sur le monde, et les hommes entrent dans l'hébêtement par la porte du fanatisme religieux.

Les sciences sont méprisées, le travail est avili, la force brutale devient la politique, et le vol prend le nom de conquête.

Le haut clergé seul continue la pratique des lettres, dont il sent toute l'importance, car cette pratique lui assure sur l'ignorance un moyen puissant de prestige et de domination.

Au sixième siècle, toutes les grandes écoles municipales de la Gaule ont disparu.

L'enseignement est entièrement dans les mains des ecclésiastiques. Mais quel enseignement! On y forme des élèves qu'on instruit exclusivement dans la théologie et l'astrologie.

On ne sait plus lire dans les livres, mais on cherche à lire dans les étoiles.

Qu'importent les connaissances utiles au bien-être de l'humanité et au progrès social!

Mais que dis-je, cet amas d'êtres sans liens civils, en guerre incessante les uns contre les autres, ne mérite pas le nom de société, et le progrès n'est plus qu'un mot vide de sens, un mot oublié.

Le pape Grégoire blâme saint Didier, évêque de Vienne,

de ce qu'il étudie la grammaire, laquelle, dit-il, ne sert qu'à égarer les âmes et à ébranler la foi. Voilà où en est arrivé le clergé lui-même!

Certains évêques de nos jours parmi ceux qui réclament la soi-disant liberté de l'enseignement supérieur, pensent-ils bien autrement?.. Passons.

Au milieu de cette dégradation générale des esprits, le plus beau génie de son siècle, Grégoire de Tours, gémit et se lamente. Il voit les hommes descendus au dessous d'eux-mêmes, et craint que le monde ne devienne une vaste tribu de sauvages. Il cherche autour de lui et ne trouve personne assez bon grammairien et assez fort logicien pour « écrire d'une manière convenable » les événements de son temps.

« Que nos jours sont malheureux! dit-il; le goût des lettres est perdu dans notre patrie. »

L'abaissement des facultés n'était pourtant pas encore à son dernier degré, et le siècle qui suivit celui de Grégoire de Tours fut plus triste encore et plus ténébreux. Frédégaire, qui vivait au VIe et au VIIe siècle, comparant son époque aux époques antérieures, croit à l'extinction de notre race par la maladie des âmes. « Le monde vieillit et le tranchant de l'esprit s'émousse. »

Les nuits sont longues ; celles de l'intelligence surtout.

La brume devient de plus en plus épaisse, et les hommes ont à peine conscience d'eux-mêmes.

« La théologie plus ténébreuse que jamais, écrit M. Guigne, tombe au niveau des autres sciences au huitième siècle. Elle ne conçoit plus ses arguments ; elle les compile et les copie. La vie littéraire a disparu de la société et gît agonisante au fond de quelque couvent. »

M. Guige aurait pu ajouter, pour donner une idée complète de l'état de grossière superstition qui dégradait au moyen-âge les esprits, même les plus cultivés, ce fait assez curieux. Au septième, au huitième et au neuvième siècles, il était d'usage dans les conciles, afin de rendre les actes plus authentiques, de les signer avec de l'encre dans laquelle on avait répandu quelques gouttes de vin consacré.

Charlemagne, qui, à trente-deux ans, n'avait pas lu la valeur de cent pages, se prend tout à coup de belle passion pour les sciences et les lettres. Il fait venir à sa cour des savants, et veut que les évêques et les abbés de son vaste empire ouvrent des écoles.

Vains efforts ; la croûte de l'ignorance est trop épaisse pour qu'on puisse la percer en une fois.

Personne, ou presque personne, ne voulut rien apprendre, et les écoles se renfermèrent faute d'écoliers.

Quelques ecclésiastiques crurent voir la raison de ce misérable état de choses, dans l'organisation même et la prépondérance du clergé. Hincmar, archevêque de Reims, osa dire au pape Adrien : « Vous ne pouvez être en même » temps roi et évêque, et vous ne commandez pas à nous » qui sommes Français. »

Que les temps sont changés !

Au dixième siècle, la peur du jugement dernier a figé

le sang dans les veines de ces hommes dégénérés, et achève de les abrutir.

On croit à la fin du monde, et le diable absorbe toutes les pensées.

Seuls, quelques couvents de moines conservent encore assez de présence d'esprit, au milieu de ce grand naufrage intellectuel, pour accepter les propriétés territoriales que leur offrent des propriétaires terrifiés, en échange de prières pour le repos de leur âme. Excellents moines ! Ils prennent les terres qu'on leur offre pour ne pas contrarier les donateurs, et en dépit de leur renoncement aux biens de ce monde. On ne saurait pousser plus loin l'abnégation et les sentiments de délicatesse envers les propriétaires effrayés et bien pensants.

Voyons ce que devient la signature pendant cette longue période du moyen-âge.

« Dès le sixième siècle, » dit l'érudit élève de l'école des chartes qui nous sert de cicérone dans cette promenade à travers les signatures, « l'acte écrit, muni des caractères d'authentication résultant du *signum* et de la souscription, est adopté d'une manière générale pour certains traités. Si le serment, la tradition réelle ou fictive, les cérémonies symboliques, faites en présence de témoins au nombre de sept, restent encore le nœud de toutes les obligations, il faut néanmoins dans certains cas l'autorité du *signum* ou de la signature manuscrite. L'usage de l'anneau à signer est moins générale dans le siècle suivant. »

A quelques exceptions près, il finit à la fin de ce siècle par devenir une prérogative de la souveraineté et de la prélature.

C'est par amour pour les vieilles traditions du rituel que nous voyons encore aujourd'hui les évêques, porter au doigt ce large anneau comme un symbole de puissance et d'autorité religieuse.

Tout le monde a ouï parler du célèbre Mont Athos. Suivant un historien dont je lisais dernièrement les écrits, le gouvernement politique du Mont Athos avait été déposé entre les mains de quatre moines nommés annuellement par un certain nombre de couvents réunis. Les décisions de ces législateurs encapuchonnés, ne devenaient exécutoires, très-heureusement, que lorsqu'elles avaient été scellées du sceau de l'état. Ce sceau était en argent et divisé en quatre parties égales. Chaque moine avait en sa possession un quart de ce cachet. Quand une ordonnance était décidée, les moines déposaient sur la table du conseil leur fragment de sceau, et un secrétaire prenait ces diverses parties qu'il réunissait au moyen d'une vis à queue.

Les sceaux tels que nous les entendons à cette heure ne sont autre chose que les anciens anneaux royaux transformés. On fit ces anneaux si larges et si lourds au neuvième siècle qu'il devint impossible de les porter au doigt. Aussi furent-ils successivement confiés aux référendaires et aux chevaliers chargés de dicter aux notaires les actes émanant du souverain.

Les notaires et les scribes sont dans toute leur gloire à partir du septième siècle jusqu'à la renaissance des lettres. On ne signe plus que d'une croix, et il est souvent impossible de reconnaître quelle croix a tracée tel ou tel témoin au bas des actes où les croix apparaissent pêle-mêle, droites ou penchées comme dans un cimetière mal entretenu.

Pourquoi tant de croix et si peu de noms écrits ! Hélas ! c'est tout bonnement que presque personne ne sait plus écrire.

Si quelques rois Mérovingiens surent écrire, aucun de ceux de la deuxième race ne crut devoir se donner la peine d'apprendre cet art. Ce sont les Bénédictins qui affirment ce fait, très-exact, si étonnant qu'il puisse paraître.

L'incapacité devient du bel air, et les courtisans n'eurent aucune peine à suivre l'exemple de leur souverain en s'abandonnant à l'ignorance la plus crasse. « Plusieurs ecclésiastiques même, dit M. Guigne, poussèrent avec les nobles le mépris de la science jusqu'à ignorer les lettres qui composaient leur nom. Un capitulaire fut obligé de défendre que personne ne fût reçu clerc s'il n'était lettré. Au neuvième siècle, les notaires, qui n'étudiaient le droit que dans les formulaires qu'ils copiaient sans les comprendre, ne se doutaient même plus de ce qu'était la souscription. Ils en arrivèrent jusqu'à ne faire qu'une seule souscription pour tous les témoins, et enfin à ne donner qu'une simple liste de leurs noms. »

On comprend que, dans ce dernier état de choses, la souscription, ne signifiant plus rien, dut être abandonnée complètement.

Et voici où commence à prendre racine la thèse originale de l'ancien élève de l'école des chartes, qui, nous le savons, soutient que la signature a été inventée par ceux qui ne savaient pas écrire.

Comme presque tous les actes dépourvus de la souscription et du seing manuel n'avaient en cas de contestation qu'une valeur à peu près nulle, on éclairait les juges au moyen de la preuve testimoniale.

Mais les témoins n'étaient pas immortels, et la tombe est muette pour tous ceux qui ne croient pas aux esprits frappeurs.

Que fit-on pour obvier à cet inconvénient ?

Des imaginations vives, des inventeurs de la plus originale espèce, trouvèrent un procédé assurément fort curieux afin de prolonger la valeur des témoignages après la mort des témoins.

Je prie le lecteur de croire que je n'invente rien.

Ce moyen est consigné dans les *Annales benedictinæ*, t. IV, p. 393. Le voici :

Dans l'église, au pied de l'autel, au milieu d'une imposante cérémonie, on expliquait à de jeunes enfants les conventions qui avaient été faites, et on les instruisait du nom et de la profession des témoins. Puis, au moment où ils s'y attendaient le moins, on leur tirait fortement les oreilles et on les soufQetait. Les jeunes enfants jetaient des cris de paon, demandaient grâce et pleuraient, ne sachant ce qui avait pu leur mériter une semblable correction dans un moment si solennel. Ces enfants n'étaient point coupables, et ces corrections imméritées n'avaient d'autre but que de graver dans leur esprit le souvenir d'une journée qu'ils ne devaient jamais oublier.

Ce système *fort touchant*, qui remplaçait l'écriture, n'eut jamais qu'un médiocre attrait pour la jeunesse de ce bon vieux temps; néanmoins il se conserva dans certaines provinces, et il était encore en vigueur dans le pays de Dombes à la fin du treizième siècle.

Mais comme il aurait fallu souffleter et tirer les oreilles à tous les enfants du royaume pour en faire des témoins propres à déposer en cas de besoin dans toutes les questions en litige, on ne forma de ces jeunes auxiliaires de la justice, que pour les actes les plus importants de l'Etat. Pour assurer la bonne foi des contractants dans les actes particuliers et éviter les contestations à venir, les notaires avaient recours à d'autres moyens.

Ils ne tiraient les oreilles à personne, mais ils exigeaient que les contractants jurassent sur les livres saints qu'ils tiendraient leurs engagements.

Quelquefois les notaires leur faisaient faire des gestes symboliques, trouvant sans doute que le jurement sur les livres saints n'était pas suffisant.

Ces gestes symboliques étaient tantôt la rupture d'un

fétu de paille, tantôt des poignées de main et tantôt des attouchements de l'acte en prononçant certaines paroles mystérieuses.

D'autres fois les contractants crachaient par terre et passaient leur pied sur leur salive.

Dans certaines circonstances, on déposait l'acte sur un autel spécial, et le notaire se répandait en invectives furieuses contre les contrevenants, qu'il excommuniait d'avance, à sa façon, avec d'horribles malédictions.

C'est de la variation des seings que naît la signature par le nom même du signataire.

Ces seings sont tour à tour des croix, des maximes, des initiales, des ornements, des attributs, des allusions au nom du signataire, des représentations d'animaux, des plans d'édifice et des monogrammes ; c'est-à-dire un caractère formé de lettres et de dessins capricieux se devinant plutôt qu'ils ne se lisent.

La mode, qui est de tous les temps et se mêle de tout, voulut que, vers le commencement du treizième siècle, le nom pénétrât de plus en plus dans le motif des seings.

Bientôt les seings, si compliqués à une certaine époque, devinrent extrêmement simples, et, sous l'appellation de *seing du nom*, il fut de bon goût de les former des lettres du nom du signataire, accompagnées de quelques traits de plume.

O précieuse conquête ! le *seing du nom* n'est autre chose que la signature avec son paraphe, adopté par Philippe le Bel pour sa chancellerie royale.

Le roi Jean II trouva que la signature était une bonne chose, et il est le premier roi de France qui signa de son nom en toutes lettres ses missives.

Charles V en fit autant, et les courtisans l'imitèrent de leur mieux.

Toutefois, les rois et les gentilshommes ne signèrent d'abord généralement que de leur prénom. Ce furent les bourgeois et les fonctionnaires qui, les premiers, signèrent de leur nom de famille, précédé quelquefois de leurs prénoms.

Henri II, en 1554, les états d'Orléans en 1560, et un arrêt du parlement en 1579, rendirent les signatures obligatoires, pour toutes les personnes lettrées, bien entendu.

Les gens non lettrés continuèrent à signer d'une croix, en présence de témoins.

Parfois, au lieu d'une croix, ils apposaient un seing emblématique de leur profession : le serrurier signait du dessin d'une clef, le charpentier d'une hache, le tailleur d'habits d'une paire de ciseaux, le maréchal-ferrant d'un fer à cheval, etc.

Jusqu'à la fin du dix-septième siècle, nous apprend l'historien que nous avons déjà nommé, on trouve dans les contrats reçus par les notaires des seings de cette nature; mais, à partir du dix-huitième, les signatures par le nom, avec ou sans paraphe, furent seules admises comme légalement valables.

Jetons maintenant un coup-d'œil sur les cinquante

planches de signatures qui accompagnent l'ouvrage de M. Guigue et en sont la partie curieuse par excellence. Je ne sais rien qui parle plus éloquemment à l'imagination que cette précieuse collection où les mœurs semblent se révéler tout entières par la signature des personnages historiques.

Plusieurs de nos rois n'eurent pour toute signature que la simple croix. Thierry III, troisième fils de Clovis II, Carloman et Pépin le Bref furent de ce nombre.

Henri Iᵉʳ, Louis le Gros, Philippe Iᵉʳ se montrent plus raffinés ; ils ajoutent à la croix leurs monogrammes. Ces monarques se servaient indistinctement d'un objet quelconque pour tracer la croix de rigueur, toujours lourde, pâteuse et sans grâce aucune.

Une fois il arriva à Philippe Iᵉʳ de tremper son doigt royal dans l'encrier et de s'en servir en guise de calame.

Et, après tout, pourquoi ne signerait-on pas avec un doigt, quand l'histoire de la peinture nous montre plusieurs peintres célèbres qui peignaient avec leurs doigts en guise de pinceau. De ce nombre est le peintre hollandais Kelel, qui non-seulement faisait usage des doigts de sa main pour remplacer le pinceau, mais poussa l'amour de la difficulté jusqu'à exécuter plusieurs portraits avec ses doigts de pied.

La souscription de Clovis II est un véritable rébus d'une longueur extrême et singulièrement compliqué. On s'explique, en voyant ce fouillis barbare de lettres mal tracées, de barres tordues, de lignes indécises, qu'on ait eu pour de semblables signatures des patrons en laiton dans les rainures desquels les signataires n'avaient qu'à passer le calame. Procope nous apprend que Justin l'Ancien, empereur d'Orient en 518, n'ayant jamais pu apprendre à écrire, signait au moyen d'une tablette de bois où étaient gravées les quatre premières lettres de son nom. Les officiers de sa chancellerie lui conduisaient la main sur les caractères de cette tablette toutes les fois qu'ils voulaient lui faire signer un acte.

Les seings du commencement du treizième siècle sont des dessins d'enfants de quatre ans, et révèlent d'une façon saisissante l'absence de tout sentiment artistique de la part de leurs auteurs.

On se ferait difficilement une idée exacte de l'incorrection du dessin et de la physionomie bête qui caractérisent la tête de femme, surmontée d'un diablotin en guise de coiffure, dont se servait, pour valider ses actes, le notaire impérial et royal de Teste. Ce ridicule dessin n'est surpassé dans son genre que par le seing d'un autre notaire, Jean Poulet, de Montbrison.

C'est une *cocotte*, ayant toute l'allure des *cocottes* en papier, et portant à la hauteur de la tête une tour crénelée.

Il faut encore voir les espèces de monstres niais qui servent de seings à quelques autres notaires de cette époque.

La signature de Guillaume Moderier, autre notaire, est un oiseau dans une cage. La cage est juste de la grandeur de l'oiseau. Et quelle cage! et quel oiseau!

Le monogramme de Hugues Capet se composait d'un corps en forme de losange, aux extrémités duquel se dessinaient, en ailes de moulin, les lettres majuscules R. H. E. G.

Le monogramme de Louis IX (saint Louis), présente, à une certaine distance, l'aspect d'un jouet d'enfant formé de deux appuis qui soutiennent une corde tendue, et le long de laquelle se meuvent des pantins enfilés par le milieu du corps.

Les monogrammes de Philippe-le-Hardi et de Philippe-le-Bel sont façonnés dans le même genre.

La signature de Charles VII est une arabesque.

François Ier écrit tout simplement son nom en gros, comme un écolier des premiers mois ; les lettres sont grêles et ramassées.

Henri II signe d'une écriture anglaise.

Charles IX a une écriture laide, convulsive, fatale. Les lettres grimacent et tombent les unes sur les autres, comme tombèrent les huguenots le jour de la Saint-Barthélemi.

Henri III et Henri IV ont la même écriture allongée et un peu vaporeuse.

Louis XIII est un calligraphe du premier mérite. Sa signature est égale, calme, méditée, sûre, majestueuse.

Combien la signature de Louis XIV diffère de celle de son prédécesseur au trône ! Le roi-soleil semble écrire à main levée, et les lettres vont et viennent en zigzag comme une foudre calligraphique. Il ne met pas de points sur les *i*, mais il trace au bas de son nom une barre rapide pour tout paraphe.

Louis XV signe de l'écriture de son aïeul Louis XIII.

Louis XVI appartient à la même école.

Louis XVIII a l'écriture de Louis XV à s'y méprendre.

Les lettres de Napoléon Ier ont des allures d'ombres chinoises.

Napoléon Ier promène sa plume furibonde en zigzags intempestifs et semble tracer l'itinéraire de la foudre.

Charles X écrit mal.

Louis-Philippe en remontrerait, pour la régularité des lettres, l'observance des pleins, la délicatesse des déliés et la beauté du paraphe, à M. Saint-Omer lui-même, l'illustre professeur de Joseph Prudhomme.

Un fait extrèmement curieux nous a été dernièrement révélé par M. Florian Pharaon, ancien interprète de l'armée d'Afrique, dans sa relation du voyage de l'Empereur en Algérie. Suivant l'auteur, tous les caractères de la numération (chiffres arabes) seraient tirés du chaton de la bague de Salomon.

Ce chaton représentait un carré divisé en quatre parties par deux lignes transversales partant des angles et se croisant au centre.

En effet, en décomposant le chaton du grand Roi, on trouve dix figures qui donnent tous les chiffres depuis 1 jusqu'à 0.

Les amateurs d'autographes ne sont pas rares, et le

baron Feuillet de Conches a poussé jusqu'au génie l'art du collectionneur de lettres, en découvrant toutes les épitres royales qui existent, et jusqu'à des correspondances, qui n'ont jamais existé, — d'après ses contradicteurs.

Les collectionneurs de timbres-poste se recrutent parmi les citoyens'français de dix à seize ans.

Un collectionneur d'une nouvelle espèce, dans toute la force de l'âge et de l'esprit, s'est révélé dernièrement au monde des curieux.

C'est un collectionneur de cachets de cire.

A force de soins, de recherches, d'investigations, de sacrifices pécuniaires, en conservant les enveloppes de toutes les lettres qui lui étaient adressées et en y ajoutant celles que conservaient pour lui ses amis, heureux de flatter cette innocente manie, il arriva à réunir une collection sans pareille de neuf mille empreintes de cire très-intéressantes. Cette collection a eu le sort de toutes les collections, elle a été vendue dernièrement à Paris au prix de dix mille francs ce qui met chaque cachet à un franc vingt-cinq centimes.

Bon nombre de ces cachets accusaient les honnêtes travaux des cabinets noirs de la poste aux lettres sous le premier Empire et sous la Restauration. Toutes les familles régnantes étaient représentées par des sceaux et des cachets armoriés. Presque toutes les familles nobles de l'Europe y figuraient aussi. C'était comme un bouquet de fleurs récoltées dans le jardin réservé de l'antique orgueil humain.

Les hommes de lettres avaient eu aussi leur département dans cette collection complète. Quelques-uns ont des devises :

Michelet sur un cachet écrit a ces deux mots : « Des ailes! » On reconnait bien là l'auteur de *l'oiseau.*

Alexandre Dumas père a plusieurs cachets. L'un d'eux porte ces trois lignes : « Tout passe, tout lasse, tout casse. »

Une lettre de Victor Hugo a pour devise en exergue sur son cachet : « Faire et refaire. »

Une lettre de Lamartine : « *Spira, spera.* »

Une autre : « *Et nunc et semper.* »

Sur le cachet d'une lettre de Balzac, on lit avec l'orthographe ancienne : « Raison m'oublige. »

Une lettre de Frédéric Soulié porte cette division singulière :

$$Nec \left\{ \begin{array}{c} S \\ M \end{array} \right\} orte.$$

Une lettre de Charles Nodier a pour cachet cet emblème aimé des caporaux : un cœur enflammé percé d'une flèche avec ces mots qui s'associent singulièrement à l'emblème : « Raison le veut. »

Une lettre d'Emile Sauvestre porte : « Espoir ni crainte. »

Une lettre d'Adolphe Adam, au contraire : « J'espère et je crains. »

Une lettre de Nourrit est cachetée avec un Harpocrate, le doigt sur la bouche, et autour trois fois le mot : « Chut ! chut! chut! »

Le cachet d'Hérold porte cette devise : « Rien de beau sans hasard. »

J'ai fini mais je n'ai point tout dit.

Après l'histoire matérielle de la signature, il y aurait à en faire l'histoire morale.

Voyez l'immensité qui sépare M. le baron de Rothschild, signant les conditions d'un emprunt, du personnage des *Saltimbanques* engageant sa signature, — parce qu'*il le fââllait !*

Comparez la signature honnête et émue de la jeune mariée qui signe sur le registre de la mairie avec la signature moqueuse et leste d'une Ninon de Lenclos dans un billet à la Châtre.

Quel est le rapport de sentiment qui existe entre le fils de famille qui signe au profit d'un usurier une lettre de change, et le père de ce fils qui, sur le haut du verso de ce même papier timbré, apposait sa griffe crispée, mais solvable, afin d'empêcher l'aimable dissipateur d'aller passer ses vacances rue de Clichy avant la fermeture récente de l'établissement que vous savez.

Qui pourra dire enfin tout ce qu'il y a d'esprit moqueur dans l'anecdote suivante qui, pour ne pas être absolument inconnue, n'en est pas moins piquante :

M. le duc d'... avait plus de noblesse que d'écus.

Son tailleur eut l'indélicatesse de lui présenter son mémoire.

— Je n'ai pas d'argent, dit le duc d'un air superbe.

— Si monsieur le duc consentait à me faire un règlement pour la somme de mille francs, il me rendrait service.

— Soit. Avez-vous un papier timbré?

— Le voici.

Le duc souscrit un billet à ordre de mille francs.

— Voyez, dit ce dernier à son fournisseur, après avoir signé le billet, comme vous comprenez mal vos intérêts! Combien valait tout à l'heure ce papier timbré?

— Cinquante centimes, monsieur le duc.

— Eh bien! maintenant, il ne vaut plus rien du tout.

Le duc d'... avait au moins le mérite d'être franc et celui d'être gai.

Les diplomates qui signent les traités d'alliance et de paix entre les nations européennes, sont moins expansifs et plus sérieux; mais le papier dont ils se sont servis vaut-il mieux, souvent, que les billets à ordre de ce noble débiteur?

TABLE DES MATIERES